HUMAN
RESOURCE
MANAGEMENT

—

人力资源管理

基于创新创业视角

张向前 ◎ 著

人力资源规划

工作分析

招聘与录用

培训与开发

职业生涯管理

激励管理

绩效管理

薪酬管理

未来领导培养

吉林科学技术出版社

图书在版编目（CIP）数据

人力资源管理：基于创新创业视角 / 张向前著 .
-- 长春：吉林科学技术出版社，2020.12
ISBN 978-7-5578-7924-2

Ⅰ . ① 人⋯ Ⅱ . ① 张⋯ Ⅲ . ① 人力资源管理—教材
Ⅳ . ① F243

中国版本图书馆 CIP 数据核字（2020）第 245053 号

人力资源管理：基于创新创业视角
RENLI XIYUAN GUANLI：JIYU CHUANGXIN CHUANGYE SHIJIAO

著　　者：	张向前
责任编辑：	李红梅
封面设计：	人文在线
开　　本：	170mm×240mm　1/16
字　　数：	241 千字
印　　张：	16.25
印　　数：	5000 册
版　　次：	2021 年 2 月第 1 版
印　　次：	2021 年 2 月第 1 次印刷

出　　版：吉林出版集团股份有限公司
发　　行：吉林出版集团社科图书有限公司
地　　址：长春市福祉大路 5788 号出版大厦 A 座
邮　　编：130118
发行部电话 / 传真：0431-81629529　81629530　81629531
　　　　　　　　　　　　81629532　81629533　81629534
储运部电话：0431-86059116
编辑部电话：0431-86037574
网　　址：www.jlstp.net
印　　刷：天津雅泽印刷有限公司

书　　号：ISBN 978-7-5578-7924-2
定　　价：68.00 元

目 录

案例分析

第一章

人力资源管理概述——基于创新创业视角

【本章重点阐述了人力资源与创新创业的内在驱动关系，揭示了人力资源及人力资源管理的内涵及其特点，系统介绍了中外人力资源管理的理论与实践模型，研究探讨了企业内部人力资源管理的责任承担及人力资源部门专业人员的素质，并对人力资源管理的历史、现状和未来发展趋势进行了研究。】

1.1 创　新

这本书我们准备学习人力资源管理——基于创新创业视角，为什么要讲创新创业视角呢，这个跟我国的发展有关系，咱们国家的 GDP 已经排在全世界第二位。

在没有超过美国之前，对我国来说可能压力比较小。为什么呢？因为我们可以学习美国，美国有什么先进经验，学他可以追上去。马上就要第一名，第一名以后就没得借鉴学习了，所以必须进入以创新创业作为国家的立国精神的时期。对企业来讲也是这样，有很多企业原来排在世界老二第三第四，但慢慢就排在第一。排在第一之后怎样开拓进取，它们也需要创新创业。

所以要讲的第一个问题是，什么是创新创业？

创新和创业间到底是什么关系？一般认为，创新是创业的特征，也就是说创业中肯定包括了创新。反过来讲，创业跟创新的关系，创业是创新的 IPO。也就是说，创业是把创新给实现出来了。同学们在经常听说创新创业的时候有四个名词，一种是三个名词的叫"三创"，哪三创呢？创新、创意、创业，第二个是四个名词的，还有一个叫创客。创客就是一个主体了，怎么样把创新创业实现出来——我这里讲的创新，包括三个内容的创新。

第一种创新，就是人类原创的创新。什么叫原创的创新？《封神榜》里有个故事，里面有个人物叫千里眼，还有一个叫顺风耳。《西游记》和《封神榜》里都有看到这个。这是中国的人类在几千年之前提出的一种创意。今天看来都已经实现了，因为手机就把它实现了。也就是说这是最早的创意思想。最开始的电话就属于原创性的创新，也就是说它没有基于什么东西，而是提出一种无中生有的东西。

第二种创新，就是在原来的基础上往上或者改进，比如说手机和电话的关系，手机的功能就是在电话的基础上的进一步改进。

也有人说，这个创新还是很难，有没有简单一点的创新？有。中国改革开放三十年来的很多创新，基本上是第三种创新。什么创新呢？就是外国有的我们没有。最难的创新是原创性的创新、无中生有的创新；第二种创新是改良型的创新；第三种创新是直接从别人那边借鉴来学习过来的创新，从国外学。个人来讲，就是别人会的我不会，我把它学过来了，那也是一种创新。

1.2 创 业

在讲创业的时候直接用创业的名词讲创业，听起来可能会觉得相对来说没有那么直观的感觉，那么讲一个大家平常都很熟悉的故事。《西游记》里孙悟空的三次创业。

孙悟空怎样三次创业？孙悟空的出身比较特殊——他是从石头缝里蹦出来的。并且一出生就跟别人不一样，出生时孙悟空有"九孔八窍"。现实生活中的哺乳动物，一般来说有九孔七窍，鸡鸭鹅一般来说是八孔八窍。为什么要这样一个有创意的说法呢？据说是符合中国古代九宫八卦，所以有九孔八窍。

　　孙悟空第一次创业是什么？有一年夏天也特别热，十万猴群找水，顺着水源一直往上找，最后来到一个很大的瀑布前面。有一只老猴，叫通臂猿猴，老猴站出来讲：谁敢从瀑布跳过去，并且毫无损伤地回来，我们就认他为猴王。孙悟空就站出来，说他敢跳进去。大家都感觉跳瀑布很危险，感觉瀑布很大，山也很高。他一跳进去发现里面不是很危险。发现一副对联，"水帘洞洞天，花果山福地"，所以孙悟空一下子又跳出来，跳出来之后马上就跟几万只猴群讲，其实里面是一个好地方，大家都可以跳进去。后面这些猴子都跳进去了，跳进去之后，都在找自己的窝、自己的灶、自己的水果。等大家都安顿下来之后，孙悟空就爬到一个最高的位置，等到大家都静下来之后说了一句话：做猴要厚道，刚才大家说了，谁第一个进来，毫无损伤的，就要认他为猴王。这话算不算数？大家一想，的确当时是这么说的。于是就认他为猴王。我们想一下，这个跟我们第一个创业有没有关系呢？大家有没有发现，改革开放40年第一波创业的人基本上都有两个特征，第一，敢为天下先。孙悟空跳进去很容易，其他猴子跳进去也很容易，那为什么他要当美猴王？因为他是第一个跳进去的；第二，为什么他能当王？原因是他解决了三万多只猴群的安居工程，也就是为人民谋幸福。所以大家今天去看，一般的创业者领袖至少具备两个特征：敢为天下先，能够为社会为员工谋幸福。这是孙悟空的第一次创业。大家有没有发现孙悟空第一次创业时，他的武功不高。唯一的身份是女娲补天的石头，这块石头比较特殊。

　　第二次创业是，有一天孙悟空就感慨：现在生活好是好，但是猴子有没有寿命呢？又是那只通臂猿猴跟他讲，说猴子有寿命，大概三百四十二。孙悟空一想，我现在都三百二了，按今天讲人都已经到了耄耋之年，（到了）猴的耄耋之年。孙悟空就在想，我能不能找到长生不老？最后通臂猿猴告诉他，说世间有三种东西长生不老。哪三种东西？第一个是神，第二个是佛，第三个是仙。同学们有没有发现，"神"的前面是"礻"字旁，只有"佛"跟"仙"是人字旁，是可以修炼成的，所以孙悟空决定去修炼成佛成仙。孙悟空就去追求仙道。这是二次创业，是已经有了荣华富贵的创业。第一次创业有一个特征：要钱没有要命一条，这一次他创业已经舍弃荣华富贵。孙悟空就自己搭船出去，十几年，终于找到了须菩提祖师，跟须菩提祖师学修炼成仙。

须菩提祖师跟孙悟空有几次很重要的对话，第一次很重要的对话，问孙悟空：你姓什么？孙悟空说我没有什么性格，须菩提祖师说我是问你姓什么，你怎么说你没有什么性格。孙悟空说：总结我三百多年来当猴王的经验，那就是小猴老猴谁怎么欺负我我都任他欺负。为什么孙悟空任他欺负呢？因为他那时候没实力，他当猴王纯粹就是靠胆子大。因为没有实力所以任别人欺负，其实也符合我们当领袖的特征，叫"宰相肚里能撑船，将军额头能跑马。"也就是胸怀要宽广。须菩提祖师就听出来了，说我问你姓什么，你说你的性格是什么。所以须菩提祖师就问说，那别人平常怎么称呼你呢？孙悟空说他们就叫我"猢狲"。所以须菩提祖师说，要不你就姓孙。为什么不取名姓猢呢？怎么取名姓孙呢？传说有两种方法，"猢"就是反犬旁加"古月"，一种说法叫"日盈则昃，月盈则亏"。第二种说法，其实跟中国文化更有关系。中国古代的爱情小说，很少写一个牛公子跟一个马小姐谈恋爱。为什么呢？这比较俗，名字不好听。一般来说是一个苏小姐跟一个柳公子谈恋爱。一般来说，什么姓氏，影响很大。

后面孙悟空跟菩提祖师进行了第二次对话。菩提祖师问孙悟空说，你要学什么？菩提祖师问他，你要不要学怎么样治病，这样将来也可以活得健康活得长一点。孙悟空说不要。那你要不要学算卦，也能预测未来。孙悟空说也不要。那祖师问他你要学什么？他说他要学习长生不老之术。所以后面菩提祖师就教他怎么修炼成仙。修炼成仙之后孙悟空就很得意，就在师门前先炫耀了一下。所以菩提祖师又告诉他一件事情，说当了神仙就一定会长生不老吗？我们一般同学可能都觉得，当神仙就可以长生不老。不一定。中国古代认为当神仙一般要经过三灾，哪三灾呢？风灾、火灾、雷电灾。每过几百年就要经过这三灾，能躲过这三灾就能长生不老。那有些人讲，万一躲不过呢？《西游记》里面有写蟠桃会，参加蟠桃会，吃了蟠桃、寿桃、仙丹，就可以躲过三灾。我们以前说的是这样，这次孙悟空才明白，神仙也不是长生不老。

这次孙悟空再回花果山就不一样了，回花果山之后发现那些猴子们都受其他妖怪欺负，孙悟空非常生气，一把砍刀就把一个混世魔王劈成两半。这次孙悟空跟以往当猴王有根本差别，直接把花果山建成一个军事集团割据基地。孙悟空已经从妖怪变成了神仙，但有没有真正实现创业中的最高境界呢？还没有。因为孙悟空之后要当齐天大圣，最后被如来压在五行山下。这是孙悟空的第二次创业失败。

有一天观音菩萨路过五行山，问手下的人说谁在山下，手下人说是五百年前大闹天宫的孙悟空。观音菩萨对孙悟空说了一句话，这句话同学们创业的时候也要注意。观音菩萨说，姓孙的，你知道我是谁吗。同学们有没有发现，比如说张老师姓张，一般说"姓张的你给我等着，姓张的你给我瞧着"，讲这句话很桀骜不驯。实际上"姓孙的"的意思是瞧不起孙悟空。第二句话是，你知道我是谁吗。这句话就是更加瞧不起的意思。这时候孙悟空的回答，跟五百年前大闹天宫的时候不一样。孙悟空说我知道，您就是大慈大悲救苦救难的观世音菩萨。人在屋檐下，不得不低头，现在很多同学们觉得自己总是天下第一，不行的。孙悟空二次创业失败的时候表现出来的是这么一个态度。观音菩萨真的给他指出了一条路，让他往西天取经。所以孙悟空进行了第三次创业，追随唐僧往西天取经。孙悟空追随唐僧往西天取经，最后坐上了莲台，变成斗战胜佛，也就是真正实现灵魂的解脱。

现代创业的三个阶段就用这个故事来说明。

1.3　创新创业与人力资源

人力资源与组织创业。

先讲两个历史上的故事，第一个是春秋战国时期，有一个著名的人物叫吕不韦。吕不韦是一个商人，有一次跟他父亲对话，他问种田的利润有多少，他父亲说种田的利润一本十利，百分之十。他说经商的利润有多少呢？他父亲说经商的利润一本百利。他说那培养人才的利润有多少？父亲说培养人才的利润有千利。所以吕不韦很高兴，就再问他父亲一个问题，把他父亲吓了一跳。那万一我不小心培养出一个天子利润有多少？他父亲说，那利润就是万万利，他也从来不知道有这样的利润。

吕不韦当时有个小妾，这个小妾叫赵姬。秦国有一个公子叫公子异人刚好在当人质。吕不韦发现当时秦国国王最宠爱的一个妃子叫华阳夫人，没有子嗣，而公子异人根据他在秦王儿子里的排名，将来当不上皇帝。所以他就跟异人讲，我牵线，让你跟华阳夫人认干妈，简单讲，认华阳夫人为妈。吕不韦又做了一件非常伟大的事情。因为公子异人喜欢吕不韦的小妾赵姬夫人，传说赵姬已经跟吕不韦怀孕两个月，又嫁给了公子异人。嫁给了公子异人之后又过了十个月。所以现在史书有传说嬴政在他母亲肚子里怀了十二个月。

这个传说经不经得起考验，后人有几种说法供参考论证。第一种说法是公子异人跟赵姬之间到底生了几个孩子？还真是又生了嬴政。第二种是公子异人跟其他女人之间还有没有生孩子？史书上有种说法说没有生孩子（也有说有儿子）。第三种赵姬夫人还能不能生孩子？可以生孩子。因为史书上有记载，赵姬夫人跟嫪毐后面又生了孩子。所以大家都知道吕不韦变成了皇帝的干爹，但是后来的下场比较凄惨。从培养人才培养天子的角度来讲，他的确实现了他人生的梦想。

第二个故事，刘邦怎样得天下。刘邦，农民出身，史书把他描写成是无赖出身，小时候都佘酒不给钱。后面当上皇帝了，大臣问刘邦，你怎么样当皇帝？刘邦认为他有三个大臣很厉害，或者说三个下属很厉害。第一个叫张良："夫运筹帷幄之中，决胜千里之外，吾不如子房；镇国家，抚百姓，给饷馈，不绝粮道，吾不如萧何；连百万之众，战必胜，攻必取，吾不如韩信。此三人者皆人杰也。"刘邦还不忘记怂一下对手，说他的对手项羽这个人只有一个人才，这个人叫范增。只有一个人才而不能用，所以最后项羽没办法夺天下。

从今天创新创业和企业的角度来讲，张良、萧何、韩信分别相当于怎样的人才呢？张良运筹帷幄、决胜千里，相当于做战略。萧何，做行政、做后勤、做生产。所以历史上关于萧何的故事也很多——成也萧何败也萧何，说的就是萧何举荐韩信，当时萧何月下追韩信，把韩信举荐给刘邦，但是最后设计陷害杀死韩信的也是萧何。韩信连百万之众，战必胜，攻必取。相当于今天做市场，有个成语叫"韩信点兵，多多益善"。从这两个历史故事想说明的是，人力资源对组织创业来说，是最重要的资源。

1.4　人力资源的构成

人力资源的结构和组织的发展，或者说大家比较关心的，跟企业的发展。

一般认为现在的生产要素包括四个方面，第一土地，第二资本，第三人力资源，第四我们一般把它称为企业家才能，或者叫管理者才能。

很多老师有一个特征，自己教哪一门课就说哪一门课最重要，自己教人力资源就说人力资源最重要。但我想说明的是，其实在历史发展过程中，最开始，人力资源并不是第一资源，同学们认真研究一下中国历史上的人口变迁就会知道，我们的人口在几百万到一亿之间来回好几次。我们的户均人口一般也就五口人居多，一般五点几左右，甚至有时候出现四点几。有些同学讲，古代没有计划生育，怎么生那么少？有几个原因。

第一个原因平均寿命比较短，大概平均三十几岁。第二个原因，古代的土地产量非常低，古代的土地产量，一般的土地，在引进西方的土豆、地瓜之前，我们的土地生产稻粱菽麦黍稷，一亩地的产量也就在一百斤左右。交了什一税，百分之十，再交地主的租金，有时候百分之二十，一亩地大概剩下七十几斤。养活一个人，将近要十亩地。在古代对土地的需求量这么大的情况下，家庭人口不断膨胀，对土地的需求就会很大。在产量很低的时候，自动就会产生土地跟不上人口的增长速度，就会出现阶级矛盾激化，产生战争，产生朝代的更替。

西方有一个比较反动的经济学家叫马尔萨斯，他提出解决人口最好的办法不是计划生育，他认为是战争，每次战争人口就会少很多。这个在现代社会是太残忍了，因为在现代社会即使发生现代战争，人口的消耗量是很少的，因为战争导致人口死亡是比较少的。所以我们想说的是，在历史上并不是人力资源是第一资源。那么什么时候人力资源是第一资源？以美国的工业发展为例，大概是第一次世界大战之后。以苏联为例，大概是第二次世界大战之后。以中国为例，大概是两千年以后，我们国家刚刚提出改革开放的时候，主要是引进外资，并不是引进外国的人力资源，但是现在大家都知道，咱们国家拼命引进外国人才了。

这是人力资源与组织发展之间的关系。

人力资源的结构主要表现在两方面，第一是数量，第二是质量。

数量大家都知道，现在咱们国家的人口是全世界第一。这里也有一个概念跟同学们分享，到底我们国家的人口是多还是少？要看相对于谁。相对于日本的人口密度来讲，我们国家人口是少的。如果把人口看成一种负担的话，那么我们国家的人口是多的。主要看人口跟组织间是什么关系。这个后面会跟同学们分享。这里关键是跟大家分享一个图形，如图1.1。

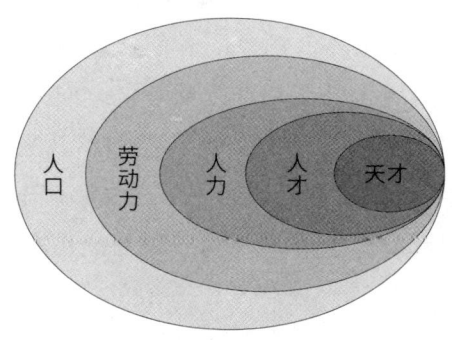

图 1.1　人口、劳动力、人力资源、人才、天才

人力资源图中核心的东西，从人口，到劳动力，到人力资源，到人才，到天才。今时很多人都在讲，天才是不可实现的，但有些人又在讲，天才是很容易实现的。为什么呢？同学们经常能听到一个"一万小时定律"，只

要能坚持训练一万个小时，就能变天才。这里要打破两个误区，第一个是（连续训练）一万个小时不一定能变天才。比如说我是农民的孩子，家里出身农民，我们农民在老家种田的时候，一年又一年地种，一辈子绝对不止种一万小时，他也没有变天才。这叫简单的重复，是明天做的跟今天是一样的事情，而不是明天在今天的基础上增长了。在创业的过程中，财务上经常有一个概念叫复利，或者叫利滚利。利滚利是说今天的利在前一天的基础上再往前增长。所以一万个小时，如果是纯粹的明天跟今天一样的故事，或者今天到了明天连本都变没了，那是实现不了天才的。所以这是第一个，一万个小时不一定能变天才。

第二个，普通的人才能不能变天才。小时候读语文课本，里面有一个故事，叫《伤仲永》。仲永原来也是个天才，后面就变得不能写诗了。但是我们经常看到说有个抑郁小孩，练钢琴练指挥，最后变得很牛。普通人能不能变天才？还真有可能。每个人身上都有自己特异的地方。怎么样能变天才呢？必须经过刻意的练习，找到你特别擅长的东西，一而再再而三地练习。这个刻意的练习，基于两个东西。第一必须有个非常明确的目标。第二必须有非常优秀的导师。获诺贝尔科学奖的科学家并不是平均智商都特别高。他们跟普通人的智商比起来并没有显著的差异，而这些人都有个特征，都特别的、刻意的、长期的练习，很多特别出名的人可能做一段时间就停下来不做了，后面也做不成（天才）。第二个，他有一个非常明确的目标，一直围绕那个目标来练习。

所以我们先打破两个误区。第一个，不是说一万个小时就可以变天才。第二个，普通人想朝天才、朝人才的目标努力是有方法的。

1.5　人力资源的特征

人力资源的特征，一般认为有五个：双重性、能动性、持续性、时效性、社会性。

挑中间的若干来讲。

双重性。人力资源的双重性表现在两个方面：它本身既是生产者，又是消费者。美国有个计划叫马歇尔计划，我国有个倡议叫"一带一路"。有些人讲为什么美国怎么那么好心呢？为什么当初要用马歇尔计划去帮助德国、日本复苏？是因为美国产品如果想要卖出去，买美国产品的国家首先也必须有钱。如果全世界都很穷，就美国一个国家很富，它的产品也是卖不出去的，美国人也不可能实现更好的生活。我们今天的"一带一路"倡议也强调多赢、双赢。也就是一带一路沿线国家，甚至是一带一路区域外的国家一起来参与，让大家共同富裕。共同富裕的目的是什么？因为一带一路沿线的国家所有的人口，他们既是生产者也是消费者。从生产者角度，他们可以创造出我国没办法创造的产品，反过来讲，咱们国家的一些产品也可以出口到其他国家。这也是我们为什么不能仅仅把人口看作一种负担的原因。

能动性。工业文明以来，人类进步了很多，有洗衣机、洗碗机、汽车。过去我们用马车、用人走路。我们总是在担心一个问题：接下来人工智能会取代人，有人说我们人类会全部下岗，没事干。其实工业文明以来，有很多东西都已经取代了人类，比如说洗衣机、洗碗机、电饭煲、微波炉。但人类变得更累还是更轻松？更累了。这说明什么？大家不要担心，工业文明的进步之后，不管后面工业4.0、5.0、6.0，它有一个特征，随着文明的产生会创造很多新的就业岗位。比如我国近年有很多新的岗位：美团送外卖的，顺丰送快递的。人工智能不会完全取代人类的能动性，至少可以预见的未来不会。所以人类会跟人工智能之间共同发展。

但我们要提防几件事。第一件，未来的工资高还是低，未来的企业发展是好与否。那要看所从事的职业，人工智能会不会取代。比如普通的银行柜员，这些年来银行柜员已经下岗70%，为什么呢？因为余额宝、支付宝没有柜台，银行也实现了网络支付，也就是我们现在的线上支付。所以它们不要（柜员）了。第二件，未来在能动性的发挥上面有没有可发展的空间。第三件，人力资源的持续性。有些人说不可能啊，我们随着年龄的增长，体力在下降。但是智力跟经验在上升，可以弥补体力下降所带来的损失。

这里要讲一个内容：非常核心的时效性。我在大学的时候有一种义务劳动，每次义务劳动的时候，会有两种同学，一种同学很积极，一种同学偷懒，并且看着别人在劳动的时候，心里还暗爽，说你看他在那边瞎劳动。我们一天的体能是固定的。今天的体能不用，不代表就存到明天。时间更是这样，目前是单维的，对绝大多数同学，都是单维的。今天没有了，直接就过去了，所以我在大学的时候，就选择一点。今天只要在我体能允许的范围内，我尽可能把事情做得更好。为什么要去偷奸耍滑呢？偷奸耍滑不会让你的体能增加。我们把事情做好，至少（得到）两点，第一点，因为你每次都把事情做好，你的品牌就上去。第二点，为自己积累了更多劳动的经验，更多将来能动性的经验。其实还有第三点，培养了自己的胸怀。别人不劳动在那边看着，你还能够很认真地劳动。

1.6　人力资源的概念

关于管理，到现在为止，有2300多种的定义，大家用百度学术或谷歌学术都能够查到，这些年来甚至比这个更多。我们这里面的就讲两个定义。第一个就是著名的管理学家叫西蒙，西蒙认为管理就是决策。

建议大家去看西蒙的书，西蒙在讲管理就是决策的时候，包括了将近十几个含义。我就讲其中的三种含义。

第一种含义是年初跟年尾的决策。我举一个事情，对在座的同学来讲，将来毕业以后，假设每个月的工资是5000块钱。年底的奖金呢，有两种发放方式，一种每个月发放，一个月5000块；一种是年底一次发放，发六万块钱，12个月。那同学能选择的方式有两种，一种每月5000块的工资加5000块的奖金，一种每个月发5000块工资，年底一次性发放奖金。同学们觉得哪种更好呢？我想说的是两种都很好。选择第一种的同学呢，符合财务管理上面一个概念，叫货币有时间价值，钱先发到手可以拿去投资，或者拿去存款，到年底也是有利率的。选择第二种的同学呢，也是对的，我们待会儿会讲，人力资源管理上的四大机制，叫控制力。那有个很重要的点，叫做自控，就是自己控制。现在有很多年轻人叫月光族，一个月发多少花光多少，尚不如每个月就领五千，到年底的时候，一次领六万。这样更好。但是管理上会带来很多问题，第一个问题，绝大多数的老板在奖金上面是不算数的。他答应大家，年底六万，年底可能只发三万。那么假设你每个月都领了5000，到年底就剩下5000，这个时候老板会不会把5000的奖金也扣下来？概率很小。甚至说每个月先领3000块，到年底还有几万块的时候，剩下少了也不会扣。

第二个决策叫大事跟小事的决策。比如说咱们公司要讨论接下来春游去哪里，这个事情是是小事。要讨论现在开除十个员工，这个事情跟刚才那个比是大事。一般讨论起来气氛小事更热烈，这叫鸡毛蒜皮定律。越是鸡毛蒜皮的问题，讨论的气氛越热烈。现在说我们在座的要开除一个，一般没人发言，一般第一个发言的人就会被开除。所以同学们不能随便发言。这个就会导致大事的决策风险很大。

第三个，上级跟下级的决策不一样。我们经常听到老板讲企业都是大家的。这句话应该这样讲，即使不是这么想的也应该这样讲。举个例子，比如说，保洁公司要聘请我们在座的某一位同学去当董事长，或是去当总经理。董事长，他自己的股东，就有人当了。成功的概率只有10%，失败的概率90%。去还是不去呢？不去的同学那是非常负责任的。但是为什么不试一下？去了以后，成功了是你的业绩，失败了是老板的。这就是下属的决策，在管理上叫委托代理理论。

为什么个别国有企业利润一直上不去，因为国有企业层层委托代理。国有企业是国家的。国家把国有企业委托给国务院管，国务院委托给国资委管，国资委再找了个代理人当董事长，董事长又从市场上招总经理。层层委托代理，最后就会导致管理的信息，层层传递层层过滤。所以就会出现，我们选的人才并不是人民真正需要的人才。

这是西蒙讲的"管理就是决策"。

1.7　管理决策的过程

管理就是决策，决策怎样来实现的过程，实现管理就是决策。中国传统认为，在它实现的过程中包括四个内容："道、法、术、器"。

仍然举个例子，张老师跟李老师，两个人准备开车去北京。张老师开奥拓，李老师开奥迪。两个人谁先到北京？不一定。有些人讲那开奥迪的肯定先到。奥迪是什么，是器。奥迪这个器肯定比奥拓这个器要好。

张老师虽然开奥拓，李老师开奥迪，但是李老师刚刚学车的，张老师是个老司机了，开车的水平更高，那么有可能也先到。这是第二个要素，叫术。

是不是说司机的水平高一定先到呢？也不一定，这就是第三个要素，叫法。有个成语叫南辕北辙，开奥迪的往南开，去广州了，开奥拓的虽然慢，可是往北开，开奥迪的人方向错了。

是不是方向对就先到？也不一定。这就是第一个要素，叫道。比如两个人水平一样高，开奥拓开奥迪。两个人都往北开，但一位想一天就开到北京，24 小时不休息，半路上挂了。另一位八个小时休息一下，最终也开到北京。

对于道来讲遵循天道，对法来讲只是方向的问题。所以管理应该是"道、法、术、器"全部结合在一起，才是人力资源管理真正要追求的内容。

1.8　管理是通过手段和技巧实现目标的行为

管理的第二个定义：管理是通过手段和技巧来实现目标的行为。提出这个观点的两位学者一个是中国古代的圣人韩非子的观点，一个是古罗马时期的一位国务卿马基雅维利，写了一本书叫《君主论》，都是强调管理是通过手段跟技巧来实现目标的行为。这里有手段跟技巧，还有一个是目标。

手段跟技巧，现实生活中主要分为三类，一类是合法的，一类是不违法的，一类是违法的。马云有讲过一个事情，说在中国办企业，就类似于在北京的马路上开车，开车有三种信号灯，红、黄、绿灯。他说如果全部在绿灯上面开，非常堵；全部闯红灯，迟早会被抓起来，那么可以闯黄灯。

对于我们在座的同学，或者全国的其他地方的同学来讲，将来会选择两种职业，未来一个很重要的职业。一种就是在做企业。那么理论上，根据世界上通行的法律，也就是"法无禁止皆可为"。只要法律上没禁止的，就可以做。一种是当国家公职人员，那是"法无授权皆不可为"，国家公职人员法律上没有授权，理论上就不能做。那么问题就来了，有合法的，有不违法的，有违法的。我们第一个问题是，违法的能不能做？不能做。在现实生活中，两种违法的行为经常发生，第一种违法的行为叫"法不责众"。比如说前些年来知识产权保护还不完善，所以从网上下载 mp3、mp4 或者小视频，基本上不要钱的，这叫法不责众。现在不行了，这些年来已经很完善，下载都要钱了。第二种就是我们干的坏事没人知道。怎么样干坏事没人知道？我说不可能。所以我建议同学的是不干坏事。

手段跟技巧，第二个内容就是目标，分为两类目标。第一类目标，人力资源管理的小目标，如图 1.2。

图 1.2　人力资源管理的小目标

人力资源管理的小目标：人尽其才，才尽其用，把人才最大的效用发挥出来。有些人讲，这不就是人力资源管理的目标吗。不一定。虽然人尽其才，才尽其用，但它未必实现组织的目标，未必实现协同的目标。就你单个人才的确是发挥到最好的效用，那两个人合在一起，1+1 有没有大于 2？所以第二个目标，也就是要研究的第二个层次的目标。包括两个内容：人力资源管理要实现组织的目标和个体的目标。组织是指整个公司的，或者整个组织的目标。个体的目标是指员工的目标。问大家一个问题，企业在管理的过程中，应该优先考虑个体目标还是共同目标？共同目标。举个例子，主旋律的电视剧，共产党跟国民党打，或者共产党打小日本鬼子，共产党跟国民党打仗，共产党的连长喊：同志们跟我上。国民党的连长喊：弟兄们给我上。管理上有个团队定律：一根筷子容易折断，一把筷子不容易折断。共产党的连长那句话体现的就是一把筷子，是绑在一起的一把筷子。

1.9　人力资源管理的四大机制

人力资源管理的四大机制，一般认为表现在四个方面。

第一个方面就是控制力。在孙悟空三次创业的例子，就有两次被控制。第一次是被压在五行山下，但这个控制并没有把孙悟空控制住。后面如来在上面弄了一个咒："唵嘛呢叭咪吽"，才把孙悟空给压住，这算是第一次控制。第二次控制是加入了唐僧取经团队之后，唐僧给他弄了一个紧箍咒，所以这个是控制力。孙悟空成佛之后，就不要紧箍咒了，因为他能够自己控制自己，自律性就很强了。

第二个方面就是拉力。为什么唐僧要西天取经？唐僧西行取经是想什么呢？最后普度众生。那拉力的体现在哪里？对孙悟空来讲，跟着唐僧西天取经，就能够实现灵魂的解脱。所以是有了唐僧取经的这件事情对孙悟空所产生的影响，孙悟空才愿意加入这个团队。

但这中间也有出现过孙悟空动摇想回去的，也有出现过唐玄奘想把孙悟空给开除回去的。这就第三个能力，叫推动力。在西游记里面有一回，叫"真假美猴王"。真假孙悟空出现以后，孙悟空曾经跟如来讲，我不去取经了，你干脆把我的紧箍咒给去了，我准备回花果山当妖怪。如来给孙悟空一个承诺，你保唐僧西天取经，我保你坐莲台。那就是告诉孙悟空，你只要这次去西天取经，回来的时候，你的果位绝对不低于观音菩萨的果位。没想到后面成佛了，比观音菩萨的位阶还要高。这个就是承诺书了，给他一个很重要的承诺书。所以我们经常讲，拉力的承诺跟推动力的承诺是两个不同的含义。拉力的承诺表现在一种文化，一种价值，一个大的目标。比如说，对咱们国家来讲，近年来最大的拉力是什么？中国梦。也就是说中国梦，中华民族伟大复兴，是我们每个人不断进取的一个非常重要的拉力。但是具体到每个人的身上，那就是我们的收入水平有没有提升，它是一个推动力。所以当时党的十八大提出来，我们到2020年实现比较宽裕型小康的时候，我们的收入应该是不低于GDP的增长速度，这就是一个很重要的推动力。

第四个方面就是压力，仍然以孙悟空为例。孙悟空的压力，来自于内部压力与外部压力。外部压力就是要经过九九八十一难，那些妖魔鬼怪跟他斗。在孙悟空大闹天宫的过程中，那些神仙跟孙悟空打，个个都打败了。有一次孙悟空在取经路上去天庭求救兵，遇到一个小将，他根本没听过的小将，跟孙悟空一打，打了四十几回合孙悟空还斗不过他。孙悟空就问他，你是谁？我怎么当时在天上，都不认识你？这个人讲，他就是一个无名小将。孙悟空就奇怪：我去西天取经的过程中也遇到那些妖怪，武功也很高。现在天上一个小将（武功）也很高，那怎么当时的那些跟我打斗的神仙不行呢？原来是神仙尽力了没有？没有尽力。所以这个小将讲了一句话，叫"此一时，彼一时也"。这句话是非常有深刻内涵的。有些人讲此一时彼一时也，那是因为孙悟空被压在五行山下五百年没练功，所以不行了。所有的神仙在这五百年里面拼命地练，所以武功都变高。并不是这样的，如果把当时的那些神仙视为——现在国有企业，有很多效益很好的，也有一些效益差的。个别国有企业效益差，吃大锅饭，底下的员工工作不积极，所以大家不尽力，不是大家斗不过你，是假装跟你虚晃几枪，不跟你斗。但对于那个小将来讲，他想表现，要被提拔，然后对玉帝讲，你看我把孙悟空挡在外面。所以他是尽力地、往死里打的。

这是外部的压力，内部的压力呢，西游记里面也有。孙悟空是大徒弟，有个二徒弟猪八戒。猪八戒是有嫌疑的，一开始想当大师兄。中国古代有句话叫"长兄如父"，所以猪八戒在早期刚刚加入取经集团的时候，天天说孙悟空的坏话。三打白骨精以后就更厉害了，所以后面（唐僧）把孙悟空开除回去。等到他当上大师兄的时候才发现，大师兄不好当的。大师兄的责任、任务完全（跟二师兄）不一样。内部有人跟他竞争，外部也有人跟他竞争。所以我们在人力资源管理的过程中，从组织、从个体来讲，也面临这么一个机制的问题。

在这一点里还要补充一个，人力资源管理一般来说要考虑的四个职能。四个职能是通常常讲的选人、育人、用人、留人。具体到人力资源里面，就是每一节里我们要讲的内容，这边就不跟大家仔细讲。但大家不要小看这选人、育人、用人、留人。

比如说选对人，仍然看西游记取经团队，再看刘备的创业团队，再看刘邦的创业团队，首先要选对人。

第二个要自己培养人，比如说诸葛亮一辈子很厉害，培养人不行，变成"蜀中无大将，廖化当先锋"，自己很厉害，但底下的人不厉害。

第三个是用人，有没有用对人？比如说，在刘备集团里面，关羽有两次出错了，第一次在华容道，放了曹操，这是政治错误。第二次守荆州，大意失荆州，两次出问题。失街亭诸葛亮斩马谡，也是用人问题。

第四个是留人的问题。像张良韩信，原来都是谁的人？都是项羽的人。项羽没有留住他们，最后跑到对手那边去。

1.10　人力资源管理的历史

人力资源管理的发展历史。

目前人力资源管理的发展历史主要有三种划分方式，第一种是六阶段落，第二种是五阶段，第三种是四阶段论。但不管是哪一种划分方式，它主要是围绕"在管理中，到底是以人作为主体，还是以物作为主体"，这两者行更替的过程。我们主要讲四阶段落。

第一个阶段是档案管理阶段。举几位企业家，比如大家都知道的 Facebook 扎克伯格，扎克伯格读书的时候不认真，同学也认为他没前途，包括他最开始设计出来脸书的时候，大家也觉得不行。只有一个小女生，就是现在他的老婆，觉得他行。永远是最坚定支持他的。所以她是看他这个人，而不是看他所从事的事业，他大学没毕业。比尔盖茨，也是大学没毕业。不是说他们两个大学没毕业，所以他们创业成功了。而是他们当时所具备的计算机的技能水平很高，像扎克伯格，他特别喜欢编程序，可能比一些做软件工程的博士水平还高，比一些顶尖的软件工程师水平还高。所以不是说因为他有这个节点，他就创业成功了。第三个，再举一个人，乔布斯。大家可以在网上看到乔布斯二十几岁的一封求职信，想当工程师。里面很多单词还写错别字，但它不影响乔布斯后面变成苹果之父。这是早期的档案管理。档案管理阶段，因为填档案的时候人的心理状态，或者说档案是静止的，所以它所隐含的含义跟人力资源比起来，跟现在的人力资源差距比较大。

第二个阶段就是政府管理阶段，说人力资源管理部门主要是应付政府的。这个跟我国 80、90 年代，甚至有些地方 2000 年过后的初期（相似）。比如说政府要求企业必须签劳动合同，人力资源部门的有些合同可能还是临时找出来。政府说要求交五险一金，有些企业尽可能想交的交，不想交的没交。这是第二个阶段，主要应付政府检查。还有些人看看有没有超时工作？工作条件符合不符合？

第三个阶段真正开始进入人力资源管理阶段。这个时候公司或者组织已经把人力资源管理看成是自己的一个很重要的职能。在这个职能里面已经开始注意给人力资源进行培训，给人力资源进行生涯规划，给人力资源做薪酬，给人力资源做激励，希望人力资源有发展，然后组织有更好的发展。

第四个阶段叫战略伙伴阶段。企业跟人力资源之间已经不是雇佣跟被雇佣关系，是伙伴关系。也就是人力资源是企业参与的主体。这个直接在股份的表现上面，很多企业有采取实际持股或者间接持股。实际持股就是企业的员工直接购买股票，比如说万科的员工购买万科的股票。第二种是像华为这种，他本身没上市，但是他的高管或者核心工作人员也能够享受企业的这种分红。这个时候是把人力资源当作是战略资源。今时的人力资源基本上进入了这么一个状态。所以人力资源已经从早期的人力资源变成人力资本，到现在为止变成企业的资产。

1.11　人力资源管理的原理

人力资源管理的基本原理包括很多方面的内容，分成若干知识点来讲。

第一个知识点，介绍一下人的本质。有一个著名的古希腊寓言故事斯芬克斯之谜。有一种动物早上四条腿，中午两条腿，晚上三条腿。是什么动物？是人。说古希腊有一个狮身人面兽，这个狮身人面兽，人面长得很漂亮，别人从面前经过的时候，必须猜这个谜语。猜对了，嫁给他，猜错了，就把人扔进悬崖。有个叫俄狄浦斯的人猜对了，跟狮身人面兽结婚了，生了两个孩子。这个寓言故事说明，人类社会包括两个方面的内容，一半是天使，一半是魔鬼。

跟斯芬克斯之谜相对应，西方还有一个关于人的本质的介绍，马克思关于人的本质。马克思认为人是一切社会关系的总和。包括很多方面的内容，比如经济、政治、法律、伦理学等等关系，挑若干关系跟同学们讲。

第一个关系是经济关系。同学们在未来工作的过程中，或者现在有些同学已经工作，有没有发现？比如说张老师每次光临企业，企业里面经常有同事间矛盾，到我这边来讲，说老师啊，这是原则问题，不是钱的问题。这一般是什么问题？这是钱的问题。一般钱的问题才是原则问题。所以中国有句古话，叫"亲兄弟明算账"。中国古代有一本书《红楼梦》，红楼梦里面有两个非常典型的人物，就是因为钱的问题出问题。第一个人物林黛玉。第一次进贾府的时候，贾府的人对她非常好。因为林黛玉第一次进贾府，当时她母亲刚去世，是带着嫁妆进去的。林黛玉的父亲林如海是巡盐御史，非常有钱。贾政贾家的这些上班的人是没钱的，所以她是带着钱进去，大家当然对她客气。林黛玉的第二次进贾府，大家对她更客气，他父亲去世，林家的财产全部归贾家。但后面为什么对林黛玉变坏？两个原因，第一个原因是钱没了，为什么钱没了？因为当时元春回来省亲，就是当时的贾贵妃回来省亲，建了大观园，把林黛玉的嫁妆给花没了。第二个事情，有些人讲跟林黛玉的个性有关，林黛玉这个人的个性不好，不是她个性不好，这个人很机灵的。刚刚进贾府的时候，贾府的人问她，说你没有读过书，林黛玉说有，我也是读了四书五经的。后面发现大家看她很奇怪，为什么？中国有句古话，女子无才便是德，现在时代变了，男女都一样。所以第二次贾母再问她说，你有没有读过书呢？她说没有，我也就认了几个字而已。可见这个人是很机灵的。但是后面影响她不能在贾家立足，跟她的身体状况有关系。有一次贾家人问刘姥姥，您觉得林黛玉这个人能不能娶为宝玉的老婆？姥姥说看她的长相，恐非久寿之人。刘姥姥在《红楼梦》里面三次进大观园，第一次进大观园，王熙凤给她20两左右白银，回家就置办了田地。第二次进大观园的时候给了她200多两的白银，回家就变小地主了。第三次进大观园，就把巧儿带走了，贾家已经没落，开始帮助贾家了。钱的问题、经济问题是最重要处理的问题。

　　第二个问题就是法律关系，咱们跟企业之间，或者我们跟组织之间的合同关系就是法律关系。

第二章

人力资源规划

【良好的人力资源规划统领整个人力资源管理系统，本章将从组织战略与人力资源战略、规划的定义着手，通过分析人力资源战略规划与企业经营战略的关系，逐步展开对人力资源战略规划操作细节的论述。】

2.1　使命、愿景与战略

人力资源管理中非常重要的一个方面就是人力资源规划，主要从几个知识点跟大家讲解。

第一个，企业的使命、愿景跟战略，或者组织的使命、愿景跟战略。有些人讲怎么样来理解使命愿景跟战略？直接从定义上来看，难度挺大的。仍然举西天取经的故事，唐玄奘去西天取经，如果从使命愿景跟战略的角度看，所谓的第一个使命是普度众生的使命。也就是说第一个层次，他们最高的层次是要普渡东土大唐的众生，所以这是他的使命。那么怎么样能实现这个使命呢？第二个就是愿景，就是未来的一种状态。未来是什么状态？就是实现去西天取经的状态。怎么样去实现西天取经这个状态？这就是第三个层次，战略。也就是说他要经过组建这个团队，然后经过九九八十一难。其实大家看西游记的时候就会发现，这九九八十一难是一种虚指。现在同学们再想的时候就会明白，为什么唐玄奘能成佛？有些人讲说在唐僧取经的五个团队里面，加那个马。五个团队里面，唐玄奘什么都不会，竟然能成佛。

是唐玄奘解决了使命愿景跟战略的问题，并且他的使命的问题是非常明确的。唐玄奘西天取经，在最后一次取经成功之前，已经经历过九次。每次到了流沙河就出问题，就遇到沙悟净，就被沙悟净给吃了。吃了以后，他的脑袋比较特殊，脑袋在流沙河上面，流沙河的河水是一根鹅毛都会掉下来。但是唐玄奘的骨头不会沉下去，浮起来。所以大家看西游记的时候，沙悟净戴的那个骨骼，脖子上面的那些珠子，实际上就是此前唐玄奘的九个骨骼，所以他解决了最重要的一个问题，就是方向的问题。那么刚才讲，唐玄奘先解决了使命的问题，怎么样实现这个使命？他发现要通过取经这个事业。怎么样完成取经的事业？要经过取经的路程。这个路程，刚才举例的，那八十一难是虚指，所以大家数起来的时候没有完完全全八十一难。当然非得把大难小难凑在一起，有时候还不止八十一难。所以其他跟着他取经的那几个人，是没有愿景跟使命的。其他人是因为攀上了唐玄奘的愿景跟使命，最后才实现了解脱。所以从贡献上来讲，他是把握了方向的大问题。这是西天取经里面我们所看到的这三个大问题。

再举一个中国历史上伟大的人物，中国历史上只出现了一个女皇帝武则天。武则天刚开始，应该说是没有雄心壮志的，从她 14 岁入宫的时候，可能也就想解决生活的问题，解决她在家里，在武氏家族里面，她家的三个女儿跟她妈妈在家里的社会地位的问题；她的叔叔还有她的两个哥哥，怎么样欺负她的问题。但是后面她入宫以后再学习，变得有理想有志向。今天我们去看武则天的理想跟志向，也可以从使命愿景跟战略来进行分析。武则天的最高使命应该是什么？并不是只是为了权力的使命，应该是想让当时的老百姓过得好。大家认真看武周时期，在唐朝的整个朝代里面，武周时期的老百姓过得还是不错的。怎么样来实现这个使命呢？她必须当上皇帝，也就是她未来的状态很清楚，或者说她必须是权力的拥有者。怎么样实现成为权利的拥有者，实际上她的人生有关键的三个步骤。

第一个步骤是，她当上了皇后。第二个步骤是她当时跟高宗变成二圣。第三个步骤，有计划有步骤的开始变成皇帝。为了在那个时代变成皇帝，武则天又实行了三个步骤。第一个步骤就是她任用三个小人，索元礼、周兴、来俊臣。利用这三个小人，她从打击小的政敌开始。因为大的政敌，当时李渊的这一派，就是从陇西过来的这一派，她一下子还敌不过。所以她开始采取了一个办法：风闻言事。就是你只要听到说谁有犯错误，不要证据，你就可以去检举，通过三个酷吏来治理。就是这三个酷吏，首先索元礼、周兴、来俊臣来治理，这样的话就使得一部分人害怕。第二个步骤就是开始打击那些可能会影响她当皇帝的人，比如说长孙无忌这些人。第三个步骤就是当她当上皇帝之后，她用了很多很厉害的人，并且为后面的开元盛世立下汗马功劳。比如狄仁杰、张柬之、宋璟、姚崇，这些人在她那个年代就开始逐渐表现出来。

也就是想跟大家讲，使命愿景跟战略。使命是一个企业最终追求的归宿。就是我这个企业到底要干什么？比如沃尔玛，它是希望实现的是富人跟穷人的平等，都能够享受到优质的产品。第二个，它希望它在全世界能做，这个愿景就是它未来的企业状态。第三个就是战略，它怎么来实现？就是沃尔玛口号，叫天天平价。所以为了实现天天平价，沃尔玛在世界上其他国家跟在咱们中国还不大一样，一般的它的超市都建在相对郊区的地方，也就是租金比较便宜，它的厂房是简易的，这样才能够使得它的产品比较便宜。

2.2　人力资源规划

什么是人力资源规划。首先人力资源规划必须是，企业的使命愿景跟战略确定之后，才能够确定人力资源规划。也就是说，人力资源规划是要帮助企业来实现它的愿景使命跟战略。如图2.1，也就是说先有了企业的战略，企业的文化企业的使命，到企业的战略，再到人力资源战略，那么人力资源战略通过什么来实现呢？通过人力资源规划来实现。最后人力资源规划执行了以后，或者是实施了以后，就能够真正实现企业的经营战略，或者企业的使命跟愿景。

人力资源规划是指为了达到企业的战略目标与战术目标，根据企业目前的人力资源状况，为了满足未来一段时间内企业的人力资源质量和数量方面的需要，决定引进、保持、提高、流出人力资源的可做的预测和相关事宜。

图 2.1

举两类企业，这些年在我国比较特殊的。第一类企业就是现在耳熟能详的，叫 BAT 三家企业，BAT 就是百度阿里巴巴跟腾讯。刚刚公布出来的世界华人首富，腾讯的老板马化腾，深圳大学毕业的，排在华人的第一位。原来李嘉诚很多年第一位，王元庆也很多年第一位，现在就是腾讯第一位。它首先抓到的是企业的使命愿景跟战略，也就是这个企业想为社会提供什么样的产品？根据企业的使命愿景跟战略，然后再招聘什么样的人才，制定了人力资源战略在招聘的这样的人才，然后再去实现，最后导致今天 BAT 公司变成中国最显眼的三家公司。

那么近五年来，又冒出了第二个层次的互联网公司。这个就是 TMD 三家公司。T 就是今日头条，叫你所喜欢的，你所关心的就是头条。所以同学们在用手机的过程中，马上就能够感觉到头条对我们生活的影响。M 就是美团，它对咱们生活也产生了革命性的影响。第三个是滴滴，也产生了革命性的影响。

人力资源的规划，是先有了愿景使命，有了战略以后才有人力资源规划，不是先制定人力资源规划，再去实现愿景跟使命。有没有倒过来呢？还真有倒过来。现在风投所选择的投资兑现有两种，一种是你已经有项目了以后再投给你。一种是因为觉得你这个人厉害，比如说万科的王石，虽然已经从万科出来了，比如说原来的史玉柱，巨人集团可能已经倒了，但是很多人觉得这个人厉害，因为有这个人的存在，他就能找到项目，他就能实现使命，他就能够创造出来愿景。但是这种概率一般来说，对于早期创业者来讲，可能性不是很大。

从战略的角度来讲，主要介绍在三种战略的情况下，组织怎么样来寻找它的人力资源规划。第一种就是我们通常讲的低成本战略，什么叫低成本战略？以人力资源的低成本为例。比如说富士康，富士康在中国大陆的工厂，应该来说是最多的，它的人数也是最多的。为什么选择中国大陆？因为在当时我们的人力成本是最低的，而富士康要求的是严谨的员工，流水线生产的员工，只要像机器一样生产的员工，就能够实现企业的发展。今天的富士康已经帮助苹果公司变成世界上最历害的公司之一。我们一直在讲说国际的产业有发生转移，刚开始在美国，后面转移到日本，在后面转移到亚洲四小龙，在后面转移到中国大陆。那么很多人就认为说现在还会从中国大陆转移走。产业发生了变化，什么叫产业发生了变化？早期的产业基本上是静态的，也就是说在这边生产到那边去消费，或者研发比如说在美国，生产在日本。但现在以苹果公司为例，他在中国也有研发，在中国生产，最后又卖给中国的产品。

所以这一次会不会再发生转移？不会。再发生转移，一定会是一种新的业态的出现，它是以中国为主体的，随着生产的人员，消费的人以中国为主体，它在中国再转移走的概率就变得比较小。也就是说我为什么敢提出来，2035年中国可能会先实现现代化，而不是到2050年我们才实现现代化。所以这是第一个低成本战略。

第二个就是我们讲的差异化战略，差异化战略可能就是要由我组织自身的特色，我做的就跟别人不一样，因为不一样，所以只能在我这边做。比如说贵州的茅台，比如说云南白药，即使有药品跟我差不多，即使有酒跟我差不多，但是我跟他的市场是有差异化的。这个时候我们对人力资源的要求就跟刚开始的不一样，刚开始相当于流水线生产的，这个可能要求我是特殊的人才。

第三个是我们通常讲的，要专业化。要求更加专门化。

单单从组织战略上面来看，如果从使命跟愿景，我们把它用通俗的话来讲，大家更会理解，就是我们经常讲企业文化战略，其实文化里面的精神层就包括使命跟愿景。精神层也对应的有三个文化的战略。

第一种文化战略就是"官僚"式的，像制造业的企业，流水线生产的，官僚似的。只要给工人的工资高一点，就能够吸引到工人到这边生产。还是以富士康为例，或者以万达在全国各个地方刚开始建设的过程中，它基本上把员工当作"官僚"式的文化来生产，给员工的工资比别人多一百，马上就能够招到员工。这是第一种。

第二种叫投资式的人力资源。什么是投资式的人力资源？就是华为工程师。华为的工程师基本在 34 周岁以下。很多人讲说华为有没有刻意解聘 34 周岁以上，没有刻意解聘。但是显然他不会给 34 周岁以上的一线工程师过多的投入。因为给 30 岁以上的一线工程师过多的投入，对华为所创造的附加值有限。所以华为在招聘的时候，就以 34 周岁以下，甚至主要招二十几周岁的人。那么大家再看，扎克伯格的公司所招的，也是以二十几周岁为主，甚至十几周岁。

第三种叫参与式的人力资源战略。比如大家看 IBM 公司，现在的谷歌公司的总部，也就是说这个时候的员工，就是人力资源的资产，也是企业的主人。员工跟企业之间的关系，就是企业的参与者，而不是企业的被管理者，或者被企业拥有的，或者只是享受企业小部分的利益。

2.3 人力资源规划的模型

人力资源规划的模型简单讲就是，怎么样来考虑人力资源规划。

首先必须有企业的目标，然后才有人力资源规划。那么人力资源规划要提早多久去制定？一般来说最短的短期规划至少有一年，长的一般要三年，再长一点可能要五年。它要注意的内容有两个方面。

第一个方面就是工作分析。我们下一讲就会讲到，到底需要怎么样的人，这个人的物理的要求跟人的要求，有什么要求？第二个就是组织要实现的目标是什么？在前面曾经介绍过，说人力资源的高层次的目标就是实现组织的目标跟个体的目标。在业绩上面的表现，最好就是个人业绩跟组织业绩完全有机的统一。从人力资源规划所包括的内容就是选人、用人、育人、留人。这四个大方面分别对应着职能方面的规划。这个是模式里面的第一块，内容模型。

第二块就是它的基本程序，主要可以分为三个方面的程序：信息的收集、制定、执行。在执行的过程中，再找到规划制定的时候有没有什么问题，进行反馈跟修正。这是基本程序。

第三块也是人力资源规划模型中最核心的内容，影响人力资源规划模型的要素。对于组织来讲，影响人力资源规划的要素，外部环境主要有五大要素。

第一个要素政治要素，什么是政治要素？大概也包括五个方面的内容。第一个就是战争，战争对人才的流失影响很大。比如说爱因斯坦为什么会从德国跑去美国？因为当时第二次世界大战。第二个是一个地方发生动乱，比如说现在的伊拉克，现在的阿富汗，他们的一些顶尖人才就会流失。第三个就是一个地方的治安环境，也会影响人力资源的规划。第四个就是法律法规，比如说中国开始实行的绿卡制度，这个对于引进外籍非华裔的全世界顶尖的人才来中国是有好处的。第五个就是政府的政策，什么是人才的政策？比如说我们国家的"外专千人"，就是向全世界引人才。

第二个要素是经济环境。经济会影响人力资源规划，并且会产生根本性的影响。一般来说，人力资源会往经济好的地区、发达地区走。经常讲的北上广就存在这样一个问题。经济因素里面也包括多个方面，比如经济周期，经济规模，经济结构，比如国家高层次人才以后可能会逐渐往第三产业转移。

第三个因素就是社会文化因素。社会是不是比较宽松宽容的文化，对不同的种族不同的宗教有多包容的文化，也会有影响。

第四个因素是科技的因素。我国未来实现大众创业，万众创新，在科技上面有个核心的要素：知识产权的保护。知识产权要被跟根本的保护，才能够根本解决人才的问题。人才就愿意来中国创新，愿意来中国分享创新的成果，因为能够获得更高的收入。这些年咱们国家这方面进步也很大。

第五个因素是自然环境因素，为什么北方要治理雾霾？为什么政府工作报告里面提出来雾霾下限的指标？因为一个地方的环境污染也会影响这个地方人才的流动。这个是指外部环境。具体到组织内部的环境，比如说领导者的因素，比如说组织自身的目标，这个目标有没有吸引力？比如说大家看水浒传里面，梁山泊的宋江，上了梁山泊之前跟梁山伯之后，他的战略目标发生了变化，原来叫聚义厅，后面叫忠义堂。原来是起义，准备夺皇位。后面是要忠于皇帝的。所以它是组织战略目标发生了变化。有些人认同，有些人就不认同组织的目标发生变化。大家再看太平天国的洪秀全，刚开始也只是想当一个土匪，但是后面突然想当皇帝。组织目标发生了变化，后面的政策就发生了变化。这是组织里面第二个内容。

2.4　人力资源的需求预测

怎么样来预测一个组织对人力资源的需求？在这里面还有一个非常有趣的问题，说美国有个经济学家预测纽约的人口的增长。在预测纽约人口的增长的时候，预测说纽约动物园的动物的出生率跟纽约的人口出生率之间，他发现刚好成正比例。我国也从国家的角度，面临一个人力资源需求的预测，一直在探讨一个问题，中国的人口多了还是少了？此前讲课我举例说，以日本的人口密度来看，我们的人口不是多了，经常讨论人口多的时候，把人口看成是一种负担，而不是把人口看成一种资产。

中国这些年来，为了改善人口出生率，出台了两个大政策。第一个政策就是单独两孩政策，家里有一个独生子女可以生两个孩子。两孩现实生活中很多同学叫两胎，也可能一胎生两个，两胎就生四个。第二个政策是全面放开二孩政策，相关专家跟相关部门有预测，说全面放开二孩，2016年 2017 年能超过 2000 万，最乐观的，有些人乐观估计，到 2200 万，现在看来不可能。去年的 2017 年的人口，人口出生率是 1723 万，比 2016年第一年全面放开的时候少了 63 万。理论上第一年全部放开，不可能最多的。为什么不可能最多？因为生小孩需要一个周期，不是马上就能生出来，十月怀胎，各方面的周期。随着越往后推，育龄夫妇越来越少，并且今年还出现二孩增加的比一孩增加得多。所以接下来我国人口可能还会再下降。根据国家统计局的数据有两种数据，第一个，到底一对夫妇生了多少个孩子？比较悲观的估计是一对夫妇，大概就生 1：05 个到 1.3 个之间，乐观的估计是 1.5 个。但不管这两个怎么样来算，都达不到人口自然更替的水平。人口自然更替，联合国的要求是一对夫妇至少要生 2.1 个到 2.3 个。有些同学讲的 2.1 个到 2.3 个，那不是多了？因为现实生活中有很多没生的，很多没结婚的，还有丁克家族，或者生不了的。所以有多种因素，只有 2.1 到 2.3。而我国连续 20 年低于 2.1 到 2.3，所以中国面临的应该是全面放开不限制生，才能够维持人口的自然增长。不然的话马上就要被印度超过。人口从资源的角度，没有人口，我们后面的可持续发展就会成问题。

跟大家分享几个简单的分析预测的办法。第一种就是总体需求分析预测法，也就是现在的人口有多少？预计增加的会有多少？减少的会有多少？那么最后算出来接下来的人口如例 2.1，简单看一下，就能够明白这么一个计算的方式。

例 2.1：某公司目前员工是 200 人，在三年后由于业务发展需要增加 100 人，但由于技术提高后可以节省 25 人。

根据公式：P=200；C=100；T=25

NHR=200+100−25=275 人。

即 NHR=P+C−T

NHR：未来一段时间内需要的人力资源；

P：现有的人力资源；

C：未来一段时间内需要增减的人力资源；

T：由于技术提高或设备改进后节省的人力资源。

第二种也是比较简单的计算方式，我这个组织总共要付的薪酬是多少？就我准备为人力资源投入的薪酬是多少？我组织原来员工的平均薪酬是多少？原来员工的薪酬大概是多少？工资福利，其他的间接薪酬的支出多少？

未来要增加多少薪酬？这样就能算出来需要多少人。国内有一种现象，国内高校很多民办独立学院，或者很多地方性高校，师生比很高，那为什么不进老师？不是不想进老师，而是因为学校的总收入是固定的。在总收入不变的情况下，因为特别是公立的学校有个特征，它的拨款相对固定，每增加一个老师就会增加很多成本，这样的话老师的收入就会下降。民办的学校，如果学校的招生规模没扩大，那么这样的时候学校财政收入也是固定的。有些人说那应该怎么办？要么减人，要么减工资。对创业者来讲就要考虑了。不要把财政收入当作是固定的，因为随着组织规模的扩大，或者随着人力资源结构的优化，组织的总收入会再增加。所以即使再增加员工的工资的情况下，仍然是可以引进优秀人才的。比如说去研究华为的案例就是这样，每年的工资在增长，每年的员工也在增长。当然从经济学上来讲，组织有个最优规模，也希望同学们注意一下。

第三种比较简单的方法，就是根据人均的生产量。以富士康为例，假设富士康公司一个员工一年平均能够组装 10 万台苹果手机，那一年准备生产一亿，明年准备生产一亿两千万，那根据员工的工作量，再根据增长量，再去计算一年的人力资源应该要增加多少。

2.5 人力资源外部供应预测的影响因素

人力资源外部供应的预测，主要影响因素有哪些，里面有几个概念要介绍一下。

第一个概念什么是劳动力。从法律上来讲的劳动力，主要是指 16 周岁以上的。现在随着国家延迟退休年龄，一般认为 65 周岁以下的 16 周岁以上的都算是劳动力。中国目前在全世界劳动力参与率是最高的，因为女生的上班率非常高，所以大概达到 70% 以上，世界上多数国家达不到。所以男女平等进入了一个误区，就是女生其实承担男生的职能，又承担女生自己应该承担的职能，所以女生很累。这是一个很核心的概念。

第二个概念是失业率。什么是失业率？在经济学上面来讲，失业分为刚性失业跟柔性失业。刚性失业就是你想找工作，但是你现在的技能已经找不到工作了。第二种叫柔性失业，就是我觉得近段时间我很累，不想上班，我要休假。柔性失业不可怕，刚性失业比较可怕。有些人讲社会上维持百分百的就业是不是最好的？不行的。为什么？刚才讲有柔性失业，不可能百分百就业。第二个，就业有周期，像大学老师，中小学老师，每年有寒假暑假，这个周期里面就会出现失业。农民一年有什么呢？生产周期。也会出现失业。反过来讲，如果百分百就业就面临一个问题，企业不敢解聘员工，员工也找不到工作，百分百就业，那我不敢解聘员工，我解聘员工，我找不到人了，反过来讲已经百分百就业，我辞职了，我要找新的工作，找不到。所以一般认为什么叫充分就业呢？当一个社会出现3%到5%的失业率，一般就认为那是充分就业，它是有利于人才流动的。所以大家不要一看怎么失业率达到1%，2%了很害怕，可能1%2%还不利于人力资源的优化跟配置。3%到5%，想找工作也更好找，想招的也更好招。

影响外部因素中的第一个因素是劳动力市场。这个劳动力市场主要是指劳动力市场的平台，就是说一个地方有没有充分的平台？现在这个平台表现在两种方面。第一个方面就是网络虚拟平台。在网上找工作好不好找，现在叫赶集网等等。第二个是真实的人力资源市场，这个找工作好不好找？应该来说目前我国这两块都比较成熟，就是找工作的平台。那么从组织来讲，这些平台能提供的人力资源是什么？第二个是劳动力市场里面很重要的核心要素。比如说劳动力市场里面能够提供劳动力的数量，劳动力数量有多少？比如说新加坡是一个很发达的国家，当然新加坡要实现完全的产业独立，这不可能。劳动力市场非常有限，它就相当于福建省晋江市这么一个大的地方，人口有限。中国台湾省的产业要全部实现完整的产业独立也很难，因为人口非常少。所以大家都发现，这些年来加拿大拼命地引进外来的人力资源，人口太少，这个是人力资源的数量。第二个是人力资源的质量，我国这些年为什么增长这么快？从1997年以来，大学拼命的扩招。很多人在说扩招不好。我说因为有扩招才有今天中国高质量的经济增长。今天提出来，矛盾发生了变化，是对美好生活的向往跟发展不平衡不充分之间的矛盾。那么增长了多少大中专毕业生呢？到现在为止大概有两亿。因为原来每年大概有 1300 多万。连续从 1997 年到现在，大家算一下，大概经过了 20 年。是它培养了高质量的劳动力。第三个，对职业的要求。什么叫对职业的要求？比如说职业资格。这些年来中国有一个非常好的特征，取消了一大批的职业资格。职业资格要不要呢？要。有些一定是要门槛，比如说医生、律师、教师，要有职业资格。不然经常出现的一些负面的新闻，可能跟职业资格要求不够也有关系。

第三个因素是人口的发展趋势。这些年来东北振兴的压力很大，为什么？人口净流出。并且流出的都是高质量的人口，每年一直在流出。所以东北要振兴，首先要想办法吸引住人才，先保住自己的人才，再把外边的人才引进去。这是人口的发展趋势。

第四个因素是科学技术的发展。什么是科学技术的发展？人工智能、互联网。为什么有阿里巴巴，为什么有京东？它们基于两个很成熟的技术，第一个是互联网，无处不在。中国提了两个，一个是原来是手机漫游，现在是上网的流量漫游，都要资费下降，流量漫游取消，所以互联网非常普及。第二个是物流的速度极其快，物流速度快很重要，今年买东西，明年才送到，就没人买了，今天买东西明天就送到，特别是京东搞自己配送，上午买东西下午就到，满足了人马上就得到，马上享受成果的快乐。这是科技的变化。

第五个因素是政府的政策，比如说澳门特别行政府有规定，要招外边的人才之前，必须先招本地的人才，澳门跟香港都有这样的规定。所以澳门的大学生毕业生，工资的起位点很高。无数本科生的工资中，澳门基本上是 1.4 万，香港 1.3 万。

第六个因素就是工会，工会的力量强不强大？刚才举例了，为什么北京、上海限制外来的人开滴滴？原因是本地的出租车感到了威胁。滴滴全部流行起来，出租车的价格就降下去了。所以出租车工会就联合起来，要求政府对滴滴的竞争进行限制，将来还可能有房屋共享平台，各种共享平台，类似于滴滴平台，都会对人力资源规划产生影响。

2.6　人力资源规划的制定与执行

人力资源规划的制定与执行。

人力资源规划的制定与执行，首先要考虑谁应该是人力资源规划的承担者，主要是块。第一块是决策层，决策层在人力资源规划中主要起到的是方向性的作用。

第二块是各个部门的主管，可以负责总体的人力资源规划的参与、各个部门自己人力资源规划的制定与实施。

第三块是人力资源这个部门，是负责人员规划的具体的制定跟执行。有些人经常会问我一个问题，规划为什么要高层的决策者来承担呢？我每次跟大家讲，在人力资源规划的过程中，是有三个层次的，也就是通常讲的勤奋的三个层次。勤奋的最低层次是什么？战术的勤奋，就是我每天都很忙。人力资源这个部门，很容易陷入每天都很忙：每天招人才很忙，每天解聘人才谈话很忙，每天发工资很忙，每天绩效考核很忙，这个是战术的勤奋的最低境界。第二个是方法的勤奋。为什么现在提出一个新概念，叫人力资源外包？以华侨大学为例，它的物业全部外包，因为物业的员工也有几千人，如果物业员工也归人力资源部门来管，那人力资源部门的工作量就会增加很多，并且管物业还未必专业，所以借助专业的公司来管，把它外包了，或者把它信息化。比如说滴滴公司，为什么它管理也很轻松呢？因为它采取互联网的方式，自己注册自己提交证件，自己开车。它就等着计算怎么收钱，连数钱都不要自己数，电脑都数好的，它借助了方法。支付宝跟余额宝，也是这个问题，大家自己存自己取，每天自己把它导入余额宝，想用自己导出来，借鉴了方法。第二种方法的勤奋，这个勤奋是不是勤奋的最高境界？不是。

第三个勤奋才是最高境界，就是战略的勤奋。如果方向错误，停止就是进步。柯达胶卷这个公司，每年创新有几千个专利。原来索尼也是每年几千个专利，为什么说不行就不行了？因为最高层对战略的规划出现了错误，为什么出现了错误呢？跟高层人员的组成有关系。柯达到后面最核心的九个组成人员，都是读化工材料的，他们一直认为，就是应该用胶卷，就是应该用化学反应。现在已经进入了数字经济互联网经济。中国大陆江苏有个尼康公司，生产照相机的，也关门了。尼康的生产量到现在为止是当时最高峰全球生产量的10%，产量下降了90%。为什么？方向错了。所以在找富士康的那种员工再生产。生产越多，死得越快。

第四个就是员工。员工的参与很重要。员工的参与经常是什么呢？员工跟组织战略之间到底是什么关系？也有个例子供大家参考。华为的任正非曾经讲过这么一个道理，华为经常有员工才进华为两个月，就给任正非写信说华为要怎么改，怎么改。所以任正非每次给人力资源部门的经理讲，这种员工有病治病，没病开除，为什么？你才来华为两个月，你就能提出来华为应该怎么发展？不可能。所以叫有病治病，没病开除，说明这种员工不脚踏实地，但是不是员工就不应该参与？员工也可以参与。当员工对组织很熟悉的时候，员工就可以参与了，这是承担者。

第二个方面就是政策的制定。政策制定也分两块，第一块是当人力资源比较富裕的时候怎么办？人力资源短缺的时候怎么办？比如说人力资源短缺，临时招人招不到怎么办？延长工作时间，临时救急。或者不想招人怎么办？提高工作效率，给员工更高的待遇。还有一个就是经常知道麦当劳肯德基采取招大学生、招短期工的措施，有些人讲为什么他们不招长期工呢？因为它长期工要交五险一金，五险一金在大城市里面大概占人力资源成本的40%，也就是这个员工工资拿到了6000，他的五险一金有4000。所以为什么很多人愿意招临时工呢？不要交五险一金。但我不是教大家怎么样来剥削员工，是要发现是怎么样来降低成本的。这个是指短缺的时候。那么富裕的时候怎么办呢？比如说年龄还没到，可以让他们先退休。还有一部分可能是降低工资水平，还有一部分可能是保住核心的员工，解聘一些非核心的员工？特别经常提了一个概念，叫伪工作的员工。组织里面也有很多人在工作，天天都很忙，但是他对组织的目标没有任何的贡献，这种叫伪工作。

第三个方面就是，具体来制定人力资源规划。具体来制定人力资源规划的时候，它所包括的内容具体如表2.1。

表 2.1

ABC 公司人力资源计划

1. 计划的时间段
2. 计划达到的目标
3. 目前情景分析
4. 未来情景预测
5. 具体内容　　执行时间　　负责人　　检查人　　检查日期　　预算
　（1）
　（2）
　（3）
　（4）
　（5）
　（6）
6. 计划制订者
7. 计划制订时间

最后一个方面就是怎么样来实行。一般来说包括四个步骤。第一个步骤就是实施，第二个检查，第三个反馈，第四个修正。刚才举的尼康公司，尼康现在的产量是最高峰时的 10%，可见尼康已经不仅仅是人力资源战略出现了问题，应该是组织战略问题。所以在实施过程中要赶快向整个组织反应，可能组织战略出问题了。有些人说那有没有其他不用改的？也有。比如瑞士的手表，在电子表出来的时候，瑞士手表受到革命性的冲击，或者叫根本性的冲击。但瑞士手表有转型。后面低端的不生产，全部生产奢侈品。今天的瑞士机械表以奢侈品为主，因为大家买普通的，那就买电子表，它的时间更准确。奢侈品可能是一种身份跟地位的象征，所以组织目标也有进行修正。在人力资源执行的过程中，一定要考虑，不仅仅为人力资源规划进行反馈，还能够反馈到组织的战略、组织的愿景、组织的使命。

第三章

工作分析

【通过本章的学习，将会对人力资源管理系统的基础——工作分析有系统的了解。本章从理论研究层面、组织战略层面、操作技术层面对工作分析进行系统性的介绍，提出了工作分析原则与具体对策。】

3.1 工作分析的概念

工作分析是所有人力资源管理的基础，基础性的位置跟刚才介绍的人力资源规划之间是相辅相成的。人力资源规划，把握的是一个大方向，而工作分析是人力资源所有的选人、育人、留人、用人工作的基础。

什么是工作分析？它包括两个方面，工作分析是对工作职位进行分析，分析了两个方面的要素。一类要素是物的要素，一类是人的要素。物的要素是，这个工作需要提供物的环境是什么？人的要素是它对人身体技能的要求是什么？它的地位在整个组织的人力资源管理过程中，应该来说是处于基础性的地位。表现在几个方面呢？如图3.1，在做的每一个系列里面，基本上都需要工作分析，或者我们讲的职位分析。具体体现在各个方面，举一个例子。工作分析跟报酬有关，为什么？看一下工作对工作环境的要求，对人的专业的要求，对人的贡献的要求。对人的贡献的要求就决定应该给他多少的薪酬，这是一个内容。

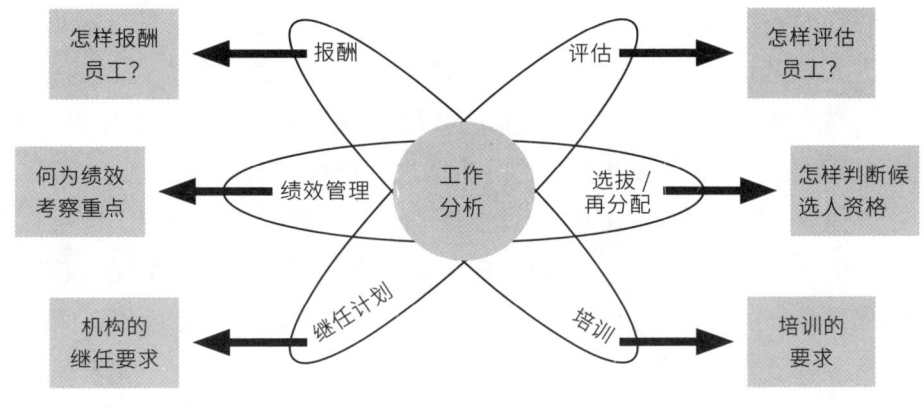

图 3.1

　　为什么要培训？工作分析上面提到的工作要实现的目标是什么？我们招进来的这个人，能实现的目标是什么？为什么目标之间有差距？表现了什么？招进来的那个人，个人能力可能跟所要求的能力有差别。所以这个时候要进行培训。这是第二个必须研究到的内容。

　　招聘人才的时候，员工离职了，我们要去招一个新的人。比如一个生产经理离职了，要新招一个生产经理，但不能挂出来说要一个生产经理，然后就招了一个生产经理，我们要调出来生产经理的物的要求是什么？人的要求是什么？我们招的这个生产经理，他可能是生产手机的，不一定懂得生产运动鞋，我们要招到的是，生产运动鞋的要运动鞋的生产经理，生产手机的要手机的生产经理，它应该有非常明确的内容。

　　评估，在衡量员工到底有没有实现工作目标的时候也需要工作分析，年底的绩效跟工作分析上面所要求的绩效是不是一致的。所以为什么说工作分析是人力资源管理的基础，表现在这个方面。

　　从未来职业发展的角度来讲，工作分析还用到一个方面。在选拔接班人的时候，也需要用到工作分析。比如说库克到底能不能替代乔布斯，现在很多人讲，库克有没有延续乔布斯的创新？可能也有延续，他的想法可能跟正常人不一样，这个也许对创新也是有好处的，这是地位的体现。

　　在人力资源工作中的用途，也体现在人力资源的所有方面。比如选人育人用人留人，招聘与配置的时候，要工作分析的时候，要谈什么内容？

在绩效管理，特别是全面绩效管理的时候，要用到工作分析的什么内容？刚才讲如果是全面绩效管理，不仅仅是年底的考核，它是全过程的管理。从开始确立绩效的指标，到中间绩效的跟踪，到后面的绩效考核结果出来，到后面的绩效反馈，都要用到工作分析来进行比对。

工作分析在战略上面的体现就更严了，一个好的工作分析，最核心的是第一个，叫职位目的。这个职位想实现什么？是要来干什么呢？必须组织的战略目标相一致。《西游记》里面的一个例子，唐僧要成佛，唐僧取经，因为唐僧的身份很特殊，叫金蝉子，是佛祖的核心弟子。如来想让金蝉子成佛，怎么样成佛？金蝉子有一个战略目标，他自己经不过那八十一难的，并且金蝉子除了战略目标正确，没有其他的功业。所以人力资源管理上面有一个词叫帮衬，请谁来帮衬呢？请了四个人来帮衬。第一个请了孙悟空来帮衬，孙悟空本来就是菩提祖师的弟子，身份也够高，既是女娲补天掉下来的石头，又做了齐天大圣。孙悟空那个金箍棒是太上老君八卦炉炼出来的，这个是大禹治水的时候用来衡量和水的深浅的，猪八戒的九齿钉耙也是太上老君的八卦炉炼出来的。从他们的兵器来看，都是不一样的。猪八戒《西游记》里没有介绍猪八戒的师傅是谁，但有介绍猪八戒一上天庭，玉皇大帝就请他吃饭，并且请猪八戒当八万水军的元帅，天蓬元帅，可见猪八戒身份是相当高的。唐僧在西天取经的过程中，遇到了一个法师，这个法师叫乌巢法师水平非常高，为什么？他说孙悟空就是一个弼马温，孙悟空很生气，拿了金箍棒就去敲，怎么敲都敲不到，发现乌巢法师的功力就是跟如来差不多的。但怎么样来衬托唐僧？是猪八戒当时到那个地方当猪妖的时候，乌巢法师想认猪八戒为徒弟，猪八戒都不干。可见乌巢法师这么有水平的人，猪八戒都觉得跟他的老师是不能比的。大家再想想沙悟净，沙悟净用的降妖宝杖是鲁班造的，本身又是卷帘大将。所以他找的这几个弟子，都是有人来衬托的。每个弟子都是有目的的，每个弟子都是能够让唐僧未来的位阶变高的一种体现。所以工作分析，我们要找什么样的工作，必须能够实现工作目的。这个工作目的必须是实现组织战略的工作目的，不然就会出现伪工作，假工作。

工作分析中其它的几个比较好理解，比如怎么样提高流程效率，这个相对简单。主要要求大家在工作过程中认真观察，就知道哪些流程效率可以更高，哪些可以更低。核心是组织战略的传递。

3.2　工作分析的术语

第一个内容是工作要素：工作中最基本的单位。什么叫最基本的单位？就是已经没办法再分解的。当然这个基本单位不是细到每个人的举止。比如说一个营销经理必须有基本的文案能力，有人际关系处理能力，有对市场的把握能力，有跟部门人相处的各方面的能力。所以每一个能力，把它分为一个工作要素。当然非要在把它们往细的分也成，但是往再细的分，没有实现一定的工作目或者职位目的就没有意义了。

第二个内容是最后要实现的任务是什么？任务是工作职位目的中的一种小分节。职位目标里面，要分解成多少个任务？工作分析能不能实现这些任务？

第三个内容就是职责，要承担的责任是什么？

第四个内容对应的是职务，比如说刚才举例营销经理，或者叫业务员、业务经理，或者叫客户经理、工程师，或者叫设计师，这个对应的就是职位。

与职位相对应的就是职务。比如说工程师，是指一个岗位、一个职位，是这个岗位的工程师，指的是这个人对应的职位。营销经理指的一个职位，那营销经理这个人对应的就是自己所从事的职务工作。

第六个内容就是职业。也就是某一个行业某一类工作的总称，刚才讲生产经理，是专门从事制造业生产的，专门从事服务业生产的，这是一种职业。大家还经常听到一个词汇事业。什么是职业？什么是事业？高晓松讲过一句话，说生活不仅是眼前的苟且，还有诗和远方。如果我们牺牲时间做的工作只为了我们的生活，这就是职业。如果是为了我们的理想，已经不是为了生活了，我现在赚到的钱不是我明天要吃饭要用到的钱，这个就是事业，就是诗和远方。所以职业跟事业是有差别的。职业是事业的低级层次，事业是职业的高级层次。

3.3 工作分析的内容

工作分析的内容主要包括两个方面。第一个方面是物的方面，叫工作描述。第二个方面是人的方面，一般把它称为工作规范。就是对人的要求。

工作描述主要的事情是怎么样把事交代清楚，这个职位或者这个岗位它到底是要做什么的首先要明确一下，这个事情是由哪个部门来承担的，这个事情跟组织战略之间是什么关系，它是不是实现了组织战略，具体来讲包括六个方面的内容。

第一个方面的内容叫工作概况。经常看到胸牌，上面注明某人是什么部门的什么经理，通常把它称为工作概况。

第二个核心的内容叫工作目的。工作目的有没有实现人力资源规划，有没有实现人力资源战略，最终有没有实现组织的战略，甚至跟组织的愿景和使命相结合呢？特别是高层次职位的工作描述。

第三个内容就是职责，权力和责任。享受的权力是什么？应该承担的责任是什么？

第四个内容就是工作条件跟物理环境，为什么还要强调工作条件跟物理环境？大家会不会记得在韩国的冬奥会，张艺谋导演的中国八分钟，张艺谋很担心当天的天气会有变化。那八分钟要在什么时候实现到最好它需要一定的物理环境。所以最开始他对冰比较滑的意见很大，要做到在什么样的物理环境下才能够表现最好。人只有在最恰当的条件下，才会发挥到最好的效用。管理上有一个效应叫蝴蝶效应，讲的就是一种物理环境表现出来的机制。南美洲的蝴蝶拍一拍翅膀，北美就产生了龙卷风。世界上几百年的比较顶级的音乐厅，在古代没有扩音器的情况下，站在音乐厅恰当的位置唱歌，所有听众在不同的角落听到的声音是一样的，并且是非常好听的。不要小看工作条件跟物理环境，以大学的教室设计为例，教室的墙壁必须有吸声的功能，医院也应该有吸音的功能，这样医院就有不会嘈杂的工作条件及环境。

第五个内容就是社会环境。对社会环境有没有什么要求？举个例子中国绿卡，对外国人的接受程度是什么？这些年来是非常开放的，引导全世界的优秀人才来中国上班，社会比较宽容。但美国的川普上台以后，对移民又进行了限制，特别是对莫斯科移民进行了严格的限制，在美国跟莫斯科交界、墨西哥交界还筑围墙。

最后一个内容是聘任的条件，聘用条件，包括薪酬、合同的聘用期限、聘员条件等等。给大家一个例子，这是一个营销经理的工作描述。同学们能看出来它少了什么呢？最核心的内容，少了工作目的。没有告诉我们营销经理跟组织战略实现的关系是什么？没有告诉我们跟营销部门战略的实现是什么关系，没有告诉我们工作目的是什么。有了工作目的，工作是不一样的，比如马斯克公司里面有个清洁工，有个记者采访他，你在马斯克公司里面当清洁工有什么意义？他说有意义啊，我把环境搞卫生了，他们工作就开心了。他们的卫星上天，上火星就更好，更准确了。所以他工作也很开心，他的工作最终是跟组织战略相统一的。同样当清洁工，在不同的公司当清洁工，他的自豪感是不一样的。所以工作目的要把它表现出来。

什么是工作规范？就是对人的描述。刚才工作描述是对物的描述，那么对人有什么要求？对人要求主要体现在两个方面：智力的要求，体力的要求。智力，通过学历，通过有没有职业资格证，通过工作履历来体现智力。体力，比如说年龄是一种体力的表现，健康状况，身高状况，体重状况，这些都属于对体能的要求。去美国或者欧洲地区会发现很多小男生小女生很胖。但是会发现，西方的白人黑人，高级白领，高层次的人才，身材都比较标准。控制身材是一种意志力的体现，所以它体现的是自制力和控制力。

3.4 工作分析的角度

工作分析的角度，一般来说叫 6W2H。

什么叫 6W2H？

第一是 who。简单讲就是由谁来做，有些人讲由谁来做是一样的，由谁来做不一样。每个人的个性不一样，比如刘邦底下的三杰，萧何、张良、韩信，张良适合做战略，萧何适合做生产，做后勤，做行政，韩信适合做市场。所以萧何做事情就非常细致认真。张良做事情，主要是讲战略的运筹帷幄决胜千里。一般做事情特别细的人，战略性可能就没有那么好。做战略特别好的人，细节可能比较粗枝大叶。所以由谁来做是有差别的，跟个性有关系，跟掌握的技能也有关系。

第二是要做什么，应该承担什么样的责任，哪些是该做的，哪些不是该做的。为什么很多人觉得很忙，很多人经常在工作过程中出现用战术的勤奋来掩盖战略的懒惰，不该做的或者没必要做的花了很多时间，该做的没有去做，该承担的责任没承担，不该承担的责任承担。

第三谁是我们的顾客？我们最后是服务于谁的？知道服务于谁，就知道谁是最关键的。仍然举马斯克公司为例，马斯克公司最终实现的是要移民，移民火星移民到其他的星球。那么谁是他最重要的客户？他要实现两点，第一点是有些城市将来希望移民的人要移民。第二点怎么样保证公司的可持续。它从地球向全世界发射了很多卫星，用互联网的时候会用到它的卫星，用这个源源不断地来为它的组织提供资金，提供收入。所以它的顾客，有那种很长远的、很高端的、很理想化的顾客，也有很现实的顾客。

第四是我为什么要做这个？就是工作目的。刚才讲的最核心的内容，工作目的。只有找到了工作目的，找到了为什么要做才会避免伪工作。不管是自己创业，还是在别的公司跟着别人创业，都一定要找到工作的目的是什么。没有找到工作的目的，很容易就进入了伪工作的状态，每天很忙但是没有任何意义。有一天下岗了，以后不知道自己要怎么办。

第五工作时间，工作时间提早不行，推迟也不行。再次强调一下，恰当的时间。这些年咱们国家有一个实验已经很好了。中国科技大学的少年班、西安交通大学少年班，少年班的小孩的成长。但目前顶尖的顶级的科学家，可能还没有中国科学技术大学普通的大学生出人才的概率大。可见孩子提早读书未必是一件好事，产品提早产出来也未必是一件好事。

第六工作的地点和工作环境。在什么样的地点上班。为什么很多人愿意去北上广，可能北上广里面能找到更多创新的机会。比如凤凰传奇，从深圳开始出来。在深圳让他们有表演的机会，可能在其他三线四线的城市，这种机会就没有。所以虽然一线城市竞争大，但是对于有些行业来说，可能必须到那个地方去。有些行业可能在三线四线也能做得很好，比如说顺丰。这个是环境。

还有一个是怎么样来从事，怎么来做。

再有一个是所从事的权力是什么。

最后一个就是报酬。不要小看报酬这个问题，很多人，特别是在做人力资源的时候，或者做老板的时候，往往把它放在最后一个。忘记了所有的员工在看员工手册的时候，最先看的就是这一条。这是核心的一条，就是我的报酬是多少。所以我希望的是，这一条应该加黑加粗，让大家看得很清晰。员工的报酬到底是多少？我们工作分析的费用是多少？

介绍一下工作分析，从角度上来看叫 6W2H。

工作分析里面有一个点，怎么样能够做到工作分析得非常到位？一个非常重要的内容，叫构建目标导向的工作分析。什么是目标导向的工作分析？比如是为了组织优化，那工作分析里面的工作目的对应的那些工作分析的其他的物的要素跟人的要素，是否有实现组织优化。

第二个内容比如说为了招聘人才，就要考虑一下工作分析，有没有把要招的人才罗列清楚。但是要强调一下，现在有个词汇叫萝卜招聘。萝卜招聘是代表什么呢？其实是对职位的描述不是清楚的，比如我国去年有个非常重要的案例，江苏有个地方招一个事业单位的人员，招中国语言文学，那么汉语言文学、汉语教育这些算不算中国语言文学？有没有萝卜招聘的嫌疑？我们招的是人才，不是以专业来定人才，是为了人才而做的。所以这个是建立目标导向。如果建立目标导向的这种工作分析以后，我们的工作分析出来就会更加有针对性。

3.5 工作分析的程序和方法

工作分析的程序有一种简单的划分方式，主要是四个程序，先准备，再调查，然后分析，最后完成。具体起来可以分为八个步骤，也就是每个程序可以相对两个步骤。这个相对简单稍微介绍一下。第一个就是准备阶段，要了解一下要做的哪些工作职位，那么这些职位怎么分层？能不能按部门或者按层次来划分？由谁来做？怎么样成立这样一种小组？第二个就是进行调查，怎么样的调查方法？调查的对象是什么？调查的时间是什么？第三个根据资料进行分析。第四个是完成工作描述跟工作规范。

我们介绍一下接下来怎么样形成工作分析的方法。目前工作分析的方法有很多种，挑几种重点来讲。

第一个方法就是通常讲的直接找现成的资料。比如苹果公司研发部，三星公司的研发部，他是工程师，我也是工程师，那想问大家的是，苹果公司跟三星公司的工程师要求一样不一样？不一样。苹果公司的工程师是结果导向。结果导向还是以核心结果为主，叫关键结果导向。三星公司既有过程导向，又有结果导向。所以三星手机一年推出很多款，苹果公司一两年才推出一款，他们的要求是有差别的。三星公司的软件，自己开发的占主要，苹果公司的软件，是向全社会召集，都进入了苹果APP跟大家共享，整个社会的软件占主要。我们刚才举的生产经理，富士康的生产经理跟安踏、特步、耐克、阿迪达斯的生产经理有根本的差别。所以利用现成资料最好找企业性质、企业规模、工作岗位差不多的，然后再结合公司的现成资料进行分析，这种是成本最省的。但是一般来说它的缺点是什么？很可能跟真正岗位不一样，或者真正岗位面临的市场不一样。比如富士康在中国，工人在中国愿意加班，在美国也生产，工人不愿意加班，可能同样的工人，对物理的要求跟心理的要求不一样，就有差别。

第二个方法是问卷调查，这个方法的好处就是各种工作都能够用问卷调查，但是缺点是两个方面，怎么样来设计问卷？问卷还要设计合理。如果调查对象很多，就会导致费用很高。问卷回来了以后，还要能分析得出来，问题也会有些歧义。然后怎么样问卷是有效的，怎么样问卷是无效的。

第三个方法是访谈法，找一线的员工，或者找要调查的岗位，一一跟他们谈。访谈法也有两个方面的局限性。第一自己去访谈的人，通过访谈来做好工作分析，也必须非常有技巧的有专业的。第二被访谈，有些人是自己做得很清楚，但把它描述出来难度很大，讲不清楚，所以被访谈的对象也有影响，对于工作生产中安全的影响就更大了。

第四个方法就是观察法，有些人讲我不问，我就站在旁边看行不行？可以。但它也有一个重要的局限性，有些复杂劳动，看不出来。比如说研发部的，比如说那些设计的，所从事的复杂劳动——为什么要量化？这样做、这样画的有没有目的？最后对市场来说有没有用处？特别是对于脑力劳动，对于复杂劳动，一般来说观察法比较不容易实现。体力劳动或者简单劳动比较容易实现。

第五个方法，有些人觉得去试一下行不行？试一下可以这叫实践法。但随着现在专业化分工越来越细，读人力资源，可能要实践财务，去实现研发，你做不了。我们本身不是这样的工作岗位的人，本身不是这样一个专业知识的人。所以除非是你原来就从事这个岗位的。反过来讲，你原来从事这个岗位，不代表你是这个岗位的优秀人员，也不一定会把这个岗位最真实的需求表达出来。

第六种方法就是日志法，就是每天写。但这样对直接在岗位上工作的员工来讲，成本很大。

第四章

招聘管理

【本章重点介绍人力资源招聘管理部分内容，分析了组织人力资源招聘的基本内涵，及其对于组织发展的重要意义，详细介绍招聘管理的一般流程与常用方法及其优缺点，深入剖析招聘管理中应注意的问题，并介绍组织招聘管理工作评估的常用方法。】

4.1 人才的筛选

这一节准备跟大家分享一下招聘管理，下一节讲人才的筛选。

先讲中国古代的一个故事。公元 604 年左右，大概在隋朝大业年间，也有一种说法，在隋朝开皇年间，中国实行了科举制，在实行科举制之前，中国实行的是察举制、举荐制，很多时候人才是世袭的。察举制或者举荐制也基本上是推荐自己熟悉的人才。所以当时是有贵族的。科举制以后，中国的贵族就开始逐渐地减少。晋朝有个著名的诗人陶渊明，当了县令，不肯为五斗米折腰。当时有个姓谢的家族很困难，陶渊明就送去粮食，但是姓谢的家族拒绝了，觉得陶渊明不配，我再穷淘渊明也不配给我送粮食，因为你的身份跟我不对等。科举制的发明对中国来讲，被称为世界上的第五大发明，全世界文官选拔最好的制度之一。

这个制度也经历了一系列的过程。到唐朝武周年间，一般认为武周年间是科举制的很重要的转折点，这个体现在哪里？原来只有笔试，后面多了面试，就是所谓的殿试。所以中国有句古话叫"若梁灏，八十二，对大廷，魁多士。"就是说古代，有个叫梁灏的。梁灏这个人八十二岁中状元。可不可能呢？现在反过来去考察，不大可能。古代不招这么老的人。可能当时为了鼓励人读书，所以特地讲有一个这么老的人读书。因为古代进行殿试，皇帝选拔人才的时候，就有很多王公贵胄躲在后面看，要选拔年轻的，没结婚的，最好把自己家的女儿就嫁给他了。

到宋朝以后，这个制度又发生了革命性的变化，宋朝开始实行誊录制。现在高考的时候，还是能看得出来是谁的笔迹，即使把名字隐起来了。所以宋朝采取一个办法，先请人抄，抄了以后对抄的试卷进行评分，然后再进行划分，找到原来那人是谁，又公平了一次。

到了明朝又发生了一个革命性的变化。在明朝洪武年间，中国的科举开始分南榜北榜。明朝洪武年间曾经发生一个事情，当时有一次主考官叫宋濂。他选拔的那些进士，被发现主要是浙江、江苏、江西的，北方举子基本上没有，所以北方举子动乱，动乱以后要求这次重考。朱元璋就认为这个主考官有问题，肯定接受贿赂了，所以把试卷全部展开来一看，的确是北方的学子考试不如当时这几个省份的。所以怎么办呢？从此中国科举考试开始分南榜北榜，南方录取一名，北方录取一名。所以现在咱们高考有分两种情况，一种是当时有全国统一试卷的，但是各个省份的成绩不一样。为了怕老百姓质疑，所以后面高考改革，采取一个什么办法？各个省份考不一样的试卷，那就没办法比了，你怎么知道他考 600 分跟他考 700 分有差别？但我想有一点，希望将来改得更好一点。历史上的举人是有按省份划的，但是一般举人照顾弱势的省份，比如说读书比较少的省份，他们考试比较难，地理条件差一点的省份门槛低一点。文化比较发达的，像浙江江苏的门槛高一点。

我们举中国的科举来说明，古代的人才选拔也是一系列的过程。今天的人才选拔应该来说有借鉴古代人才选拔的内容。

4.2 什么是招聘

招聘，根据人力资源规划和职位分析，应该来说最高的是服从于组织战略，来招聘组织需要的人才。所以它是一个全过程的，不仅仅体现在招聘的结果。好的招聘，一般来说包括六个方面的内容，也就是这里提出来的 6R 原则。

第一个原则就是恰当的时间。以大学招聘为例，大学招聘，也就是每年的年底十二月份到第二年的三月份到四月份，这是比较恰当的时间。现在有些已经提早到了十月份九月份，如果等到四五月份以后再去大学招聘，那就迟了。因为这个时候大学生的工作已经定下来了，好的都已经被别人预定走了。所以这是恰当的时间。这是对人才市场来讲，恰当的时间还有一个是从组织的角度来讲，我什么时间去招聘？比如说战略性招聘，那我可能就提早招聘。人才招进来了，组织要实现一个新的战略目标、战略步骤。

第二个原则就是恰当的来源，比如说 Facebook 扎克伯格的公司，他要招的是年轻人，招的是有创意的，他可能就是以大学生为主体的，甚至是高中生、技校的中专生，它体现的是研发的能力，所以恰当的来源很重要。比如富士康招一线的员工，它不需要文化、不需要水平一定要很高、都要大学生。可能以中专为主，甚至初中同学都可以。

第三个原则是恰当的成本。

第四个原则是恰当的人选。恰当的来源有利于恰当人选的出现。为什么叫恰当人选？是不是选最优的呢？不一定。是选最合适的。跟找对象一样，找最合适的。大学生找对象的时候经常讲，没有条件，对我好就行。这种是最难找的。你列出的条件，那就是工作分析，你要找的对象是什么？把工作描述、工作分析、工作规范都列出来了，那就很容易找到对象，很容易找到恰当的人选。

第五个原则是恰当的范围，有没有必要向全国所有的高校都招大学生？也没必要。根据组织的规模、组织所在的地域，在什么样的范围里面招比较容易找得到。包括广告的投放也要注意恰当的范围。比如谁听收音机最多？出租车司机，天天都在听。那你要招出租车司机，就在收音机上面做广告。现在同学们用什么最多？互联网。所以现在大学的招聘中互联网招聘占最主要的成分。所以时代在发生变化。还有一个是恰当的信息。你所提供的这种信息，我们组织所提供的信息，跟对象所提供的信息是不是恰当？这就是我们讲的招聘里面的6R原则。

在招聘里面，一般来说它的程序有四个方面。第一个是招募，第二个是选拔，第三个是录用，第四个是评估。这个全过程在后面一一跟同学们的解释。从招募来讲，主要必须从整个的招聘管理阶段，就是招募阶段必须跟组织战略相对应。也就是说只有跟组织战略相对，它才有利于我们讲的创新创业。如果只是为了人力资源部来招聘，它还是实现不了真正的组织战略。所以真正的招聘，包括组织内部的人员再调配，都必须是服从于组织战略。所以招聘的过程就要考虑组织战略。

在招聘程序里面有三个概念，希望同学们牢记。第一个就是人力资源的获取，我们怎么样来获取到恰当的资源。第二个是人力资源的再配置，到了组织以后，选人育人，用人留人，引得进，留得住。第三个叫有作为，引得进留得住，但是他没有绩效，那就是无作为。无作为可能是我们没有把人才放在恰当的岗位上面。这个时候怎么办？在组织内部进行再配置。第四个，就是有一部分人才已经不适合组织发展，要鼓励他们从组织里面流出，也就是要进入市场再配置。我们一般强调说企业讲忠诚度，但有些公司不是，比如说苹果公司。苹果公司的员工互相问好的时候，经常问你第几次来苹果？你现在来苹果应聘的第几次？因为它体现了一种创新，流动是有利于创新的。

4.3　招聘过程中的关键问题

人力资源在招聘过程中的几个关键问题。

第一个关键问题，招聘前应该考虑备选方案。为什么要考虑备选方案？有可能招聘市场发生了变化，没有找到合适的人选，组织不能因为没有合适的人选，这个工作就不做了。这个方案包括两个方案，第一个是短期方案，第二个是长期方案。第一个是短期方案，短期之内没有招到一线的员工，这个时候要有应急工，什么是应急工？要有兼职的，要有临时的，要有钟点工。再者比如说临时安排员工加班加点。其次从劳动力公司、从人力资源公司借调，或者临时雇佣。第二个长期方案，什么是长期的方案？比如说原来员工可能效率比较低，我们三个员工可能抵人家一个员工的工作效率，那么怎么办呢？通过培训来提升我们员工的工作效率。第二个就是原来被辞退的员工，可能随着组织的发展，我们也可以把他重新召回来。第三个就是一部分的业务要外包，不是咱们组织擅长的，或者组织做起来的时候，不是组织的主营业务，可以考虑外包。这是第一个关键的问题。

第二个关键问题就是招聘策略，要考虑的内容主要有三点。

第一点，我们到底需要什么样的人才？什么叫我们需要的人才？很清晰，比如三国的时候，刘备招人，刘备最开始的时候，最高的谋士就是徐庶，在徐庶之前就是糜竺、孙乾，他们没办法帮助刘备实现雄心壮志。所以有一次遇到了徐庶以后，徐庶去曹操那边之前告诉刘备，说你要是想实现你的宏伟目标，必须招到两个人，至少其中一个，卧龙凤雏，就是庞统跟诸葛亮，至少有一个。后面水镜先生也给他介绍了这个问题。到底需要什么样的人才，这个很重要。

第二点是怎么样能够找到这样的人才？中国历史上就有三顾茅庐的故事，就是我要到哪里去招？这些年来咱们国家招国家千人国家万人的时候，很多人也提议，这些国家千人、国家万人，特别是外专千人，他们没有发挥作用。中国古代有个千金买马骨的故事，我先花重金买了一个死的千里马的马骨，但别人就知道，我的国家是真正要招千里马的。你看一个死的千里马骨，我都愿意花重金，那些人才会源源不断的进来。

第三点就是要付出的代价是什么？时间的代价，物质的代价是什么？这是招聘策略的问题。第四点是战略性招聘，什么是战略性招聘？

第一个就是，我们的机会跟威胁是什么？比如说百事可乐招什么，我可口可乐要招什么，为什么百事可乐这一次要这样招？

第二个就是对手在做什么？刚才讲的市场的机会和威胁，其他行业的威胁，其他的机会。

第三个就是自己吸引人才的策略，比如说华为为什么源源不断地吸引人才？高工资，并且华为的工作环境，让很多年轻人愿意自己投身，并且自己愿意自动地加班。当然我再次强调一下，将来加班还是要少一点，不是通过加班来实现企业大发展的。我们这里有个例子供大家参考，比如说百事可乐，百事可乐招学生的时候招二流的学生，或者二流学校的学生，或者一流学校中的二流学生，为什么不招最优的？有些人讲我门门都优，全优生，为什么他不要我？这个就是我们后面要讲到绩效评估的问题。在工作分析中也有绩效评估的问题，也就是我们考试成绩的全优，其实是一种确定性的优。什么是确定性的优？因为知道怎么考试你就能考优。但在社会的工作过程中，在创业的过程中，那些是不确定的优。为什么确定性的优的学生，最后在不确定上面的优没有表现出来？他们可能适应了确定性的优，后面可能没有学会怎么样适应不确定的优。所以并不是说考试成绩好的同学，一定就是不能适应不确定的优，而是希望考试成绩好的同学，既要懂得应对确定性的优，也要学会应对不确定性的优。

最为关键的问题，也是最后一个问题。组织要想非常有效地实现这种招聘，首先必须开发自身的优势，叫打铁还需自身硬。从中国来讲，这些年来为什么留学生源源不断地每年都回来，回来的越来越多，为什么全世界其他非华裔也愿意来中国？因为发展越来越好。为什么华为能够吸引到那么多员工？为什么 TMD 公司或者 BAT 公司吸引到那么多员工？因为组织自身的优势不断地在成长。这个是开发自身的优势。对大学生的启发，也有一个开发自身的优势，刚才讲的全优是一种优势。

我们有没有跟市场相接轨的能力？

什么是优势？给大家介绍一个优势。一个人怎么样算是好的人才？以黄金来举例。黄金为什么是一个优秀的"人才"？黄金，如果把它看成"人才"，是个优秀的人才，它具备三个特征。第一个特征，它本身非常有价值，第二个特征，它是可以切割的，切成一片一片，它的价值还是很珍贵。

只会做一件事情，另外一件事情我马上做不好，那表示你的才能不可切割。第三个长期保值。很多同学短期之内有优势，过一段时间没有优势。毕业三年以后就跟不上时代的发展了。所以对同学们讲，开发自己的优势可以借鉴黄金，长期都是这样。

4.4 招聘的方法

招聘的方法。

首先大家要区别内部招聘跟外部招聘。什么是内部招聘？就是人才从内部提拔。外部招聘，就是从市场外来选拔。内部招聘跟外部招聘各有优点缺点。内部招聘的人，对内部的工作环境比较熟悉，进入新岗位很快，并且内部招聘还有一个非常好的激励的员工模式。比如万科的总经理是从内部招聘，万科的郁亮变成了董事长，万科就空出了总经理的职位。所以万科提了自己人做总经理，他原来的职位就空出来，原来的部门经理就可以变成副总。原来的部门经理变少了，底下的再小的经理就可以变成部门经理，或者底下的部门副经理变成部门经理。万科的一个总经理的职位空出来，如果是从内部选拔，可能会涉及到上百位的人的工作调动的问题，所以它会起到非常好的激励作用。但内部招聘的缺点，可能形成的人才圈是内部的人才圈，甚至拉帮结派。还有一个是没办法引进外部的思想，所以这时候就需要外部招聘。一般来说对于一线的员工或者很多岗位来说，特别是组织在扩张的时候，只通过内部招聘是不够的。

所以我们重点研究一下外部招聘，内部招聘的几个简单的方法也给大家介绍一下。

第一个方法是通过内部晋升。

第二个方法是内部调配。比如说我原来在总部，调配到各个子公司当经理。

第三个方法是工作轮换，一个是各部门经理之间的工作轮换，一个是各个子公司老总之间的工作轮换，避免员工懈怠。还有一个方法是重新聘用、返聘：已经退休了，再请回来，或者已经离职了，再请回来。

大家比较一下外部招聘的这些方法。具体来说，重点介绍几个方面的内容。第一个方面是广告招聘。广告招聘有一个非常重要的要求，如果看电视广告，24 小时看电视，同一台、同一个频道，一天的广告时间一个多小时，甚至有些台的时间更久，但是我们能记住的广告大概十个，非常清晰记住的有三个。说明多数的广告没有吸引我们的注意，特别是潜在客户的注意。潜在的人才是谁？能不能吸引他们的注意？

第二个方面是能不能引起他的兴趣，比如有人虽然也注意了，一看你的工资太低，工作条件差，不感兴趣。

第三个方面是能不能激发求职的愿望？比如原来诺基亚公司一直在做一个广告，叫科技以人为本，它渲染了企业的使命，这个能够激起很多希望从事科技来实现人本思想的人。

第四个方面是方便求职者求职的行为。比如说填写很困难，联系到公司很困难，或者是其他物理的障碍，这个是广告。广告方面要给大家提醒的，有几个方面的内容。我们国家目前有个特征，互联网的广告收入比所有传统媒体的广告收入都多，百度一家，比所有电视台、所有报纸加起来的广告收入都多，那表示什么呢？对于我们在座的同学来讲，或者对将来想创业的同学们来讲，将来做广告时，第一个，一定要选择恰当的媒体，第二个，设计恰当的内容，包括恰当的时间，恰当的地点投放都非常重要。招募广告的核心内容是它的必要性，如表 4.1，核心的要素就是必要性。

表 4.1

类型	优点	缺点	适用范围
报纸	标题短小精练。广告大小可灵活选择。发行集中于某一特定的地域。各种栏目分类编排，便于积极的求职者查找	容易被未来可能的求职者所忽视。集中的招募广告容易导致招募竞争的出现。发行对象无特定性，企业不得不为大量无用的读者付费。广告的印刷质量一般也较差	招募限定于某一地区时。可能的求职者大量集中于某一地区时。有大量求职者在翻看报纸，并且希望被雇佣时

续表

类型	优点	缺点	适用范围
杂志	专业杂志会到达特定的职业群体手中。广告大小富有灵活性。广告的印刷质量较高。有较高的编辑声誉。时限较长，求职者可能会将杂志保存起来再次翻看	发行的地域太广，故在希望将招募限定在某一特定区域时通常不能使用。广告的预约期较长	当所招募的工作承担者较为专业时。当时间和地区限制不是最重要的时候。当与正在进行的其他招募计划有关联时
广播电视	不容易被观众忽略。能够比报纸和杂志更好地让那些不是很积极地求职者了解到招募信息。可以将求职者来源限定在某一特定区域。极富灵活性。比印刷广告能更有效地渲染雇佣气氛。较少因广告集中而引起招募竞争	只能传递简短的、不是很复杂的信息。缺乏持久性；求职者不能回头再了解（需求不断地重复播出才能给人留下印象）。商业设计和制作（尤其是电视）不仅耗时而且成本很高；缺乏特定的兴趣选择；为无用的广告接受者付费	当处于竞争的情况下，没有足够的求职者看你的印刷广告时。当职位空缺有许多种，而在某一特定地区又有足够求职者的时候。当需要迅速扩大影响的时候。当在两周或更短的时间内足以对某一地区展开"闪电式轰炸"的时候。当用于引起求职者对印刷广告注意的时候
现场购买（招募现场底宣传资料）	在求职者可能采取某种立即行动的时候，引起他们对企业雇佣的兴趣。极富灵活性	作用有限。要使此种措施见效，首先必须保证求职者能到招募现场来	在一些特殊场合，如为劳动者提供就业服务的就业交流会、公开招聘会、定期举行的就业服务会上布置的海报、标语、旗帜、视听设备等。或者当求职者访问组织的某一工作地时，向他们散发招募宣传材料

　　第二种方法叫推荐，主要是通过熟人推荐，比如员工推荐客户对象，合作对象的推荐。这个的好处是很快，并且这些人也了解公司，很容易进入状态，缺点是担心拉帮结派。

　　第三个方法是校园招聘，这个对于招聘一线员工或者大规模招聘员工是非常有利的。比较容易有缺陷的就是相对来说，工作经验不够。但现在很多企业招聘的时候提早招聘，比如说微软中国研究院，对核心人才招聘，可能大三大四就开始让这些学生到企业实习，并且在这些大学里面设奖学金，开招聘会，做宣传会等。

再一个就是人才交流会，主要是通过人才交流平台，人才市场，还有一个是公共服务机构，各个地方的人力资源部门或者人才部门，事业单位都有提供。现在最流行的是网络招聘。网络招聘可能在将来很长的一段时间之内，会变成通常人才招聘的主要表现形式。这些年来咱们国家的网络招聘的规模，一个是网络招聘的生态图，表现在几个方面？比如说中华英才网，赶集网，58同城，百姓网等等。第二个就是2008到2015年，网络招聘所产生的市场效应。这是最新的预测，也就是未来到2020年的预测还会进一步上升。那么对于高端人才核心人才来讲，有个很重要的内容，就是通过猎头公司，比如说招聘，挖掘职业经理人，挖掘总设计师，挖掘总导演等等核心的人才。猎头公司唯一的不足就是什么呢？成本。太贵了。一般至少双方给一个月工资，一般年薪都很高，再给一个月工资成本就更高了。

4.5　招聘工作中应注意的问题

招聘管理过程中应该注意的问题。

第一个是对于普通人才的招聘，如果能够实现招聘金字塔，那是最妥当的，如图4.1，我是从一个比较大的人才池里面，最后优中选优，选择出

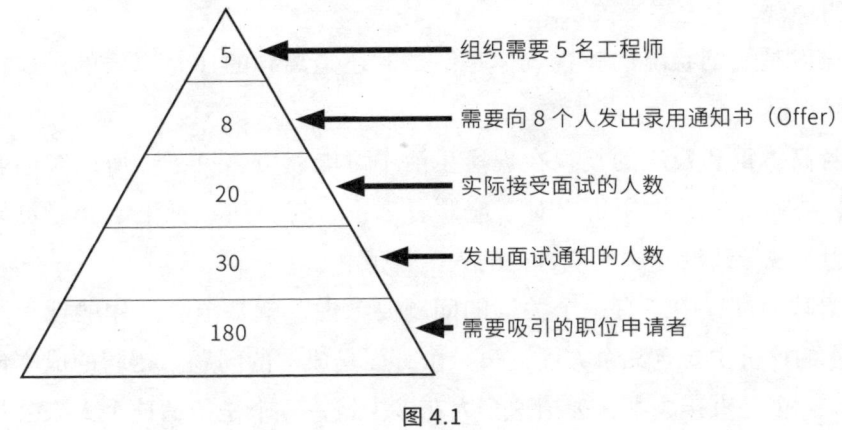

图 4.1

我的人才，而不是说我招五个人才，总共只有五个人来应聘，这个显然对选拔优秀人才是不利的。

第二个是招聘中的歧视。首先是性别歧视。比如说招聘的时候经常写，我只需要男，或者只需要女。除非是极个别的职位，比如现在幼儿园的老师，现在一般女的多，但男的也逐渐增加，可能将来还不是直接写男或者女。有些人讲，我们公司可能现在就是女的偏多，我要男的怎么办？不写男的女的，但是你在遴选的过程中，可以采取恰当的遴选模式。

其次是年龄的歧视。规定一定要几岁。比如说华为公司招 34 周岁以下的人才，34 周岁以上的必须辞职。华为公司马上出来否认。但华为有没有这样做呢？大家去了解一下就知道，我就不告诉大家答案了。这是年龄歧视。

第三是种族、宗教和出生地的歧视。因为种族，我国现在基本上还是黄种人居多，美国白种人居多，所以有色人种在他们的国家里，经常受到歧视。美国马丁·路德·金讲的《我有一个梦想》，后面出现了奥巴马当总统，所以这个梦应该是一个重要的实现。

还有说你信什么宗教，鼓励你信什么宗教，这也是一种歧视。

还有一种是出生地，你看你是哪里的。咱们中国古代有一种跟歧视不一样，叫避籍。中国古代的官员当官主要避两个籍，比如说出生地、籍贯地，但不是所有的官员当官都避这两个籍，而是指主要的官员，比如县令以上的一把手。你原来出生在某某省份的某某县，那你不能回那个县当县令，叫避籍，避免裙带关系。

第四是婚姻状况的歧视。你是结婚的还是离异的还是再婚的，在招聘的时候都要注意。

身高体重和残疾的歧视在现实生活中可能就更多见了。所以对创业者来讲，要避免。反过来讲，对于应聘者来讲，就要注意一下了，尽可能不要因为歧视导致没办法实现自己的人生价值。

招聘的过程中还有一个关键的问题要考虑，就是招聘工作的评价。招聘工作的评价主要有几个方面，第一个方面是成本的问题。招聘的成本包括很多，一个是直接成本，去招这个人花多少钱，一个是招的这个人来公司干了以后又离职了，所产生的成本也属于招聘成本，这是评价的一个问题。

　　第二个方面是吸引的人才跟后面确定录用的人才之间的比例。这也是一种招聘工作的评价，刚才讲人才（资金）池和最后优秀人才的录用。

　　第三个方面是招聘以后这些员工的工作成效怎么样？工作所产生的效果到底好不好？

　　最后一个就是满意度，满意度也有短期的满意度和长期的满意度，刚刚进来的满意度，几年以后的时候满意度。这个要进行长期的跟踪，才知道招聘工作有效还是无效。

第五章

人员筛选

【本章主要介绍组织人员筛选部分内容，归纳组织人员筛选的一般流程、人员录用的基本模式，解析申请表或简历表中可能含有的危险信号，研究探讨了组织人员面试、测试、筛选的一般方法，并分析不同方法的优缺点，总结适用于管理者及求职者的工作实践启示。】

5.1 人员的筛选

人员的筛选跟人员招聘之间是什么关系？人员的招聘主要是把人才引进来，人员的筛选是根据组织的战略，根据人力资源的战略，依据人力资源的规划，选择出最恰当的人选。不是指最优秀的人选，而是对组织来讲最需要的人选。如图5.1，通常来说包括这些过程。

第一个是职位申请人。经过了初步面试，根据他的履历表或者简历表进行遴选，再根据职位的情况进行选择测试，还有雇佣面试、背景调查、选择、决策、体检，最后确定要不要雇佣。我们挑里面比较重点的内容跟大家分享。

在遴选过程中主要两种模式，第一种模式叫逐步筛选淘汰模式。什么叫逐步筛选淘汰模式？比如国内有一个篮球赛CUBA，华侨大学刚好是CUBA九冠王，CUBA有个特征，每打一场就直接把对手PK掉了。也就是说，如果你跟最强的那一队打，可能一打，从此再也没有参加比赛的机会，

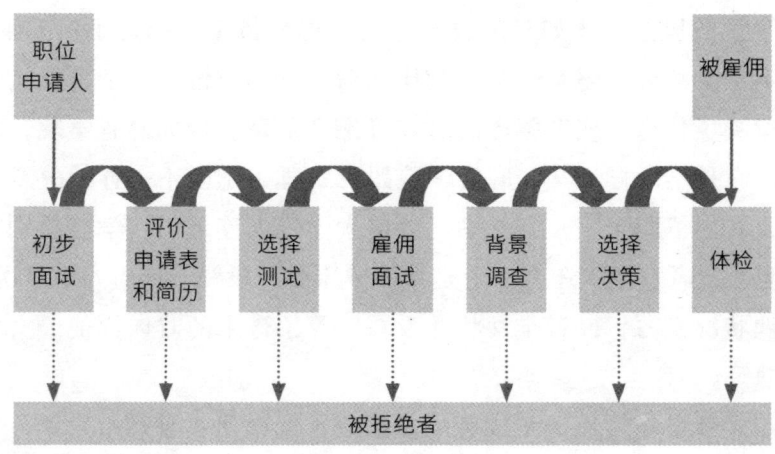

图 5.1

连在小赛拿冠亚军都没有机会。另外一种，世界杯足球赛，它是累计分，跟谁赛的时候输了，或者赢了我多少分，跟谁赛赢了多少分。选择人才的时候也有一种办法，一种是直接淘汰，一看履历表有问题，直接就淘汰了，一看面试有问题也淘汰，一看笔试有问题也淘汰，一关就淘汰，一票否决。还有一种办法是每一关逐渐累积。比如说咱们的履历表，我给你打十分，别人可能只得八分，面试的时候你八分，别人可能九分。笔试的时候多少分，加起来，超过多少分的我用你。这是两种不同的选法。这两种选法各有优缺点。有些职位不允许有关键性的缺陷，什么叫不允许有关键性的缺陷呢？假设一个跨国公司，那要招的业务员主要是对国外进行营销、负责业务联系的，他可能就必须会外语。甚至比如说你是找阿拉伯国家的，可能最好会拉伯语。所以这个可能就属于关键的，一票否决的。但有些可能不需要，比如招了一个生产经理，这个方面弱一点，可能那个方面强一点。最后我们希望的是一个综合素质高的人才。所以我们的职位，我们所需要的素质是不是属于一票否决的？需要一票否决，就采取逐步淘汰的方法。不是的话，可以采取信息累积的方法，各有科学性。

其中有一个是简历，因为简历在逐步筛选跟信息累积的过程中都可以用得到。所以简历里面，从组织来看和从个人来看，分别要注意什么问题。第一个就是简历中的信息不完全或者遗漏，这个对组织来讲可能有问题，或者有隐藏的风险。比如年龄没有注明，可能员工一招进来就要退休了，这种还不是少部分。还有一个就是比如写大学的时候，特别写英文大学的时候故意缺了什么，或者翻译的时候没翻译清楚。例如麻省学院，麻省理工学院，它是不一样大学。麻省学院跟麻省理工学院不一样，故意少了两个字，或者加了两个字，有差别。大连大学跟大连理工大学有差别。这是信息不完全或者遗漏。还有一个是身体健康状况没写，或者婚姻状况没写，或者配偶状况没写，或者子女状况没写，等招进来的时候说他子女要解决入学问题等。

第二个就是填写不清楚或者故意涂改，以福建省泉州市为例，泉州市第四监狱对外称为一个泉州针织厂，现在叫泉州纺织服装有限公司。他写的时候，写泉州纺织服装有限公司或者泉州针织厂，但他没注明是第四监狱。表示那段时间他在那个里面实际上是在服刑。我们并不是说服刑的那个人就不好，但是你应该真实地注出来。不然在招聘的时候以为你是一个公司员工。他还注明说他是楼长，所谓的楼长就是牢头。

第三个就是雇佣经历存在间断，有一段时间不见了。为什么会间断？这段时间是休息还是干什么？还是生病？比如说你原来在尘矽肺、灰尘很多的那种单位上过班，你没有写，这个职业病可能就容易发作，不管对于企业来讲，对于应聘者自身来讲都是没有好处的。

第四个是频繁的短期任职，从忠诚度来讲，频繁短期任职可能不见得是一件好事，但我们有举例过，苹果公司的研发部还鼓励你短期频繁的任职，因为它有利于创新。

第五个是过去的经验跟申请的职位不一样，比如说你做过是鞋的、纺织品的生产经理，我要的是高科技的生产经理。如果你原来某某公司也是做纺织品，我也要申请纺织品。可惜你到那个公司去做了纺织品的生产经营，你的公司倒台了，绩效不好的情况没有注明。这个是在筛选过程中，简单从履历表就能看出来，他有很多危险的信号。

5.2　面试的种类

面试的种类：主要介绍在面试过程中要用到的典型方法。

第一种面试的方法叫结构面试。就是对所有的应聘者来讲，问的问题是一样的。这个时候组织在组织面试过程的时候就要注意，应聘者跟还没有应聘结束的人要隔离开，不然他就问到别人问的是什么问题。对大学生来讲，去面试一个公司的时候，有些题叫考古题，每次这个公司必问的题目，可以先了解一下，先准备一下，对我们的面试也是有利的。结构面试是对每个人都一样。

第二种是非结构化面试，对每个人提的问题不一样。第三种是组合的面试，就是有一部分题目是一样的，个别题目是灵活再提问的。

第三种面试叫情形面试，稍后会专门讲什么叫情景模拟、情景面试。第四种面试叫小组面试。什么叫小组面试？就是我只面试一个人，有一群评委。但不是一群评委在一起面试。为什么一群评委面试一个人有问题？因为某一个评委特别权威，他一讲话，所有的人都尊重他的意见，面试出来的结果有可能不公正。所以我们让每个人分开，一个一个来问，这样的话，把每个人的分数加起来，然后来确定这个人选要还是不要。

第五种面试叫压力面试。就是一个连着一个问题问应聘者，并且问题之间可以相关，也可以不相关，来考验被面试者的心理素质。

在面试过程中也要预防几种误差，这个误差在面试的过程中还影响挺大的。

第一个误差叫首因效应，就是第一印象。红楼梦里面有个故事，说贾宝玉和林黛玉第一次见面，一眼就非常喜欢对方，两个人都觉得似曾相识，好像在哪里见过。根据小说里面的设计环节是贾宝玉原来是一个有灵性的玉，林黛玉是一棵非常漂亮的草，那块玉非常喜欢她，所以每天给她浇水，后面变成了林黛玉，林黛玉准备用泪水来还贾宝玉。这也是很多小男生骗小女生的办法，说我好像哪里见过你，感觉你像哪个明星，这是首因效应，第一印象。第一印象很重要，去面试的时候，自己的行为举止，最好跟公司的工作的规范要求是相吻合的，特别是跟工作分析是要相吻合的。

第二个误差是晕轮效应，什么是晕轮效应？中国有句古话，叫"佛靠金装，人靠衣装。"特别是小女生，三分靠长相，七分靠打扮，这种是低层次的晕轮效应。高层次的晕轮效应，比如知道老板喜欢足球，你跟他聊足球，聊着聊着，就觉得特别有共同语言，就进来了。所以晕轮效应，找共同的爱好，共同的兴趣。

第三个误差是投射效应。什么是投射效应呢？面试者自身觉得我喜欢什么，你们肯定也喜欢什么。我当老师，好为人师，就整天鼓励学生要当老师；我喜欢足球，就觉得大家都喜欢足球。

第四个误差是顺序效应，比如说一般面试按顺序的时候，第一个进去的人会不会拿冠军？奥林匹克运动会也是这样，只要是评委打分的，前几名进去的拿冠军，是后几名进去拿冠军的40%。因为没有对比。这个是顺序效应。

第五个误差是跟顺序效应相对应的对比效应。我有顾问一个公司，这个公司是生产日用品的第二大公司。这个公司的人力资源经理讲，每次华侨大学学生去应聘的时候，其他几个都不怎么样，就一个特别优秀。我每次暗示他，不是我们的学生不优秀，是因为那几个根本就不想去，他只是去陪衬的。他表现不优秀，就是要突出那个优秀的。这叫对比效应。

第六个误差是诱导效应。什么是诱导效应？刚才讲特别权威的专家，有可能他一个人的讲话会影响别人对这个人的评价。

第七个误差是趋中效应，就是打分大家都一样，每个人都一样。

第八个误差是要注意负面形象。比如看他有抖腿的习惯，一看抖腿，就不喜欢。还要看有些人讲口头禅。什么"你晓得嘛"，看有些人总是这个手势。因为某一个信息我们很讨厌，马上就把它排除了。

第九个误差是身体语言效应。比如有些人笑声很奇怪，有些人服装很奇怪。有些人一讲课或者一做什么事情，老是靠着，就是仪表，某一种身体肢体元素反映出来的。所以这些也会产生这种情况。

最可怕的是第十种，叫俄罗斯套娃效应。一般的领导都喜欢比自己愚蠢的下属，简单讲就是，都提拔比自己笨的人，或者都招聘比自己笨的人，这叫俄罗斯套娃，都是越套越小越套越小越套越小。

这些是面试中常见的误区。在面试过程中，对组织者来讲，对选拔人才的一方来讲，还有一个很可怕的，就是你本身就对这个工作不熟悉，然后让你去选拔人才。

5.3　人员测试

人员测试，主要包括几个方面。

第一个方面是职业能力测试，就是职业性向测试。简单讲，你适合不适合做某一类职业。这个现在比较成熟。也就是说，目前的职业性向测试，实际上对于判断一个人适合不适合某个职业，总体上比较有效。当然也不排除例外，所以大家看到平均值的时候，不要完全受到职业性向测试的影响。

第二个方面是个性测试。个性测试里面也包括很多内容。一种是职业能力的个性测试，还有一种是血型、笔迹、星座等等这些测试，包括现在新的比较牛逼的、比较现代化的测试的应用，比如说脑电波的运用，测谎仪的应用。这里面有几个，简单给大家举例一下，比如笔迹的测试，在古代中医里面也有待研讨，根据你写字的笔迹就能看出来你可能得了什么病。现在笔迹学有看，一个人写字老往上写，表示这个人上进心比较强，老往下写，可能上进心弱一点。有些人写字相对拘谨，有些人写字相对大气，在这边要强调下，可能笔迹更重要的是反映一个人的个性，不一定反映一个人的理想。也有很厉害的人物，笔迹可能不怎么样，也有字写特别好的人是坏蛋。明朝宰相严嵩，他字写得特别漂亮。中国古代的苏黄米蔡，苏是苏东坡，米是米芾，黄是黄庭坚。蔡有两种说法，一种是蔡襄，他是好人，另一种是蔡京，或者他们两家是亲戚，那是一代奸相。大家去看一下，苏东坡写的字跟黄庭坚的字还比较特殊，苏东坡的字比较扁，所以黄庭坚就说苏东坡的字就像蛤蟆，并且是被压了秤砣的蛤蟆。但苏东坡很大气，苏东坡说黄庭坚你的字也不怎么样，你的字象吊蛇，蛇吊在树上，又长又细。但是两个人都很厉害，两个人是师生关系，所以他们虽然互相遍贬低但是两个人关系还是很好的。笔迹的确是能反映部分人的个性。

第三个方面就是智能测试，一种是普通的智力测试。就是测我们的常识。其实很多时候公务员考试，特别是行测，这种普通的智能测试，有一部分是专业测试，比如要招会计，进行了会计的技能测试，要招医生，进行医生的技能测试。这是第三种常见的测试。

第四方面常见的测试就是情景测试。就是直接让你参与某一项工作，然后在工作中来观察，比如说要招文秘，那么看他进行公文处理的能力。要考察一个人有没有领导能力，让他参加无领导小组讨论，一般四到六个人，不宜超过七个人八个人九个人太多，否则大家讨论就会不充分。人太多，大家表现得不充分，不利于我们做判断。所以这是我们介绍的测试的内容。

根据测试的内容，我们最后确定整个人员录用的基本原则。基本原则也主要体现在四个方面。第一方面就是因事择人，就是根据咱们的工作分析，根据我们人力资源的规划，选择最恰当的人。第二方面就是任人唯贤，选择对我们组织来讲恰当的，并且有用的人才，特别是知人善用。强调任人唯贤，知人善用，就是要把人才的作用发挥出来。第三方面是我们要信任人才，用人不疑，疑人不用。第四方面要有约束机制跟推力机制，或者叫拉力机制，就是奖励跟惩罚相结合。

第六章

培训与开发

【本章重点介绍组织培训部分内容，从知识更新周期不断缩短的角度阐述组织人员培训的必要性与重要性，深入解析培训与组织战略之间的互动关系，区别员工培训与开发的不同内涵，详细介绍员工培训的规划制定、方法选择、效果评估及流程等内容。】

6.1 培训与开发

这一节讲的是培训与开发。

在讲培训与开发之前，我们先分析一个数据，在人类的整个发展的历史进程中，知识的更新速度有一定的周期。离原始社会越久的，更新速度越慢。也就是说现在一般发现，在几千年之前，人类差不多1000年左右才更新一次。在近1000年来，人类最开始的时候大概300年到500年更新一次。但18世纪之后，人类的知识更新发生了很大的变化。18世纪差不多是80年到90年更新一次。到了19世纪初是50年，19世纪末到20世纪初，差不多是30年。20世纪三四十年代是10到15年，近些年来，我们一般认为2到3年更新一次，特别是近几年，一般的人认为差不多一年左右，知识就更新了一倍。这就是我们为什么要学习？为什么要培训？为什么要开发？并且要持续不断的学习、培训和开发。

在讲培训与开发之前，我们先了解一个故事，李斯入秦，李斯是春秋战国时期战国时代的李斯。李斯原来是何许人也？是河南省上蔡县人。当时的河南上蔡是属于古代楚国的一个小国，他在这个国家是一个管粮食的小官。李斯有一次去上厕所，发现厕所里面的耗子又瘦又小，人一进去的时候，耗子吓得到处乱跑，李斯就觉得，我都没有要赶它们的意思，为什么耗子都吓得到处乱跑？李斯上完厕所回去打开他管的仓库，仓库门打开一看，发现里面的老鼠又肥又大，赶都赶不走。所以李斯感慨，人生如鼠，非在仓即在厕。人的一生就像耗子，这辈子混得好、混不好，主要是看躲进了厕所还是躲进了仓库。李斯分析了一下当时整个国家的形势，在当时应该叫国际形势了。他觉得最有前途的国家是秦国。所以他一定要先去秦国。可是去秦国，以他的资历，想在秦国混得比较好，难度比较大，所以李斯决定要学习，找荀子学习。李斯就带了一些粮食去找荀子。古代的人拜师，大家去看《论语》，里面就讲，孔子说学生拜师的时候带什么？一般学生拜师带三种东西，第一种东西就是带粮食，带草料的，一般是穷孩子。第二种东西是富一点的，带肉干的。第三种就再富一点，带金子的，当时的金子主要是指黄铜。大家不要看古代带肉干，那是很厉害的。大家看的《论语》里面写了，人到70的时候才可以吃肉，也就是说年纪小的时候是不能随便吃肉的。所以李斯当时就带了草料、粮食去见荀子，荀子一看这个是穷孩子。

荀子也不怎么待见李斯，李斯刚开始都没资格进入正式的教室去听荀子讲课，后面就在旁边听。这么一听发现，荀子的观点也是老掉牙的观点。荀子其实原来是儒家，但是到老年的时候开始研究法家。李斯觉得荀子的观点对他改变人生的命运不一定有好处。一直到他班上一个同学的出现，这个同学叫韩非，据说是韩国贵族的后代，人长得英俊潇洒，很年轻的时候就有很多作品，但唯一的缺陷就是口吃，讲话结巴。中国古人认为讲话结巴的人没有当官的命。所以李斯就从他的同班同学韩非身上学到了知识，学到了法家思想。后面李斯就去秦国，并且当上了宰相。当然李斯后面的下场还是比较凄惨的，因为最后被腰斩。李斯不仅仅自己被腰斩，连他的儿子都被腰斩。所以李斯到后面在刑场的时候总结人生经验，他发现他人生中最幸福的日子是什么？就是在河南省上蔡县带他儿子遛狗的日子。

我想说的有三点。第一点，李斯为什么要去找荀子？是因为他上了一次厕所，发现他要改变命运，必须有知识。李斯去找荀子，突然发现荀子没办法让他有改变命运的知识，一直到韩非的出现，这是第二点，他通过学习掌握了知识。但是怎么样来检验他的知识是有用的，是他入秦以后。入秦以后法家思想在秦国的实施，对秦国的发展壮大产生了根本性的作用。

6.2 培训与组织战略的关系

培训与组织战略的关系。培训与开发到底跟组织战略之间是什么关系？

上节跟大家分享的是李斯入秦的故事，告诉我们一个道理，就是学习改变命运非常重要，在现代的企业里面这个也被凸显出来。在发达国家，特别是那些一流的企业，培训费用基本上占企业工资总额的 3% 到 5%，甚至一些创新型的企业还不止是这样。为什么对培训组织这么重视？从组织战略的角度来讲，培训主要是应对几个方面的内容。第一方面，培训是组织适应环境变化的一个非常重要的手段。我每次都举零售业为例，零售业在咱们国家改革开放 40 年来，经历了六次阶段大的变化。

第一阶段就是我小时候所经历的零售业，就是所谓的赶集赶圩。比如说这里是正月初一，那里是正月十五或者正月初十，不同的地方交易的时间不一样。

第二阶段，中国有句古话，叫"一铺养三代"的阶段，只要我们家买了一个店铺，就可以养三代，这个是旧的时代。

第三阶段是我小时候的百货阶段，叫百货商场。那时候经常去买一种鞋叫回力鞋，好像现在这个品牌还在。买这个鞋的时候要找售货的小姐或者先生拿，我不能自己挑。我说我要哪一双，他拿出来给我看一下。我不要，他又拿回去了。

第四就是自选商场阶段，就是沃尔玛阶段，家乐福阶段，或者中国自己的新华都品牌阶段，叫自选商场。可以根据自己的喜好，自己选自己挑。

这个对于中国传统店铺产生了根本性的影响。因为自选商场跟传统店铺"一铺养三代"比起来，产品极大丰富，这对于传统的菜市场也产生了革命性的冲击。这个是受哪个企业影响呢？日本有个企业叫八佰伴，原来的百货超市里面是没有卖生鲜产品的，但自从日本八佰伴在超市里面卖生鲜产品，全世界的超市都在卖生鲜产品，结果导致传统的菜市场逐渐的萎缩和关闭。

第五阶段是万达阶段，城市综合体的阶段，也就是一个地方有一个万达，或者类似于万达的城市综合体，它叫"吃喝玩乐购，一站到齐"。同学们如果认真观察一下所在城市这种综合体，就会发现，万达过后，寸草不生。也就是说，有万达这种大型综合体的地方，基本上传统店铺就会非常萧条。

但是还有一个更可怕的第六阶段就是电商。电商这个阶段可怕在哪里？2017年双11光棍节那天，整个电商的交易超过了2300亿。单单阿里巴巴天猫一家，1682，就是1600多亿。这1600多亿是什么数量级？相当于北京王府井大街，上海南京街全年交易额的6到8倍。所以电商的出现，直接对于城市综合体，对于传统的街道产生了更大的影响。那么未来会怎么样？短期之内可能线上线下共存，长期之内谁更好真的不好说，目前还看不出来。

所以想说明的是，企业必须适应环境的变化。并且环境在不断地变化，这个变化的速度不断地在加快，而不是速度在变慢。比如说，原来认为的传统的高科技企业，BAT，百度、阿里巴巴跟腾讯发展很快，但这五年来有新的三家TMD，头条、美团还有滴滴。也就是说这三家只花3到5年的时间就产生出来巨大的规模效应。这就是第二方面，企业怎么样来满足市场竞争的需要？比如说因为有当当、亚马逊的出现，新华书店在绝大多数的城市消失了，并且书店越来越少。在座的同学或者全国的同学，大家稍微留心一下就会发现，当当跟亚马逊推荐的书越来越准确。咱们买了什么书以后，他们根据咱们买的书进行推荐，一般他推荐给咱们的书，咱们都买。为什么他对咱们的行为分析得非常准确？因为他对咱们需求分析得非常到位。

　　大家还有没有发现几个更加可怕的东西？原来要钱的现在变成不要钱了。比如说原来杀毒软件基本上都要钱，金山毒霸、诺顿，都要钱，后面360不要钱，所以直接导致原来的那些杀毒软件公司倒闭，或者逼它们转型，原来价格很贵的变便宜了，原来很复杂的变简单了。什么叫很复杂的变简单了？大家有没有看到，产品说明书的字数越来越少，一般厉害的产品说明书都低于150个字。孟氏拔罐，基本上我们一拿到这个产品，自己就懂得用了。还有一个东西，就是对顾客越来越善良。

　　这个时代有三个变化。第一个变化，特别是市场竞争的变化，第叫"羊毛长在兔身上"。什么叫羊毛长在兔身上？比如用滴滴打车软件，有没有给滴滴公司钱？没有。谁给滴滴公司钱？出租车司机。我们用这个平台的时候没有直接给钱。所以羊毛长在兔身上。这是一个重大的变化。第二个变化，刚才讲的，原来需要这个很复杂的，现在突然变得很简单，比如类似于这种孟氏拔罐。让客户节约时间，客户就愿意在你身上花时间。原来进支付宝进余额宝，密码是长的。现在越改越简单。但是有些银行还不太知道这个变化越改越复杂。顾客发现你让他浪费时间，就不愿意在你身上浪费时间。为什么在余额宝存钱的短期之内增长速度那么快？因为他对顾客充满善意，所以顾客就对他充满善意。

　　第三个变化是员工自身要发展，因为知识更新的速度太快。这个时代要求提高企业的效益。我们举一个例子，传统制造业。现在传统制造业面临一个问题，特别是第一代的传统制造业的业主找不到接班人了。因为第一代的传统制造业，它处于勤奋的第一个阶段，靠延长工作时间，靠老板拼命地干活。但现在我国提出来中国制造2025，其实是鼓励第二代的制造业，通过人工智能的制造业，也就是借助现在的科技来节省时间，那么第二代人就愿意做，但是更高的是第三代制造业，就是方法正确，战略正确。也就是如果基于传统的制造业，仍然生产的是低价格的产品，即使你有了人工智能，可能利润还是很低，新的年轻人不一定愿意接班，而现在年轻人愿意做高价值的。这个时候就需要企业的战略，转型或者升级。这就是为什么培训要跟组织战略相对应，原因是培训能够让员工胜任公司的工作。有些人讲员工不是学习过了，公司怎么还要培训，这就是一个重要的误区。

员工跟组织要不要对应？因为员工刚开始对组织并不了解，所以进入组织之前必须进行培训，员工的发展也必须进行培训。有发展是激励员工最有效的方法。这个在后面激励理论的时候还会跟大家分享。

6.3　人力资源的战略

人力资源的战略，特别是人力资源培训的战略怎么样跟组织的战略有机的对应。请大家先看一下 PPT，怎么样把组织的战略分解到人力资源管理的战略，再分解到培训开发的战略，具体到培训执行，这是咱们怎么样通过大战略分解到小战略，从而从小战略出发来实现大战略。

具体来讲，这里介绍四种战略。第一种是企业一般实行的一种战略，叫集中化战略，或者叫集中型战略。集中型战略就是我的企业就生产单一类的产品，大家知道的百事可乐，可口可乐，他只生产软饮料，不生产含酒精的饮料。这个时候主要是集中在某一类产品进行开发。这些企业主要是基于自己企业的现状，所以企业更重要的培训主要在于团队培训。中国茶企业中也有一家企业，也是集中型的。比如说福建有一个企业，也是中国驰名商标，叫日春。这个企业只做茶叶，到现在为止，日春也没有想过要上市，就希望安安心心做茶叶。同学们还经常吃到的一个东西，老干妈，老干妈就做辣椒酱。也就是集中做一种东西，这个时候要基于内部进行培训。

第二种叫内部成长战略。这个是指企业是选业务进行拓展，比如说恒安集团，它除了做卫生产品以外，也做房地产，也做化妆品。那么这个时候企业不断地增加新行业的新员工，就需要新技术的引入，这个时候就需要进行新的培训，特别是进行创新的培训。大家知道的万科跟万达也是这种战略。

第三种就是外部成长战略，外部成长战略是采取直接兼并的办法，比如说联想兼并 IBM 的笔记本电脑。这个时候面临两个问题，因为原来 IBM

	战略要点	战略要求	关键事项	培训重点
集中战略	■ 提高市场份客 ■ 减少运营成本 ■ 开拓并维持市场定位	■ **提高产品质量** ■ 提高生产率或革新技术流程 ■ 按需要制造产品或提供服务	■ **技术交流** ■ **现有劳动力的开发**	■ **团队建设\交叉培训——日春**
内部成长战略	■ **市场开发** ■ **产品开发** ■ **革新** ■ **合资**	■ 销售现有产品/增加分销渠道 ■ 拓展全球市场 ■ 调整现有产品 ■ 创造新的或不同的产品 ■ 通过合伙发展壮大	■ **创造新的工作任务** ■ **革新**	■ 特殊项目培训 ■ 人际交往技能培训 ■ 在职培训
外部成长战略	■ **兼并**	■ 横向联合\纵向联合	■ 整合 ■ 富余人员 ■ 重组	■ **文化培训——跨文化** ■ 培训创造性思维和分析能力 ■ 工作中的技术能力 ■ 对管理者进行的反馈与沟通方面的培训 ■ 冲突调和技巧培训
紧缩投资战略	■ 节约开支 ■ 转产 ■ 剥离 ■ 债务清算	■ 降低成本 ■ 减少资产 ■ 创造利润 ■ 重新制定目标 ■ 卖掉全部资产	■ 效率 ■ **裁员与分流**	■ 判断被兼并公司的雇员的能力 ■ 整合培训系统 ■ 公司重组的方法和程序 ■ 团队建设

图 6.1 企业经营战略对培训开发策略的要求

的文化跟原来联想的文化是不大一样的，所以就需要跨国文化的培训。那国内兼并要不要呢？国内兼并也要。因为不同企业的文化之间有差别。这些年来咱们国家的国内兼并越来越多，比如说李书福兼并沃尔沃，这个时候也必须对跨文化，并且对跨背景的技能进行培训。

第四种是紧缩型的。就是原来企业做的内容很多，但是后面把非主营业务全部去掉，集中就做某一类业务，这个时候去掉一部分业务，就会导致员工要下岗，或者员工要分流，这个时候必须对要分流和下岗的员工进行培训，让他们能够重新找到工作。

6.4 培 训

什么是员工培训。

讲了半天，到底什么是员工培训？员工培训是指企业为了使员工获得改进，或者获得提升工作的机会，对他的知识、技能、动机、态度、行为等进行培训。具体来讲主要包括三个方面的内容。

第一个内容，必须了解培训的目的，并且必须非常明确培训的目的。我们主要介绍一个京东的例子，京东把员工分为五类，哪五类？一种员工叫废铁，一种员工叫铁，一种员工叫钢，一种员工叫金子，还有一种员工叫铁锈。它这样划分这五类主要是基于两个点，第一个是基于能力来划分，第二个是基于态度、基于价值观、基于目的来划分。它认为员工是废铁，什么是废铁？这类员工跟京东的价值观不一致，这类员工的能力也不行。所以这类员工招聘的时候就不要招进来。不小心万一招进来的时候，经过三个月培训以后，发现他的价值观跟组织价值观不一致，最后还是建议他走人。也就是说能力不怎么好，更重要的是价值观完全不一致。第二类叫铁，这类员工就是价值观跟组织完全一致，简单讲，目的跟组织目的完全一致，但是能力弱一点。京东的刘强东认为，这个可以进行培训，因为进行培训以后，他的能力提升了，价值观跟组织高度一致，将来就能够实现个体目标跟组织目标完全统一，有利于组织的发展。第三类是钢，刚才讲的第二类主要是指普通员工，第三类钢也是指价值观跟组织高度一致，能力也比较强。这类主要是组织里面的中高层员工。第四类是金子，这类就是能力很强，价值观也高度一致。所以这类就要培养成企业的高级管理人员或者核心的技术人员。

最后一类，京东认为是最可怕的，叫铁锈。这类人能力很强，但是价值观、个人的目标跟组织的目标不一致，这类人又容易提拔到很高的职位，技术上的职位、管理上的职位。为什么叫铁锈呢？腐蚀性很强。所以它会影响组织的目标，腐蚀组织的目标。这一类，咱们国内有个企业就深受其害。国美电器，引进了一个最高层的职业经理人，名字就不跟同学们讲了。

因为他的目标是老二想当老大，最好是把老板给开除了，自己当老板。所以对整个国美电器某一个时期产生了极其坏的负面影响。国内还有一个企业，它也是高管的价值观，或者说后面投资人的价值观跟组织的价值观发生了根本的变化，这个企业叫乐视。所以前一段时间复盘，连续跌停12天，现在竟然没有再跌下去，这个是很难得的。希望现在新的乐视的高层，能够让自己的组织目标、跟自己的目标、跟社会的目标有机的统一。

培训的第一个目的是，实现员工的目标跟企业的目标完全统一，最终实现企业的目标，企业的发展跟员工的成长共同发展，这是第一个内容。

第二个内容是培训的直接任务。培训的直接任务是培训什么？培训知识主要是偏理论，培训技能主要是偏操作，培训动机主要是对工作的热情、培训态度，还有培训行为。也就是说动机跟态度比较接近于前面讲的培训的目的。

培训的第三个也就是培训所做的各种努力。

6.5　培训与开发的区别

培训跟开发的区别，一般来说主要有三点。

第一点区别，培训的时间一般较短，而开发的时间较长。我们大概先了解一下，培训肯定是开发的一个部分。我们接下来要讲的一节"职业生涯"也是开发的一部分。

对于同学们来讲，将来的开发大概包括六个方面的内容。第一个方面的内容是自学。同学们有没有发现，从大学毕业之后，就必须学会自学。只有自学才能够不断的提高我们的知识水平，特别是根据工作进行自学。开发的第二个主要的形式是培训。培训跟自学有什么好处呢？大家都知道一个电影叫《乘风破浪》，导演是韩寒。韩寒觉得人的自学水平更高，什么东西都能自学成才，培训或者专业的训练没必要。但是有一次，改变了他的人生价值观。韩寒觉得他踢足球很厉害，至少在业余里面，他说他在上海几个区踢球都是冠军，觉得牛气哄哄的。大家看韩寒的博客上面有写这个故事，最后有一次他们在业余队就组织了一个队伍，据说在上海的每次一踢基本上都是冠军，他们觉得既然我们水平这么高，要不找一个真正的职业队伍比赛一下，就找了体校的小学五年级的足球队的进行比赛，他们是二十几岁，体校那些小孩十二、三岁，最后刚刚比赛上半场，二十几分钟，被对方踢了三十几球，后面的裁判都讲，你们不要再踢下去了，我想再次说明的是，专业训练非常重要，专业培训非常重要，有经过专业的训练跟培训是不一样的。韩寒在后面又举了一个例子，咱们国内有个桌球女王叫潘晓婷，在世界上都是很牛气的，他觉得他桌球很牛，所以他就去找潘晓婷，跟潘晓婷说输的开球，因为她担心潘晓婷每次一打都是从头打到尾，我肯定有输的可能，并且我一定有开球的机会，那么就有可能赢对方。最后找潘晓婷一比，从头到尾他都在开球。每次一比下来，发现不行。我想跟同学们介绍的是什么内容？专业的训练很重要。专业的训练包括三个内容的含义，专业的训练首先有一个非常明确的目标。

第二方面内容有一个优秀的教练，经过刻意的练习以后的优秀的教练。这种教练在教同学们进行进步，那个速度会快很多。你自己在家里学钢琴，跟遇到一流的老师对你进行点拨，那个影响很大。就像同学们自己在家里学英语，和去新东方专业培训的差别很大。第三方面内容反复不断的练习，刻意地练习。即使学了以后，也要不断地练习，特别是如果能够找到实战的机会，就更好了。实战的机会就是开发的第三种，叫实践，不断的实践。咱们中国有句古话叫"学而时习之"，不断地学而时习之。这个"时习之"不是指温习，而是指"实践"。第四方面内容就是经常找高手切磋，哪怕跟高手聊天也成。因为只有站在最顶端才能够让我们的灵魂变得高贵。为什么每次鼓励大家要读经典的书，就是跟伟大的灵魂在进行对话。第五方面内容就是要设计好的职业生涯，也就是下一节要讲到的内容。第六方面的内容就是希望同学们的自学要跟思考相结合，也就是说自学的话，如果没有思考也不成，"学而不思则罔，思而不学则殆。"这是我们通常讲的开发，它至少包括这六种形式。

培训与开发的第二个区别是培训的阶段性比较清晰，特别是阶段性的目标非常清晰，一般是有目的性的培训。当然现在也有很多企业进行后EMBA培训，主要是培训一种素养，培训一种人生情怀的力量。第三个区别是培训的内涵一般来说较小，开发的内涵一般来说较大。有些人讲，我实在区别不清楚怎么办？那就两者混用。一般来说也不会差的太离谱。

6.6 培训与开发的模型

培训与开发的作用模型，大家看一下PPT里面的图，这个作用到底从整个流程上面怎么样体现出来？老师总结一下，人的命运改变，主要有五大步骤。

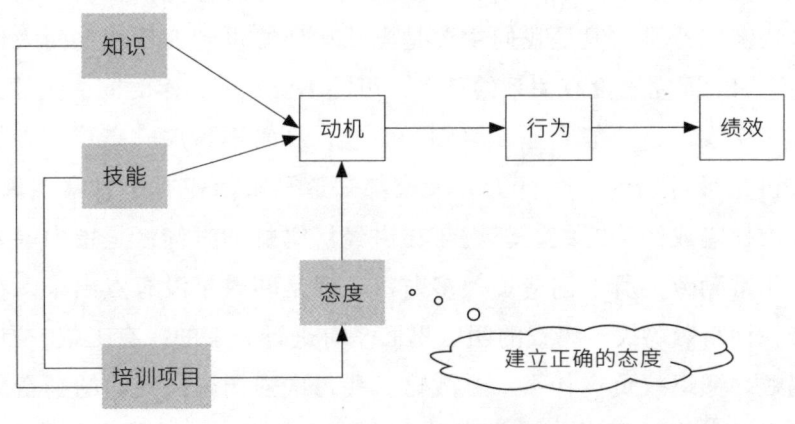

图6.2 培训与开发的作用模型

人命运的改变，第一个步骤就是学习的改变，学习的改变在这里面就体现在培训。从开发的角度来讲，它应该是开发的六个内容的全部。

第二个，培训以后，我们脑袋中的知识就会发生变化，知识改变，观念就有可能改变，动机跟态度会发生改变。观念改变，人的行为就会发生改变；行为改变，人的命运就会改变。所以刚才跟大家介绍说要刻意练习。从组织的角度来讲，我们刻意地按这五个步骤来改变，不是体现在命运的改变，而是体现在组织绩效的改变。

在培训跟开发的过程中，往往有几个误区。

第一个误区，就是新进的员工肯定会胜任工作。想跟大家讲一下，新进的员工，实际上对组织是不熟悉的，可能技能也挺好的，但因为不熟悉组织的文化、不熟悉组织的团队成员的工作模式，所以实际上，要他发挥作用，需要进行入职培训。所以新员工必须进行入职培训，才能够更快地适应组织的状态。

第二个误区，流行什么就培训什么。比如说近段时间非常流行比特币，这一两年很多企业都在讲比特币，都不知道国家都已经禁止比特币交易。比如说很流行区块链，大家也拼命地讲区块链。有没有考虑我们的企业跟区块链之间有没有结合。绝大多数的企业都有这么一个爱好，就是流行什么，培训什么。那么有些人讲，说老师你前面不是讲了，组织要根据环境的变化而变化，这个时候是指组织根据自己产业的环境，有没有要考虑比特币区块链呢？要。但是我们主要是先从小环境再到大环境，而太远的环境、跟组织之间完全没有关系的环境，可能不要花那么多时间去关注。

第三个误区，一般企业在培训的时候，高管不参加。高管不参加，对企业来讲是最可怕的一个行为。大家都知道马来西亚有个首富叫郭鹤年，把中国人比喻成经济蚂蚁，郭鹤年在讲经济蚂蚁的时候，是指中国人非常勤奋，非常勤劳，所以创造了很多财富。但是郭鹤年没有点出来，在蚂蚁里面有一种叫懒蚂蚁。蚂蚁的团队里面是有进行分工的，有工蚁，有蚁后，有懒蚂蚁。懒蚂蚁负责什么？看战略。我每次强调说，我们的勤奋分为三种。第一种勤奋是同学们经常讲的，态度的勤奋，一分耕耘，一分收获，最低的勤奋，这种勤奋辛苦得半死，但是收效不高。第二种勤奋是方法的勤奋。比如说阿里巴巴、京东借助了互联网，借助了现代的物流。第三种勤奋是最核心的勤奋，战略的勤奋。战略的勤奋需要谁去把握呢？需要组织的高管去把握。所以高层管理人员是在组织培训中最需要培训的，特别是需要培训他的概念技能，或者叫战略技能。

那我们再讲一个培训与开发要遵循的原则，培训与开发要遵循的原则，相对来说内容比较简单，希望大家稍微看一下 PPT 里面的内容。

- 先培训后使用的原则
- 联系实际，学用一致原则——**学而时习之**
- 目标明确，体现差异原则
- 效果反馈、结果强化原则
- 有利于职业发展原则

反馈的作用
在于巩固学习技能、及时纠正错误和偏差。

结果强化是结合反馈对接受培训人员的奖励或惩罚。

图 6.3　培训与开发的原则

第一个，就是先培训后使用。为什么要先培训后使用？在组织过程中还有一种培训模式，就是师傅带徒弟。很多师傅不愿意带徒弟，或者在教徒弟做事情的时候不那么尽心尽力，宁可自己做，也不愿意教徒弟做，说徒弟太笨。我教他要教 30 分钟，我自己做，两分钟就做完了。但是大家有没有发现，你教他做 30 分钟，但他会了一次以后，他每次都做，你自己每次做两分钟，你 15 次就 30 分钟。15 次以上徒弟没学会，自己的时间又占很长。所以教徒弟做，实际上最终是提高了自己的效率。

第二个，学以致用。为什么《论语》的第一篇《学而篇》讲的第一句话叫"学而时习之，不亦悦乎？"，后来有两种解释，第一种解释，学习了以后不断地去复习它，很快乐。不断地复习不快乐，什么时候很快乐呢？学以致用。学习了以后能用上去，并且产生效果了，很快乐，这才是学而时习之的精髓。

第三个是目标非常明确。第四个效果及时反馈。怎么反馈，后续再跟大家讲。最后一个是，有利于提供员工的职业发展，员工有一天哪怕离开了咱们的公司，对他未来的发展也是有好处的，他也是咱们组织非常忠实的一个客户，或者是非常重视的一个伙伴。

6.7　培训的需求

培训的需求主要体现在 5W1H。

第一个 W 表示，为什么要培训？其实前面的知识点已经谈到这个问题，培训最终是为了实现员工跟组织共同成长，这是培训跟开发要实现的内容。但是从企业的心态来讲很重要。很多企业都觉得培训增加成本，所以为什么要培训？培训起来不合算，成本增加了，今年利润减少了。其实对企业来讲，培训更重要的是一种投资。投资了五块钱，将来的收获可能是五百、五千块钱。当你把培训当作投资的时候，这个时候的心态马上就会发生变化。

第二个内容是培训什么？培训谁？大家看这个图表，培训什么培训谁，主要分为三个层次。第一个层次就是组织层次跟工作岗位层次。从组织层次来讲，我的组织追求的目标是什么？第二个从工作岗位来讲，具体到每个具体的岗位，应该培训什么？其实还有第三个，直接落实到员工的时候，要看员工自己现在具备的知识技能能力是什么？跟工作岗位之间能不能匹配，能不能实现组织的目标。这是第一个内容，包括三个方面的内容。

第二个是对象。第一个是新员工培训，专门针对新入职的员工。新入职的员工，可能我们重点要培训他对组织文化的认同，还有他对新岗位的一种适应，包括知识跟技能对新岗位的对接。第二块就是在职员工的培训。在职员工的培训也主要分为三类，第一类是员工的知识跟技能已经跟不上组织的发展，我们要培训。第二个，组织自己未来要规划一个更高的发展，我们要对员工进行拉伸培训。第三个就是对员工综合素养的一种培训。这个主要是体现员工的人文技能或者情感关怀的培训。

第三个就是阶段的分析。主要是基于两类，一个是从目前的培训需求进行分析，一个是基于未来的组织战略目标，所以培训什么培训谁这个问题，主要有这个七项内容。接下来比较重要的是什么呢？什么时间点培训。哪个时间点培训是最合适的？一般来说组织会选择的两个时间点，一个时间点是组织的业务相对来说比较不那么繁忙的时候进行培训，这是第一个内容。第二个，组织会选择自己的发展瓶颈期进行培训，因为这个是组织迫切的需求，这是时间点。

培训地点一般选择在公司培训或者公司之外培训。公司之外的培训主要是让组织的员工跟公司完全脱离开来，全身心地投入到培训之中。现在很多企业也越来越多进行公司之内的培训，因为企业有自己的商学院、有自己的培训机构、有自己的拓展训练中心，也就是说企业自身，特别是大规模企业，自身就能够实现所有的培训。最后一个就是如何培训。这就是我们后面要讲的培训方法。

6.8　培训方法的选择

培训方法的选择，到底我们要怎样来培训？一般来说可以分为四类。

第一类叫直接传授法，就是直接讲。直接传授法也有三种类型。第一类型是讲授法，直接讲，通过讲授法来获得知识。中央电视台原来有个主持人叫罗振宇，罗振宇最开始就每天直接做讲授法，通过优酷、通过百度视频，把他自己的讲授通过网络不断地进行传播。现在他采取了一个办法，每天在"得到"公众号上进行传播，每天就一分钟，早上6点播出。播非常准时的一分钟320个字的内容。现代社会中大家都很焦虑，时间都很少，用最短的时间获取知识的核心内容，获取知识的核心模块。所以大家感兴趣的话，可以试着去听，现在全世界这种传播方式都很多，并且有很多免费的视频，免费的资源跟大家来分享。这种属于讲授法。第二类型是研讨法，员工之间互相进行研讨，或者由老师带领进行研讨。第三类型是专题讲座，听系列的专题讲座，比如类似于中央电视台的百家讲坛，那也是一种专题讲座。这是第一种叫直接传授法。直接传授法，一般来说成本比较低一些。

第二类是实践法，是自己参与。曾国藩曾经讲过一句话，"天下事非躬身而入，绝难知道其间奥妙。"为什么每次都要鼓励同学们反思，都要去试一试？你没有去试一试，不知道其间的奥妙是什么。我们所有的人都犯一个毛病，站在这山看那山，总觉得那山还比这山高，就是没有去试一下。比如说在企业上班，觉得公务员轻松，公务员上班觉得企业轻松，都是没有去试一下。实践法鼓励的就是去试一下。

实践法一般来说有四个内容，第一种内容是工作指导，是别人来指导我们做、我们来指导别人做，学徒制，典型的工作指导法。第二种内容是工作轮换，咱们换一下就知道了。第三种内容是特别任务，执行某一个特别任务，比如说组织里面有一种临时的委员会，为了执行公司几周年庆祝晚会，或者几周年营销节日。最后一个内容是个别指导，像刚才举例的学徒制一带一就属于个别指导，或者导师带学生的这种是个别指导。

第三类叫参与法，目的是提高综合能力。参与法，第一种是通过自学，第二种是案例研究，必须是真实的案例。真实的案例研究有什么意义？2000年的时候，很多人都想出国，但是那些混得很差的人进了阿里这个公司，现在变成很厉害的人物。2005年的时候，又有很多人想出国想去谷歌，有些人进了百度。2010年的时候，很多人想出国，有些人进了腾讯。这三家公司在那个时代并不表现出来特别厉害。所以我们想说的是，对真实的案例研究，有利于培养同学们对未来发展的判断力。所以不能再用A公司B公司来研究，我们要研究就研究真实的。第三种是头脑风暴法，同学们很容易找到类似的讨论方法。第四种是模拟训练，比如说领导小组讨论、情形模拟都属于模拟系列。第五种是敏感性训练。

最后一个是心理法，这个主要是改变人的行为跟心理。刚才介绍改变人的命运有五个步骤，心理法是其中观念改变的核心，只有观念改变以后，行为才能改变；只有行为改变以后，命运才会改变。

这里面主要有三种方法，第一种是角色扮演，自己扮演那个角色的时候，会怎么来处理？比如说公文处理上面就角色扮演这种方法。第二种是行为模仿，最后一讲在讲领导理论的时候，会跟大家介绍一下行为模仿。还有一种是参加拓展训练。每一次拓展训练对我们来讲，心智都会产生很震撼的效果。像马云这些人还动不动地去道观、去教堂，或者过一段时间到封闭的景区，多久时间不说话，叫禁语。我就一段时间完全不说话，那么这段时间我可能就学《道德经》，学《金刚经》，学《易经》，这种训练也是一种心理法。诸葛亮的《诫子书》里面有一句话，"非宁静无以致远，非淡泊无以明志。"，特别在现代社会速度变化这么快的情况下，学会静下来的时候认真去思考很重要。

6.9　培训的经费预算与评估

培训的经费预算跟培训的评估。

其实培训的经费，包括后面的使用期，就是培训评估的一个重要的内容。培训第一个内容是怎么样进行经费预算，其中核心的内容，就是培训的费用到底要由谁来承担？由员工来承担的话，员工肯定不乐意，说万一辞职了怎么办？全部由企业来承担，企业又担心培训的员工跑了怎么办？

所以这里面有几种承担方式，一种是比如说纯粹的新员工，我们也不知道他会在这边呆多久。新员工一般有没有劳动收入，或者劳动收入比较低。这种情况下可以由员工跟组织共同来承担，或者由组织来承担。第二种是对于老员工，他已经对组织产生很大的贡献，应该主要鼓励由组织来承担。第三种，比如说那种学历培训，读 MBA，读博士，这种组织提供这么好的机会，鼓励员工跟组织之间共同承担。我这边比较愿意鼓励员工跟组织共同承担。

最后，员工这一块由组织全部来承担。两个含义，员工跟组织共同来承担，是短期之内员工也承担一部分。但随着员工跟组织的服务年限增长，比如说一年、两年，或者甚至短了，半年，就由组织来替它买单。为什么要这么做？《西游记》里面有这么一个细节。唐僧他们西天取经，到了如来那边以后，传经的有两个人，一个叫迦叶尊者，一个叫阿难尊者。迦叶和阿难要求唐僧团队要给人事。最后猪给八戒很生气，说我们一路上都要给人事，到了西天还要给人事，所以我要告到如来那边去。所以第一次传经给他们就传了无字真经。第二次他们到如来那边，告给如来，如来说当然要给人事，所以你要把你的人事放下。如来给迦叶、阿难中者是这么说的：如果我们的经轻易传给他们，他们就不珍惜。所以最后唐僧把唐王给他的那个金钵留下来，这算是一种人事。让员工跟组织承担。一般来说自己付出很大的代价，组织就会很认真地组织这个培训，希望员工有发展，最后促进组织的发展。员工因为有付出的时间跟金钱，就会很认真地去学习，最后也促进了自己的发展跟组织的发展。所以这是关于培训费用的问题。

培训评估直接表现在四个方面。第一个方面叫反应评估。培训过后，直接对员工进行调查，让员工对培训行为进行评价，觉得好还是不好。这是最直接的表现。这个评估是最直接的效果，但是看不出来这个培训对未来的组织发展是不是有正面的好处。第二个方面叫学习评估，对员工的知识跟技能进行测验，看员工有没有学会。这个是从短期之内能够看到员工有没有发展。第三个方面叫行为评估，员工短期之内知识跟技能掌握了，但是工作中有没有改变自己的行为？工作中有改变行为，组织的命运跟员工的命运可能就可以改变。第四个方面层次的评估其实就是结果评估。过一段时间以后再看一下组织绩效有没有变化，员工的薪酬、员工的职位有没有提升。

第七章

职业生涯管理与职业生涯发展

【本章主要介绍职业生涯管理与职业发展部分内容，从哈佛大学的一项社会调查为例，分析职业生涯管理的重要性，探讨职业生涯及职业锚的含义，引入萨柏的生涯彩虹图分析职业生涯发展的一般阶段，以择业动机等理论为基础对职业生涯管理进行分析探讨。】

7.1 职业生涯管理基本定义

职业生涯管理不是指单单大学生的职业生涯管理，而是指人一辈子的职业生涯管理。

在讲职业生涯管理的时候，我先讲我大学的一个故事，我大学的时候，我自己也是在做学生领袖，有某某大学的学生领袖，当时出版了一系列的书，叫校园领袖文化。这个校园领袖文化里面就提出来他的人生规划，40岁的时候准备当国家的外交部长，45岁想要把日本跟俄罗斯给统一了；50岁的时候准备当国务院总理，要把亚洲的其它部分跟欧洲的其它部分统一了；55岁的时候准备当国家主席，准备把南北美洲也统一了；60岁的时候准备当联合国秘书长，最后准备把世界其他没统一的地方全部统一；70岁的时候他要祷告上天，说我真正实现了"普天同庆"。我第一次知道原来"普天同庆"是这么一个含义，这是我目前见过大学生中理想最大的一个学生，但是去年改变了我的看法。去年我上了一门课叫《组织行为与领导力》。学生在课堂提问的时候给我提了一个问题，张老师我想成仙，问我有没有什么书能够让他成仙的。所以我后面给他推荐了一本书，咱们中国古代修炼成仙的书还真不少，有一本书叫《参同契》。

为什么讲这个故事呢？因为这个故事跟职业生涯是有关系的。德鲁克有讲过关于职业生涯、关于人生的目标三句话，叫"伟大的目标，就会产生伟大的动力；伟大的目标，就会产生伟大的灵感；伟大的目标，就会产生伟大的人物。"据说马斯克小时候就是爱吹牛的，自己吹出来的牛，只好去实现。所以今天的马斯克就成功了。

举一个哈佛大学的调查数据，哈佛大学对他们大学毕业生进行调查，调查发现 3% 的人有人生明确的目标，并且有实现人生目标的步骤，10% 的人有人生目标，也有实现人生目标的步骤。这个就没有 3% 的人的目标那么远大了。60% 的人目标比较模糊，但也算是有目标，步骤也比较模糊。因为目标都模糊了，步骤就更模糊了。27% 的人没有目标，更谈不上有步骤。经过跟踪了 25 年，最后结局不一样。那些有非常明确人生目标的人，特别是有长期目标、有长期步骤的人，最后变成精英，变成行业的领袖。那些有短期目标，也有步骤的人，最后变成中上层阶级，高级白领。第三类人就是有模糊目标、模糊步骤的人，变成中下层阶级变成普通白领。最后 27% 的人一直徘徊在失业、就业、就业、失业中，生活相对平和。

职业生涯不仅仅对员工影响很大，对组织也影响很大。如果组织里面的员工都有非常明确的目标，他肯定着眼于长远的目标，着眼于组织的长远目标，着眼于个人的长远目标，那么显然有利于组织的发展。反过来讲，员工天天都无所事事，没有目标，显然不利于组织发展。

7.2　职业生涯基本定义

什么是职业生涯。简单讲就是人从事职业的全部历程，这一般是狭义的。广义的职业管理的职业生涯是指人从生到死的全过程。为什么要从生到死？接下来的知识点里我们会讲到，这一节会选一些讲。

职业生涯一般包括什么？具体而言主要包括两个内容。第一个内容是我想获得什么？第二个内容我想付出什么？所以想问同学们的问题是，哪个内容我们自己能主宰？付出能主宰。获得我们没办法主宰，因为获得有很多不确定的因素。

我读初一的时候，读了一个课本《青少年修养》，里面讲了人的价值观。认为的人的价值观首先是个人对社会的奉献，其次是社会对个人的尊重和满足。人的价值观强调的是，个人对社会的奉献是自己能追求的，社会对个人的满足是自然而然就产生的。当我们对社会的奉献足够多的时候，自然而然就会获得社会对我们的尊重和满足。

7.3　职业锚理论

什么是职业锚？什么是职业锚理论？管理学家叫埃德加·施恩，他其实也是一个教育学家，他提出了职业锚。怎么会有个"锚"字呢？船靠岸的时候要抛锚，抛锚就表示，我在哪里停下来，哪里会停下我的脚步。人的一生有很多种追求，有一种两种三种四种五种追求的人少。但是让我们放下，让我们一定要舍弃，最后只能留下一种的时候，会留下什么？我们就把那个东西称为职业锚。也就是说，当让我们放下所有的东西，最后确定不能放下的那个东西，就是职业锚。根据这个施恩的划分方法，他把职业锚划成这么一个图形，大家看一下，把职业锚化成这么一个表格，它包括的内容。

这么多内容，把它总结了一下，一辈子主要会从事的内容是什么。一辈子不会放弃的东西，和价值观对应的职业锚主要有三种。

第一种是经济型，我这辈子就为了钱，做什么赚钱我就做什么。所以经济型职业锚鼓励大学生将来以什么作为自己的优先选择？当企业家。

第二种职业锚叫政治型职业锚。就是为了权力或者为了职位。这边要

职业锚类型	表现
技术／职能型	喜欢探讨和钻研技术，在做出职业选择和决策时主要精力放在自己正在干的实际技术内容和职业内容上
管理能力型	对管理工作感兴趣，具有很强的分析能力、人际能力和感情能力，在职业实践中培养出，也相信自己具备胜任责任管理所必不可少的技能和价值观
创造型	有强列的创造欲望，时时追求建立或创造完全属于自己的成就
自主／独立型	崇尚自由和自我才能的发挥，追求的主要目标是随心所欲地制定自己的步调、时间表、生活方式和工作习惯，尽可能少地受组织的限制和制约
安全／稳定型	依赖组织或社区对他们能力和需要的识别和安排，追求稳定安全的前途；可分为组织中成员资格的稳定和以地区为基础的安全和稳定
服务型	一直追求他们认可的核心价值，即使离开组织
挑战型	喜欢解决看上去无法解决的问题，战胜各种不可能是他们的目标
生活型	喜欢允许平衡个人需要、家庭需要、职业需要的工作环境，需要能够提供足够的弹性来实现目标的环境

图 7.1　施恩的职业锚理论

声明一下，权力跟职位是不一样的。有些人其实只要职位带来的荣耀，不要权力，有些人只要把握住权力，职位没有我也没关系，当然有些人两个都要。举个例子，美国福特公司的一个副总，他一辈子就想当总经理，可惜在福特一直提拔不上去，所以后面就去了克莱斯勒当总经理，美国第三大汽车公司，年薪一块钱，这就是政治型职业锚。现实生活中还有很多企业家很喜欢当人大代表，当政协委员，特别是当人大政协的领导人，这部分企业家是以经济为手段，以政治作为自己的依归，所以他们仍然是政治型职业锚。

第三种叫理性型职业锚。不想当大官，也不想发大财。如果是很爱做研究的同学们，鼓励以科学家作为自己的依归。一个科学家想当大官发大财，这个科学家做得就不认真。以色列想把爱因斯坦请回去当总统，他不干，因为他追求的是科学的真理，他觉得科学真理给他带来的快乐，比当以色列总统带来的快乐还要快乐。现实生活中会看到很多假科学家，他实际上是想当官，或者想发财，所以他是以理性型作为手段，最后想获得政治性和经济型职业锚，就会出现科学浮躁的现象，甚至科学造假的现象。对于我们绝大多数的同学来讲，甚至 80% 以上的同学，将来都会选择理性型职业锚。这部分人是，一辈子平平稳稳得过。

影响职业锚的因素主要有三个。第一个是工作的动机跟需要，第二个是人生的态度跟价值。比如说老师，一个是想追求活到 120 岁，二是追求要教 60 万个学生，所以希望更多的同学再介绍给更多的同学愿意来听咱们这门课，也就是普度众生的情怀。第三个是每个人的天资跟能力。人主要有这三种主流的职业锚，还有其他非主流的，大家可以参照上面表格了解一下。

7.4　职业生涯的发展阶段

职业生涯的发展阶段。职业生涯到底是怎么样来发展的？先看一个生涯彩虹图，这个生涯彩虹图是美国的一个著名的教育学家也是管理学家萨博提出来的一个理论。他把美国的一个工程师的生涯通过这个图形来表现出来。他认为人的一辈子要充当很多种角色，人的生涯应该是这么一个过程，我把这个生涯进行了扩大。

一般认为，狭义的生涯是指一个人参加工作的过程，从开始到结束；但真正的生涯的开始应该是从零开始。

7.5　职业发展的第一个阶段

职业发展的第一个阶段，也称为工作准备阶段，一般是指 0 到 25 岁，有些可能更早，有些中专毕业就参加工作，就是十六七岁；有些本科毕业，二十一、二岁；有些硕士毕业，25 岁；有些博士毕业，就是 28 岁。这个阶段的基本特征就是还没有参加工作，正在接受教育。

这个阶段的第二个就是要确定职业取向。职业取向就是确定职业锚。我这辈子到底会追求什么？主要的任务有几点，第一个内容就是确定职业取向。有些人讲，张老师我是没有参加工作的，怎么来确定职业取向呢？所以老师对本科生有要求，本科生要尽可能看400本书。有些人讲，你不是说不要用战术的勤奋来掩盖战略的懒惰，那为什么要看400本书呢？这叫泛读。读书有厚度，人生才能有高度。书读得多，特别是如果能够读经典一点的书，对视野开阔是有好处的，这样就会做出比较准确的职业取向。人一辈子能不能十分准确？难度很大。因为人面临的信息和不确定因素太大，所以十分准确很难。所以管理上只有满意原则，没有最优原则，最优很难。因为最优必须是对所有的环境、内外环境进行穷尽，才能够实现最优，并且环境是不确定的，所以首先要读400本书。有利于职业取向，单单读书还不成。第二个是学以致用，要参加实习，这样就有利于再进一步确认职业取向。第三个，参加社会工作。什么社会工作？包括一些公益性的工作，包括大学的社团工作，这些都有利于确定职业取向。

第二个内容，接受一套系统的教育。

第二个就是理论跟实践，两种都重要。

第三个是贯彻职业取向，因为后面我们要找工作，那么找工作的过程要贯彻这些取向。

第四个就是要形成自己的职业发展观念，我的职业目标，我的人生价值观到底要追求的是什么？

7.6 职业生涯的进入组织阶段

职业生涯的第二个阶段，进入组织阶段。

进入组织阶段面临两个问题。第一个问题，怎么样开始跟社会融合。第二个问题，怎么样让自己表现出来自己的优秀所在。怎么样让自己跟组织融合呢，怎么样能够应对现实所带来的冲击？主要有三个时间点供同学们参考。

第一个时间点就是刚刚进入公司的前三个月。要么就是甜蜜期，要么就是最困难的时期。最困难的时期就是公司的每个人对咱们都很排斥，或者对我们比较冷淡，所以我们自己很难受，原因是我们跟公司还不熟悉，所以首先要挺过三个月。

第二个时间点就是挺过一年，只要在一个公司能够待超过一年，自己就慢慢觉得自己是老员工，这个时候也会慢慢的能够接受公司，公司也能够接受我们。第三个时间点在公司待三年，这个时候就真的变成资深老员工了，原因是中国的企业平均寿命也就是五年多。待三年，一般的企业没倒闭就已经很不错了，所以绝对是老员工，这两个时间点是重要的时间点。

职业早期阶段，这是我们每个人特别要规划的阶段。职业早期的阶段基本特征，是要胜任现实的工作，核心是在组织中塑造自我，或者叫创造自我，然后慢慢地要学会追求无我。怎么样创造自我呢？有自己的穿着打扮，有自己的工作风格，有自己对工作极致的追求，对工作品质的极致的追求。我们分三类同学来讲，一类是想成为科学家的，一类是想成为企业家的，一类是想成为政治家的。老师鼓励特别聪明的同学优先成为科学家，然后是企业家，然后是政治家，就按这个顺序来。分三个年龄段来讲，就是三十、三十五、四十。

对于在座的想成为科学家的，或者全国有志于成为科学家的同学，30岁之前一定要读到博士。诺贝尔化学奖，获奖的成果基本上70%左右是30岁之前的成果。过了这个年龄，你可能就没有创新了。诺贝尔其他科学奖的成果，80%是45周岁之前的成果，可见在40周之前占绝大多数，45周岁之后再有科学奖的概率很小，所以想做科学家的同学最好是读到博士，有些人讲，屠呦呦获诺贝尔奖，没有博士，那是因为她那个时代的人读到本科就是最厉害的，很少读硕士博士。我们这个年代的同学要想办法读到博士，越早越好。

想成为政治家的同学，30岁之前，至少要当到正科级。

想成为企业家的同学，大家去看一下我们刚才讲的 TMD、BAT，或者世界上一流的企业家，30 岁之前，基本上有三个很明确的特征。第一个特征，很勤奋，不勤奋不可能，我们讲虽然战术的勤奋不能掩盖战略的懒惰，但是不勤奋不行，一般都很勤奋。第二个，一般创业者都很节俭。老子《道德经》里面也有讲，"一曰慈，二曰俭，三曰不敢为天下先。"这个"俭"主要是指克制，而创业者的节俭是指对自己节俭，对别人还是很大方的。这是第二个内容。第三个，就出现了非线性的发展，快速的发展。没有快速的发展，后面迎来人生的创业的辉煌就会很迟了。所以我一般的要求，30 岁之前，想做企业家的同学，最好能够实现 300 万，或者最好已经开始创业了，第一次的初步创业。实在不成的同学也先在其它的公司把创业的经验都已经培训好了。第二个年龄是 35 岁，35 岁想当科学家的同学。如果按咱们国内的体制，基本上都已经变教授了，主要的科研成果已经出来了。想当政治家的同学，一般至少当到处级干部。想当企业家的同学，30 岁是一个创业的坎。为什么？因为华为招员工 34 周岁，也就是说过了 34 周岁以后，你要再进华为的概率可能没有，所以必须转改，不创业也得自己创业。或者你找到一个新的增长点，模特到 35 岁、演员到 35 岁都面临着一个坎，要么生，要么死，所谓的死倒不是人死了，是指这个事业可能就没了，要么生就是，你变成一个实力型的演员，靠吃青春饭已经效果不明显了。个别人有这种状况。所以到 35 岁之后，肯定要把自己的企业创造出来。第三个是 40 岁。40 岁想当政治家的同学，至少正厅。大家去看一下那些省部级干部，一般 40 周岁左右，他基本上是正厅。

所以在这个时代要做到几点，第一个就是创造自我，特别是要追求某一个具体领域的成功。第二个也要适应成人的世界，如果我们没有成功，可能管理我们的上司年龄就比我们小了。

7.7　职业生涯的中期和晚期阶段

职业生涯后面的两个时期，一个是企业的中期阶段，一个是晚期阶段。

职业的中期阶段，如果是想要成为科学家，以这个作为目标的同学，这个时期主要的成果已经出现了，也顺风顺水，后面越做越好做。如果是想成为企业家同学没有开始创业，或者是想成为政治家同学的职位没有实现自己原来对职位的期盼，这个时候会出现两个问题，叫中年危机，职业停滞。可能再也增长不了，职业停滞。大家在看彩虹图的时候就会发现，这个事件有一种办法，赶快再去进修，再充电。以华侨大学为例，MBA的很多同学是 40 周岁左右，为什么呢？因为离退休还有二十几年，不充电的话，大学读的那些已经用了 20 年，已经不够用了，这个时候可以再进行充电。再充电以后想创业也创业不了，职业重新上升也不成，当科学家也没有创新了，这个时候我们建议组织采取一种办法可以帮助，我们自己也可以采取这个办法。

第一个就是帮助发展新技能，这个是指自己的新技能，更重要的是辅佐年轻人。我们这个时候"传帮带"，就要开始学会带下一代。

第二个就是不断提高自己的聘用价值。所以可以进行再学习。如果前面三个阶段做得好的同志，这个阶段顺风顺水，一直到这个职业的晚期都会很轻松。到了职业晚期，现在咱们国家准备延迟到 65 岁退休，职业晚期的基本特征就是脑力体力逐步衰退，这个时候要选择接班人，这是第一种办法。第二种办法是自己要适应退休以后的生活，这是第二个内容。

第三个内容就是要做好工作交接，要学好 60 周岁或者 65 周岁以后退休生活所需要的技能。因为这个年龄阶段一直到退休前跟退休后的前一段时间，又是老年人最容易得疾病的阶段，因为人突然放松下来，也是老年人死亡率比较高的一个阶段。对于厉害的人来讲，65 周岁以后还不一定退休。大家看川普，70 岁才当上总统，政治家。企业家，李嘉诚现在八九十岁还在上班。

7.8　职业生涯的设计

职业生涯设计的第一个内容是自我认知，包括对自己的知识，对自己的体能，对自己是否能够影响的社会环境的一种认知。有个知识点强调过，这个时代找工作是从需要出发，而不是从纯粹的自我出发。所以职业生涯设计的第二个内容，就是职业认知。是指社会对职业的认知，考虑了整个社会的客观环境以后，对职业的认知。所以优秀的人一般是从自己的差异化优势出发，从社会的真实需要出发，真正切实的需要出发。从这两个来考虑，我人生的目标到底要定在哪里，就是未来怎么样？思索 30 年到 50 年以后的目标，为什么要 34 年到 50 年呢？现在咱们华侨大学有个口号："每天锻炼一小时，健康工作五十年，幸福生活一辈子。"也就是我们要健康工作 50 年，那我们要预测 50 年以后我们的目标是什么。

第四个，怎么来实现这个目标？要有详细的策略。这里有三个公式供大家参考。第一个公式，能力乘以时间，等于一个人的成绩。一个人的成绩乘以时间，绩效乘以时间，等于品牌。也就是能力，如果没有给你时间，你看不出来你的价值，这个价值就是我们讲的绩效，它必须长时间有价值，那它是一个品牌。有些人讲品牌就是能实现事业吗？还不成，我们在前面的知识点里面有强调方法，说事业乘以方法，就等于我们人生的价值，人生的真正价值。什么意思？虽然我们刚才讲了这种能力乘以时间等于价值，价值乘时间等于品牌，但品牌这个东西如果没有借助方法，就没办法让效应无限扩大。所以大家看一下去年双十一的时候，天猫上面有个网红，当天他个人的销售量达到了一亿多，借助了这个品牌，天猫的那个机器人设计广告是一秒钟设计 8000 多个，我们每个人上天猫主页表现出来的品牌界面是不一样的，每个时刻上天猫它的界面是不一样的。所以同学们，方法很重要。

最后一个是职业评估。人的职业在实现的过程中总会遇到这样那样的困难，情势会发生各种变化，要进行职业评估，所以提醒大家要有一个职业准备。什么叫职业准备？就是你不要只从事一个职业，或者只有从事一个职业的能力。比如说像张老师读了四五个专业，我当时就想，万一这个不行那个，那个不行再那个，职业评估也是对原来的方法进行改正，让我们的方法更有效。

7.9　职业生涯管理

职业生涯管理。怎么样把职业生涯的阶段、职业生涯的设计、职业锚有效地实现出来。职业生涯的管理，它的影响因素主要有两块。第一块是外在的因素，第二块是内在的因素。

外在的因素，第一个是社会的因素。比如说现在咱们国家提出中国梦，中国梦是两个百年，一个是 2021 年，第一个建党百年；一个是 2049 年，建国百年，我们的个人目标有没有跟国家的目标有机地结合在一起？个人的目标结合了国家的目标，那我们才能够变得厉害。所以我经常鼓吹两句话，第一句话叫有能力的人就应该为人类谋幸福，这是一种使命。第二句话，天地之间有一种永恒的不可衡量的价值元素，只有具有使命感的人才能享有。也就是说全国的同学、全世界的同学想变成奥特曼、变成钢铁侠、变成蜘蛛侠，必须掌握天地人神鬼的智慧。应该是内在因素跟外在因素，甚至跟自然因素的完全统一，我们才能变成巴菲特，变成莫言，变成屠呦呦，变成马云，变成马化腾。所以考虑的因素很重要。

第二块就是朋友和同龄群体的影响。所以我们强调要跟高手过招，因为跟高手过招，有利于我们变高手。

第三块就是家庭所带来的影响。所以古人认为影响咱们的因素里面，你找的配偶就占了一个因素。一般讲，一个成功的男人背后，一定有一个伟大的女性，或者一个非常善良的女性。一个成功的女性背后，一般都有一个不幸福的家庭，逼得这个女生要去承担男生的角色。当然时代在发生变化，也不一定，像德国的总理默克尔家庭也非常开心，也挺幸福的。

第二个是内在的因素，包括我们自己的知识，身体健康等等，职业取向，职业偏好，职业锚，这个也会影响。以老师的健康为例，我讲课一般不能超过两个小时，超过两个小时就觉得累，这就是自己的体能。每个人的体能是不一样的。

职业生涯管理要做到几点，主要有四个方面的内容。第一个方面，尽可能选择自己喜欢的职业，自己感兴趣的，又能给钱，那最好了。实在没办法，就对自己的职业产生兴趣。比如说中国核潜艇之父黄旭华，原来中国的原子弹之父邓稼先，那是组织安排他从事的职业，并不是说他一定就感兴趣那个职业，他就是把自己的生命跟国家的命运结合在一起，所以对国家的国防事业作出了重大的贡献。

第三块是尽快融入组织文化。比如说福建省高校有一种说法，说厦大出才子，农大土包子，医大书呆子，师大风流子，华大二流子。很多人讲说华大二流子，张老师你在华大怎么办？我说林语堂先生讲过了，伟大的政治家，他在写中国人的《吾国与吾民》里面强调，中国历史上那些伟大的政治家、伟大的文人都有一个特征，二流子的个性，就是能够适应中国辽阔国土的气候条件的身体素质。第二个，能够不断的迁徙，他需要的是知识素质。所以林语堂先生总结，成大器必须就二流子的个性，所以对华大来讲是一件非常吉祥的事情。这种校园文化，我当老师要融入进来。

最后一个就是提高综合素质，三个方向。第一个方向就是咱们一辈子最喜欢的一个方向，就是不断地向上发展。职位从原来小职员一直上升到总经理、董事长，一种是没办法横向发展，在各个部门当过经理。还有一种办法是向核心发展。当我们的职位可能也得不到提升，工作轮换也实现不了的时候，我们是不是就不要发展？我们自己可以追求我们的人生更加丰富。比如说我们讲人力资源培训与开发的时候，开发里面还有一个特征，当你累的时候，放下工作，马上就去找诗和远方，旅行。它会让我们变得很丰富多彩。

第八章
激励管理

【本章重点介绍组织激励管理部分内容，借助经典游戏俄罗斯方块、热门游戏王者荣耀等案例分析实现组织人员激励的基本原理，解析激励的内涵，重点选取内容型、过程型、改造型等激励理论中的代表性理论，结合管理实践，对组织中的激励管理具体内涵进行深入剖析。】

8.1　激励管理

激励管理，它是人力资源管理里面的一个非常重要的内容。

人力资源管理里面讲要"选人用人，育人留人"，"育人留人"里面很重要的是，需要知道怎样进行有效的激励。在讲激励之前，我们先讲一个理论，叫"多巴胺理论"。西方医学上面有两个非常重要的理论，一个叫内啡肽，一个叫多巴胺。一个人经常有别人关心、别人关怀，我们的内心就会产生内啡肽。内啡肽有利于我们增强免疫力，因为我们能体会到这个世界的爱。所以当我们去看病人的时候，一定要跟病人亲切地握手，一定要告诉病人，说你的脸色比上次好多了，为什么呢？这又产生了"皮格马利翁效应"，给他一个良好的心理暗示，有利于病人的康复。

医学上面还有一个理论叫"多巴胺理论"，多巴胺会让人变得快乐，人为什么会快乐，跟多巴胺有关。比如说张老师喜欢跑步，跑步会上瘾，运动会上瘾，原因是运动的时候会产生多巴胺。如果我们用一百分来算，多巴胺算 30 分。同学们特别是女生，喜欢逛街，喜欢上天猫，喜欢上京东，喜欢上唯品会，这个多巴胺是 70 分，喜欢美食的多巴胺也是 70。所以大家有没有发现，一般身材特别胖，这种人往往控制不住，往往抵御不住美食的诱惑，又不想锻炼。为什么？因为锻炼的多巴胺才 30，美食的多巴胺却是 70。老师讲课讲到同学们笑，多巴胺也就 70。谈恋爱的多巴胺多少呢？100。所以很多同学谈恋爱了就不读书了，这不应该。因为它比老师讲课肯定要精彩一点。打王者荣耀的多巴胺，200。所以大家有没有发现，女生打王者荣耀的占 56% 左右，男生 44%。一旦一个谈恋爱的男朋友玩王者荣耀以后就不碰女生，不碰自己的女朋友，因为玩王者荣耀所带来的多巴胺比谈恋爱还要快乐。

同学们如果有去看到那些宗教仪式，比如说那些基督教徒、天主教徒，那些佛教徒在祷告的时候，在祈祷的时候，全身发抖。为什么发抖呢？跟上帝打通电话，跟佛祖打通电话了。这些人实际上就达到享受管理。类似于我们看小说的时候享受知识，这个时候多巴胺就能够达到 5000 达到 10000。李叔同弘一法师这种经历过荣华富贵以后的人，为什么后面会出家？释迦牟尼、鸠摩罗什这些人，为什么都是舍弃荣华富贵以后出家？也就是说，他从佛经里面所获得的智慧、快乐的多巴胺，远远高于世俗中的多巴胺。所以我们在讲激励的时候，想说明的是，组织必须找到能够有效激励员工多巴胺的因素，这样员工有发展，组织才能够有更好的发展。

8.2　激励的内涵

什么是激励，激励到底是什么含义？所谓的激励主要是激发鼓励的意思。再简单一点，就是怎么样来持续调动人的积极性的过程。套用多巴胺的理论，就是怎么样把人的多巴胺给激发起来。

所以讲这个的时候，大家有没有发现，为什么我们愿意玩王者荣耀？在十几年前，有个游戏叫俄罗斯方块，为什么我们愿意玩俄罗斯方块？因为游戏的激励，它在激励理论里面表现得淋漓尽致，有玩游戏的同学都有经验，一登陆就有分，每天登录的时候，就有一个登录的分数，登录以后，只要你拼对了，马上就有声音跟色彩出来，这是第二个激励。第三个，马上分数就上涨，分数上涨到一千分或者一万分，马上等级就上升。所以它一定找到所有的短期激励大家的方式，把一个很宏伟的目标化成每一个小细节。有些人讲张老师我实在找不到激励的办法，有一种办法就是不是激励的激励。在座的同学如果有用手机，有登记自己每天走路的步数，每天路走了多少步？也在手机上面晒了一下。这个就是没有激励的方法，找到激励的方法。所以激励要找到，并不是像大家想象得那么难。

激励的内容主要分为三类，第一类是内容型，第二类是过程型，第三类是改造型。在讲这三个型之前，大家都很清楚，激励是要来满足需要的，激励所满足的需要，它会持续不断产生。

我们介绍一个内容型的激励内容，这个知识要点比较多，先讲其中的第一个跟第二个。这个知识点介绍的是马斯洛的层次需求理论。马斯洛在20世纪50年代和60年代，对员工进行实验，提出了两个理论。第一个是马斯洛的五个层次需求，第二个是七个层次需求，60年代又补了两个，所以变成七个。那么这些需求理论对今天的创业者有什么含义？我们重点研究这个内容。

第一个它认为人有生理需要，什么是生理需要？就是衣食住行的需要。

衣食住行的需要，这是华人闯世界的主要的招数。华人闯世界主要靠解决生理需要。华商一般创业在创业的初期叫"三把刀"，菜刀、剪刀、理发刀。菜刀就是做厨师，所以大家看，全世界华人聚集的地方都有中餐馆。第二个理发刀，剪头发，做美容美发。第三个是剪刀，就是做裁缝、做衣服的。

中国跟一个国家的关系挺好的，叫以色列，特别是跟犹太的商人关系挺好。原因是犹太的商人赚钱，主要赚三种人的钱。第一个是赚女生的钱，因为他们发现女生的钱比男生好骗。第二个是赚富人的钱，因为富人花钱比穷人花钱的绝对数多，不是指相对数多。第三个是赚政府的钱，因为政府不是花自己的钱。

第二个需要是安全需要。安全需要也能用来创业。保安公司、保镖公司、保险公司、防盗锁公司，还有医院，因为人的安全其实包括全方位的安全，不仅仅是肉体的安全，还包括心理的安全。人的衣食住行需要满足以后，也对寿命的需求更高。所以现在全国有很多长寿之乡，想问大家的是，城市更长寿，还是长寿之乡更长寿？长寿之乡只有百岁以上的老人当一个指标，感觉比较多。但实际上像北京上海香港这些大城市，医疗条件比较好，他的平均预期寿命都八十几岁，寿命更长。所以这是为什么人愿意在大城市生活，因为他的整个条件会比较好。

第三个认为人有社交的需要，这个能不能用来创业呢？有很多俱乐部，有腾讯的QQ，有微信，有Twitter，有Facebook，就是满足人的社交的需求。社交需求包括两大类，人有友谊的需要，人有爱情的需要。现在全国也有很多征婚的网站，就是满足了人有爱情的需要。这是人有社交的需求，可以用来创业。有很多社交的公司、社交的网站。

第四个人有受人尊重的需求，也可以用来创业。比如说那些婚庆公司礼仪公司，那些殡仪馆，满足的就是人有受人尊重的需求。我每次举国内的湖南卫视，还有其他的卫视，底下的那些粉丝，年龄都比较年轻。而有些电视台的粉丝年龄都很大，又长的不好看，为什么有些电视台的粉丝都很漂亮，都很年轻，表情都很夸张，原因是有一种粉丝叫职业粉丝。接下来有一种需要叫人有求知的需要。

求知的需要又分为两类，一类是人有获取做人做事智慧的需要，比如去读MBA，读MPA，读GM，或者参加培训跟开发。还有一种需要，是人有窥探隐私的需要。比如说大家会不会记得，原来湖南卫视有一个《超级女声》，刚开始有个海选的节目，海选的整个过程，这个节目的品质低。但是想听、想看的人多，收视率高。因为这个节目满足了人有窥探隐私的需求，人就喜欢看别人出丑，然后在看别人出丑的过程中获得快感。所以同学们看，有很多类似的节目，比如说《芙蓉王背后的故事》《艺术人生》《天下女人》、《实话实说》，它都满足人窥探别人隐私的需求。大家看今日头条，看手机头条，一般推出来的娱乐八卦也特别多。因为咱们普通老百姓就喜欢看娱乐八卦，看娱乐八卦对咱们身体有没有好处？有好处。对多数人的身心健康有好处。所以不要因为我讲课影响同学们看娱乐八卦。

接下来有求美的需要。人有求美的需要，就是人有追求心灵美和外在美。首先是外在美，比如说大家知道的化妆品品牌，雅诗兰黛、兰蔻、迪奥、香奈儿，这是求美的需要，比如说韩国的整容，这也是求美的需要。有些人讲为什么还有内在美，也能够用来做需要呢？大家会不会记得，咱们微信公众号上面经常有投票选十佳大学生、十佳道德模范、十佳优秀员工，让大家投票？这个就是一种道德美。这些能不能用来创业？任何的评奖都是一种产业，包括每次的金马奖、金鸡奖、百花奖、梅花奖。所以这些都是求美的需要。

最高层次的需要就是自我实现的需要。我们希望组织最后能实现自我实现的需要。其实就是员工目标跟组织目标完全统一。马斯洛在研究这些需要的时候发现，这些需要是动态的，是变化的。一般人低层次需要以后就会产生高层次的需要。想问大家的是，是不是一定低层次需要以后才能满足高层次的需要？不是。我们经常讲说，乞丐不会嫉妒皇帝。但大家会不会记得，刘邦第一次见秦始皇出来的时候就讲了一句话，"大丈夫当如此也。"所以马斯洛也发现，人可能会同时有几个需要。所以前些年有一种做法，前些年经济还比较不好的时候，90年代末2000年初，说大学生有买手机就不能给贫困补助。现在没有这个要求了。有些手机不要钱，是不是充话费就送。这是一个例子，说贫困大学生就不应该谈恋爱。同学们觉得呢？也不见得。物质的的贫困不代表我的精神一定要贫困。所以司马相如跟卓文君的故事，那时候司马相如就是贫困的，这不代表说他不能追求卓文君和对爱情的美好向往。

8.3　双因素理论

双因素理论的提出者是赫兹伯格，他认为管理中调动员工积极性的因素主要有两类，一类是保健因素，一类是激励因素。什么是保健因素？就

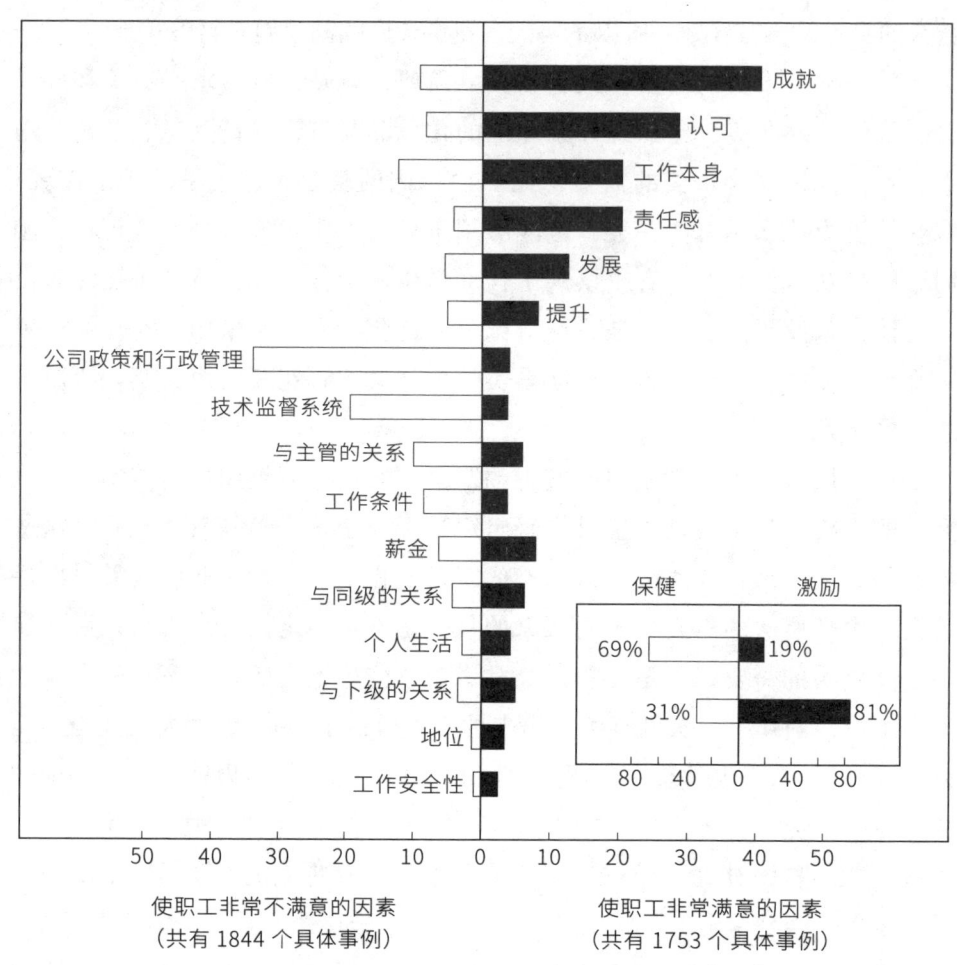

图 8.1 赫兹伯格（Herzberg）双因素理论

是只能维持员工积极性的因素。什么是激励因素？就是真正调动员工积极性的因素。所以大家看一下，PPT 上面很清楚，右边黑色的部分表示能够调动员工积极性的因素，白色的部分是能够维持积极性的因素。调动员工积极性的因素主要有哪些？

第一个方面就是成就，员工在工作过程中能不能获取成就感，或者社会对这个成就感有没有进行认可？它在激励因素里面就变成前两位，第一个是成就感，第二种是社会对这种职业的认可。我们举一个例子，现在大家质疑比较大的，比如说王者荣耀这个游戏，对社会也有正能量。人在无聊的时候爱玩王者荣耀，王者荣耀能给我们带来快乐。但现在乡村地区，有很多小朋友在玩王者荣耀。小朋友玩了王者荣耀，他的多巴胺是200，他就不愿意学习。不愿意学习以后导致的结果是什么？农村的孩子怎么样来改变命运？特别有些孩子是留守儿童，老师也管不住，小孩又没有家长管。从这个意义上来讲，这款游戏的设计者有没有办法找到更好的办法？对于成人，无聊的时候玩这个游戏，可以增加我们的快乐指数。但是对于孩子，能不能进行有效的限制？游戏这个事情，社会会不会认可？这些将来可能会值得我们探讨。我们曾经讲过，一百多年前，人躺在床上吸鸦片，人们一百多年人在床上打游戏。可能这两个，对人都是一种腐蚀。

第三个就是工作本身。工作本身因人而异，每个人对工作的偏好是有差别的。比如说有些人当老师很开心，有些人当工程师很开心，有些人当厨师很快乐。每个人对工作的兴趣不一样。

第四个方面就是工作的责任感和使命感。一个人如果是发自内在的责任感跟使命感，它属于一种内在激励。从我们接下来要讲的报酬来讲，它体现在内在报酬，这也是调动员工积极性的因素。怎么样能起到维持积极性的作用？我们经常讲的工作环境。为什么会选择北上广，或者希望到厦门上班？说这里条件挺好的。但是当我们真正进去一个非常漂亮的城市上班的时候会发现，我们身边人的上班环境跟我们是一样的，这个时候我们的快乐就没有了。快乐是基于你最身边的人的判断。其中有个核心要素，很纠结的一个要素，就是工资。工资到底是激励因素还是保健因素？在现实生活中，工资既是激励因素也是保健因素，但是在激励因素上面表现不明显，在保健上表现也不明显。什么时候明显？当员工工资很低的时候，刚刚加工资的那个时刻，也是激励因素也是保健因素。但是当工资达到一定的程度以后，这个时候我们想持续调动员工积极性，可能还是要从成就认可、工作本身跟责任感方面来挖掘。也就是说工资跟奖金如果做得好的话，既能够起到一定的保健因素作用，又能够起到一定的激励因素作用，做不好，可能我们投入了很多，最后实际上不明显。在现实生活中还有一种情况，当员工领到薪资，增加了工资之后，前三个月很开心很积极，但是三个月之后，一般的员工就会认为我就应该领这么高工资。什么时候对员工挫伤很厉害？就是当我们给员工降工资的时候，这个对员工就会影响很大。这个是双因素理论。双因素理论是同学们在创业的时候务必牢记的一个理论，特别是务必牢记黑色的那几个因素——什么是调动员工积极性的因素。这个是双因素理论。

接下来跟大家介绍一下麦克莱兰的理论，麦克莱兰的成就需要理论。他认为人的需要主要有三种，大家看一下PPT。

第一种是成就的需要。第二个是合群的需要，实际上就是马斯洛的社交的需要，其中有一个是爱情的需要。第三个需要比较特殊，人有控制别人的欲望，叫权力的需要。权力的需要不仅仅表现在职位的需要，因为职位的需要，在这里面可能表现在成就方面的需要。这个权力的需要表示控制别人的欲望。现实生活中每个人都有在某些方面表现出来控制别人的欲望。比如喜欢看男朋友或者女朋友的手机，试图影响或者控制他的人际圈或者生活圈，这就是一种控制的需要。对于家长来讲，想控制孩子成长的需要，我们希望孩子培养成我们的另外一种模式，它也是一种权力的需要。权力的需要表现在最极致，是金庸小说《神雕侠侣》里有个人物，公孙止跟裘千尺。在裘千尺上面有两个哥哥，一个叫裘千仞，一个叫裘千丈，他

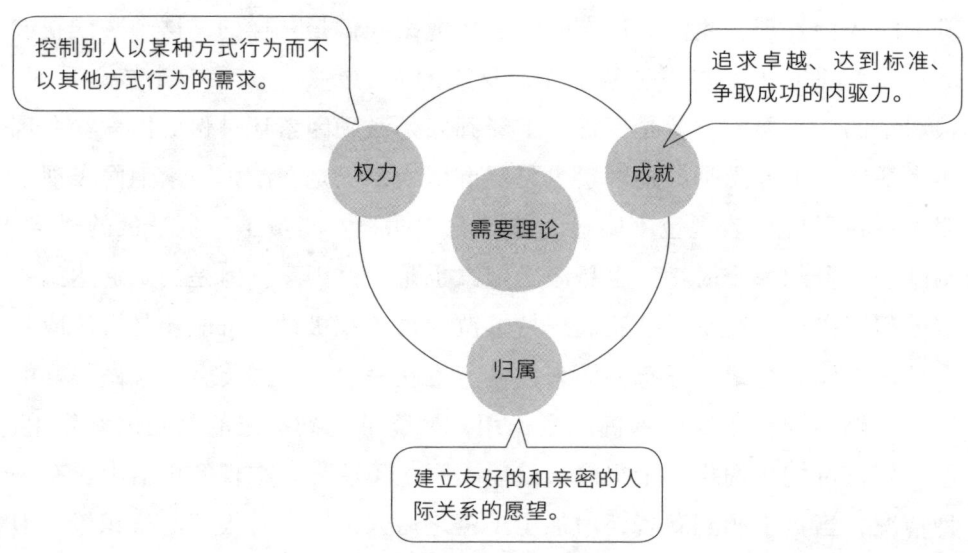

图 8.2　麦克莱兰的成就需要理论

们家是用丈量单位来来取名字的。·裘千丈是一丈，裘千仞是七尺，裘千尺是一尺，但恰恰就是裘千尺，他控制公孙止的欲望非常强烈，人有很强烈的控制人的欲望。

这个理论同学们主要了解的，在工作中要做到的是怎么样来培养成高就者三个内容。第一个内容就是明确员工的工作责任。第二个内容，及时的绩效反馈。之前有介绍过俄罗斯方块这款游戏是怎么样进行反馈的，同学们在玩王者荣耀，在玩球球大作战的时候，看这些游戏是怎么样实现即时反馈的。及时反馈就可以用到这里面来，也就是一个高成就者，必须给他及时反馈。我们要假设绝大多数的员工都非常在意及时反馈，哪怕是一个直接的表演。第三个，因为员工有权力的需要，权利的需要表现在挑战。所以我们要给员工的工作设置一部分的挑战，这个在游戏里面也表现很清楚，就是我们的游戏要升级，游戏每升级一次，它的难度就加大一次，每升级一次难度就加大一次。

8.4　期望理论

弗鲁姆的期望理论。

弗鲁姆的期望理论认为，调动下属积极性的激励水平，等于期望值乘以效价。什么是期望值什么是效价？所谓的期望值就是我们实现工作目标的概率大概有多大？所谓的效价也就是这个实现了以后，我们产生的心里快乐指数有多少，最后就变成一种激励水平。

举一个例子，大家比较好理解。比如说老师年轻的时候喜欢一位明星，这个女生叫张曼玉，老师决定要去追张曼玉，张曼玉在老师的心目中是一万分，但是我知道我追到她的概率是万分之一，到底去还是不去？乘起来等于多少？一分。年轻的时候很喜欢一个同桌的你。在我心目中是一百分，我去追她的话，实现的概率是70%。那么乘起来等多少分？70分。这个时候应该追张曼玉还是追同桌的你？有些人讲说还是张曼玉，可见张曼玉在你心目中不止是百万分1万分，可能是百万分，乘起来是一百分。也就是说为什么我们为一个目标，愿意这样去付出？那肯定是实现概率跟效价的综合。但是咱们社会中有这种人，比如说甘肃一个女孩叫闫丽娟去追刘德华，就是这种状况，这种是不可实现的目标。因为她追刘德华实现概率很低，可能刘德华在他心目中的效价很高，但实际上实现的期望值很低。

所以同学们还经常听过一个东西，说基本上咱们社会存在高风险、高回报，你要想很高的回报，就一定高风险，是不是？这边老师强调一下，那是指普遍价值，指整个社会的平均是这样高风险高回报。但具体到每个人身上不是这样的。比如说具体到巴菲特跟索罗斯身上，作为巴菲特跟索罗斯，他肯定想到的是我的效价尽可能的高，回报尽可能的高，风险尽可能的低，实现的概率尽可能的大。所以高风险高回报是对整个社会来说的，对于投资者来说不是的。对投资者来讲，最好是效价很高，实现概率很大，然后我去想办法降低风险。同学们通过学管理要想办法降低风险。

我们又回到那个小女生的身上，老师决定去追同桌的你，实现的概率70%，只达一百分，那么追她的激励水平只有70分。我们这个时候怎么样提升去追那小女生的激励水平？只有两个办法。第一个，提高效价，第二个提高期望值。怎么样提高效价？比如说中国有句古话：女生"三分靠长相七分靠打扮"，人力资源管理上面的晕轮效应，原来总共只有100分，打扮一下就300分了，再乘70%，210。所以大家去看一下女生的结婚照，都像明星和演员一样，都长得跟小女生不一样，所以化妆对社会来讲很重要，因为它会增加很多外部效应，化妆不仅仅自己美了，还让整个社会变得特别美。第二个，这个小女生又认真读书了，原来只是外表美，现在秀外慧中。300分变700分，再乘70%，女生算起来等于多少了？490。那么这个小男生去追小女生的激励水平就相当得高。

第二个内容，就是提高期望值。也就是在效价不变的情况下，就要提高期望值。人家要约你一起去散步，一起去吃饭，一起去看电影。小女生拒绝的时候也要含蓄的拒绝。但据说男生跟女生的拒绝的话是不一样的。男生约女生，说咱们八点去聚会，女生说我八点半才下班。这句话对女生来讲实际上是不同意。女生说八点半的时候，就是说你说要八点去，我不去。所以她说了一个八点半，是想给男生一个下台阶的一个地方。但是男生会理解说，那要不我八点半再约你吃饭，这是两个概念。所以男女生要结合起来。

最后再讲一个公平理论。也就是管理上面有一个亚当斯的公平理论，特别是在激励中的应用。人的公平分为内部公平和外部公平，又分为自我公平跟他人的公平。人的公平的比较，有这么一个公式，比如说个人的收入跟个人的付出的比较，看别人的收入跟别人的付出进行比较，刚好跟别人一样，我们感到很公平。所以中国古代有句话叫"不患寡而患不均"，大家都很全，也觉得很公平。

第二个，个人的收入跟个人的付出的比较高于别人，或者高于社会平均值，我们感到很高兴。这个时候我们自己就感到很满意，但对别人来讲，他可能就不满意了。所以这个时候，公平有四个比较的结果，大家看一下ppt这四个内容。

第一个是组织内跟他人比。第二个是组织外跟他人比。第三个是在公司内部，我们自己。第四个是把我们放在市场上跟别人比。

那么怎么样导致公平跟不公平？它主要取决于三个因素。第一个是个人的主观判断，因为人一般对自我的评价会偏高。所以实际上，当我们获得这个收入的时候已经很公平了，但他心里觉得不公平，因为他觉得我自己的能力不只如此。第二个是对绩效的评定，比如有些组织可能注重于外部绩效，有些组织外部绩效加内部绩效，我们后面讲报酬的时候会讲到。第三个，谁来评定？这些是决定公平的因素。

当我们感到不公平的时候，又有六种情况。第一种情况，改变自己的投入，说我一个月竟然只拿一万块工资，他为什么拿两万块？所以我活只

- 组织内与他人比（other-inside）
- 组织外与他人比（other-outside）
- 组织内自我比较（self-inside）
- 组织外自我比较（self-outside）

图8.3　进行比较的各种角度

干一半。第二个改变自己的产出。我的效益，本来一个月能够创造 100 万的利润，我创造 50 万的利润。第三个，歪曲自我的认知，两种情况，就是觉得自己可能真不行，或者老板就是看我不顺眼。第四个就是歪曲对他人的认知，他肯定跟老板是亲戚，不然为什么他的工资比我多一倍？第五个，选择其他参照对象。他一个月 2 万，我比他少，但他一个月 5000，我比他多。这么一比之后心理平衡。第六个就是离开这个领域。当我们长期在这个领域不断努力，发现回报还是很低的时候，那可能我们不适合在这个领域继续做下去。

第九章

全面绩效管理

【本章主要介绍全面绩效管理部分内容。举例分析全面绩效管理的具体内涵，揭示全面绩效管理的重要目标，系统分析了全面绩效管理的设计原则、运行流程以及一般考评方法等内容，研究探讨了全面绩效管理沟通原则、机制相关内容，并分析、预测了全面绩效管理未来的发展趋势。】

9.1 全面绩效管理

在讲全面绩效管理的时候，大家有没有发现，现实生活中有这么一种现象？组织本来是要奖励优秀的员工，最后变成奖励勤奋的员工，勤奋的员工不一定优秀，优秀的员工可能也不一定完全勤奋。比如说曾国藩当时有个手下叫李鸿章，他每天早上上班都迟到。我们此前举例的丘吉尔，他每天上班早上也都迟到。当然我要提醒同学们，不是说迟到就是优秀的员工。有没有员工奖是奖励错的？有。比如说我们此前举例的诺基亚企业倒闭了，索尼手机的企业倒了，摩托罗拉手机的行业到了，这个组织有没有优秀？有优秀，他每年申请的专利都很多。那为什么说倒就倒了？也就是组织的方向错了，或者他奖励的员工的方向错了，员工朝着他奖励的方向努力，而那个方向偏离了社会发展的方向。

在大学里面最重要一个悖论，就是我们培养出来最优秀的学生，一般怎么来看学生优秀呢？看成绩。跟将来社会上优秀是不是完全一致？不一致，绝大多数的时候不一致，因为学生会被误导。因为学生的期末考试是固定的，期末考试的题目绝大多数是确定的，它是基于课本的知识和部分的课外知识。而未来上班工作的时候，绝大多数的工作是不确定的，至少面临的内外环境是不确定的。那么学生一旦在确定的环境下获得很高的回报——因为这种回报会给他带来很强的多巴胺——一旦进入组织之后，进入社会这个组织之后，他没办法从及时的反馈中获得多巴胺，所以很多员工就会懈怠下来。所以咱们经常会发现，员工努力到一定程度以后，这种优秀的学生在社会工作努力到一定程度以后，发现实现不了他的理想，马上就懈怠下来。

第三种现象，怎么样来衡量这种绩效？我们特别强调的是全面绩效。比如说中国人古代对读书人的评价，他认为读书人什么时候算全面绩效？"为师、为将、为相，一完人。"立功、立德、立言三不朽。读书人最高的境界是什么？当老师、当宰相、当将军，当老师的话，还要像诸葛亮有《出师表》《诫子书》这样的千古名篇。当将军还要攻城略地，能够打仗。当宰相还要善于治理天下，所以立功、立德、立言三不朽，还要品德特别高尚，后面变成像诸葛亮一样的智慧的化身，像范蠡变成中国古代的财神爷。所以古代对全面绩效要求很高。

那我们看一下中国古代的一个全面绩效的例子，春秋战国的时候，扁鹊的故事：扁鹊见魏文王。扁鹊见魏文王的时候，魏文王问扁鹊，说你们家几个兄弟中谁的水平高？扁鹊说我们家三个兄弟，我哥哥的医术最高，但我哥哥这个人有个特征，人没病就给他直接吃了一些好的食品，一改良，这个人都没有得病，一辈子平平安安健健康康，所以他的声名都传不出去，简单讲，他的绩效都看不到。第二个是我二哥，一个人有点感冒、小发烧，就给他治病，把人治好了，也没有大的毛病，所以他的声名只能传播到乡里，在本乡能够传播，远一点的都传播不了。第三个就是扁鹊，扁鹊自己都是一个人当病入膏肓的时候再给人家治，这个时候其实治的时候都是有毒的。扁鹊自己讲，我治的时候，其实也伤他真正的身体，但是他的声名就非常远地传播。这三种绩效对组织来讲是不一样的，第一种绩效是全面、正面的绩效。第二种绩效是对组织有损害的绩效。第三种绩效是对组织有大损害的绩效。但是这三种员工往往是第三种员工被重用，扁鹊这种员工被重用。所以真正的领导者应该用扁鹊的大哥这种员工，因为组织不发生灾难，组织都平平稳稳的，不断地创造效益。

9.2　全面"绩效"与全面绩效管理的内涵

什么是全面绩效管理，什么是全面绩效呢？是指企业跟个体的全面产出，这个产出还包括行为产出。所以这是它第一个层面的内容。这个层面涵盖了两个方面内容。第一个方面的内容，不仅仅是指企业总体的目标，还包括各个小部门的目标，不仅仅包括个人的直接产出，表现出来的直接绩效，还包括个人的行为举止。第二个方面，它有利于实现组织的战略目标，跟个人的目标，也就是说它一定是实现个人跟组织共同的目标。这是全面绩效的基本内涵。

全面绩效的特点有五个方面，这五个方面我们重点讲三个方面。第一个方面，它一定是以人为本的，也就是它重视人比重视物更重要。原因是在现代的管理里面，物是由人来支配的。第二个方面，强调发展，特别强调个人发展是组织发展的关键。第三个方面，有非常明确的目标导向。所以它主要有三个目标。

在组织中的地位主要五个方面，这里面我们也重点只介绍一个方面。全面的绩效应该是服务于组织的每一个层面。我们重点看哪一个层面呢？就是它服务于比如说员工的职务升降，为什么要讲员工的职务升降？京东的刘强东讲，他们在选择员工的时候，特别是选择中高层管理者的时候，有个要求，每个部门的中高层管理者，必须在本部门里面寻找到一个人，然后要把这个人培养成将来能替代他自己的岗位。如果经过半年你找不到人，或者找到的人水平很差，那么这个时候你必须换一个人。如果一年以后你还找不到你的替身，就是有一个人能替代你的岗位，那你就必须从这个岗位裁除。为什么呢？因为他担心这个岗位没人可替代，没任何可替代的话，中高层管理者，或者那种核心的技术人员就会对组织进行要挟。所以组织里的管理者本身必须懂得培养人才，并且刚才讲了，培养跟自己能力一样的人才，那是指底线，最好是培养比自己优秀的人才。优秀的人才从哪里看出来？绩效比我们优秀。

可惜现实生活中，一般的领导都喜欢比自己愚蠢的下属，因为它容易体现自己的绩效，管理起来也比较轻松一点，一般表现在几点。第一点，一般的领导都喜欢下属比自己身高矮，这个其实是韩非子的一种"势"。第二个点，喜欢下属比自己笨。第三点，喜欢下属的业绩比自己差。那么这样的结局会是什么结局？这是彼得原理。人总是会被提拔到不能胜任的岗位上，这样最后必然导致组织的衰退。所以组织一定要避免这种状况。如果我们发现下属的绩效都很差，那么实际上是这个管理者很差，所以管理者必须想办法让下属的绩效是比较高的，是能够超越自我的。所以老师每次说，我的研究生能力都比我强。如果研究生都比我差，那这个老师培养出来的学生是没有希望的。

全面绩效管理的目标主要有三个。第一个目标衡量比较性，可以区别出来谁干得好，谁干得不好。一定能看得出来，不管是行为导向的，还是能力导向的，还是业绩导向的。第二个目标就是行为导向性，要引导员工积极向上，努力学习，努力工作。第三个目标就是服务于培训开发，要找出员工存在什么样的不足，然后培训他的短板，让其变成优秀的员工。从京东的角度，最好员工都变成钢，京东认为的员工也不能都变成金子。因为金子是高层管理者，员工都是金子的话，那这个组织没有员工，都变成高层管理者。所以一个组织应该以钢为主体，以金子作为中高层管理者，它应该是一个金字塔结构。

9.3 从绩效考核过渡到全面绩效管理

在现实生活中，同学们还经常问这么一个问题，绩效考核跟全面绩效管理到底有什么区别？这也是我们这个知识点要讲的内容。

一般认为的绩效考核跟全面绩效管理主要的差别有五个方面，重点挑三点跟大家讲一下。第一点，绩效考核比较重视于某一个点，但绩效管理应该是全过程的，并且最好是从一开始一直到后面的结束，不应该是中间的某个过程才开始。第二点，绩效考核是秋后算账式的，就是后面才进行的考核。全面绩效管理应该是全面解决问题式的，甚至叫发现问题、解决问题式的，而不是等问题出现。所以它表现在管理上面的控制是三种，就是前馈控制、实时控制、反馈控制。事前、事中、事后。第三点，绩效考核是对过去工作的总结，而绩效管理，因为它是从现在开始到未来，所以他基于的是当前和未来，基于的是个人跟企业的共同发展。从参与者的角度来讲也是，它是希望全面参与的。所以总的来说有五个方面，同学们可以看一下 PPT。

绩效考核	全面绩效管理
对某一时间段或点的考核	对整个过程的监控与管理
仅仅是事后的考核评估	事前、事中、事后相结合
主要评估过去的表现	关注个人与企业未来的发展
主要手段就是考核，被考核者被动接受	计划、监控、考核、反馈，被考核者主动参与
主要目的是薪酬调整和奖励	企业战略的落实和员工的共同成长

图 9.1　绩效考核和全面绩效管理的区别

接下来我们了解一下我们通常讲的全面绩效管理的内容。全面绩效管理的内容，从单个人的角度来讲，就从任何一个岗位单个人的角度来讲，至少就包括三个内容。第一个内容是对它的业绩考评，在企业里面评先、选拔等等，这些都是要考虑的。它的业绩到底好不好？非常强调应该是公正的，应该是大家认可的。第二个内容是能力考评，能力我们有讲过是经过一个时间以后才能够表现出来的。第三个内容是态度，它表现出来是一种品质。其实从个人的岗位上来讲，不同的岗位，这三个的重点是不一样的。比如说从生产跟营销来讲，可能偏重的是业绩考评。从办公室文员来讲，可能偏重的是态度考评，是品质考评。从研发部来讲，可能偏重的是能力考评，因为有些研发的员工，他可能有很强的个性。

这里有一个理论，要跟大家参考，叫耶克斯·多德森定律。就是什么样的员工业绩比较好，这个要基于我们所面临的任务是什么。当我们面临的任务特别难的时候，大家会发现，员工特别有激情，这个时候很危险。这种人可能会做出很冲动的行为。举个例子，赵括的纸上谈兵，他所面临的问题是很困难的，马谡失街亭也是一样，而这两个人表现出来的都是特别有激情。所以越是很困难的问题，难度特别大的问题，越希望要比较冷静，但是越是简单的重复性的问题，这个时候需要激情，因为激情会让你简单重复持续的更久。所以从这个图形中所看出来的是，不是说人有激情就能把工作干好，这个激情叫倒 U 型理论，完全没有激情，工作干不好，太有激情了，负面的效用。所以激情维持到一定的程度，对不同问题的解决是不一样的。特别是我刚才讲的，难度特别大，可能要相对冷静。难度小的，反而激情可以高一点，因为它强调的是重复。

9.4　全面绩效管理的设计原则

全面绩效管理的设计原则。

第一个原则是公开跟开放原则。我们经常讨论一个问题，薪酬要不要公开。薪酬公开不公开还真是两个问题，有一部分可以公开，有部分不公开，但绩效一般鼓励公开。因为绩效不公开，员工之间没办法进行比较，它一般鼓励公开。如果绩效不公开的话，员工就不知道怎么样做是先进的，怎么样做是进步的，怎么样做是不进步的。

第二个原则是定期化跟制度化，这里面的定期化跟制度化分为几种，一种是按天，每天有日课。第二种是按周，一周总结一下我们的绩效怎么样。第三种按月，还有按季度、按半年、按一年。越是强调业绩导向型的，越要注意按短的时间进行考评，因为只有短的时间进行考评实现，长的考评才能实现。比如说像保险公司、像银行、像很多直销企业，他为了实现他的目标，这个时候他们的日有日课，每天早上开会，有早会、有晚会，每天进行总结。这里面还体现他跟报酬相对应的是，最好报酬也即时。比如说里面的佣金，我们后面讲薪酬的时候会讲到佣金，希望佣金也即时，最好也能够有按天的、按周的、按月、按季的、按半年、按一年的。

第三个原则也是比较重要的一个原则，叫反馈与修改原则。第二个原则我们再补充一点，绩效的标准制定，至少应该提早一个会计年度，并且应该让员工熟悉。我们很多组织绩效有个特征，等到你跑步跑完了，然后他画一条线，说谁算是及格，谁算不及格，谁算优秀谁算不优秀，所以咱们国家现在高考改革也面临这么一个问题。也就是我们现在高考改革，在一些省份试行，像上海浙江试行的改革，它采取什么改革？高考分数不采取按卷面分数，采取大家考完了以后，然后算一下你在这个省份你是考第几名，然后折合出来你高考的分数是多少？分数比如说 90 分以上的，85 分的，82 分的，你在第几名，10% 的算 90 分以上，15% 的，算 85 分以上，20% 的算 80 分以上。所以同学们就会考虑说，那我要考哪一门，因为他除了语数英是固定要考，其他是可以自选的。我考这一门，我在那个省份能排第几名？它会决定我后面的成绩。所以不是说你比赛了以后决定成绩，那个规则相对来说对大家来讲，不明确，因为它需要大家比了以后重新再划，并且这个分数不够明确。这些年来直接导致的结果是高考考物理的特别少，因为物理难度特别大，考地理的特别多，因为大家觉得地理比较好考，反正人考多了，进入 10% 的几率也很多，是不是？所以我们想说的是，设计这个很重要。反馈修改原则，什么是反馈？当绩效评出来以后，我们要跟员工进行反馈，并且要找出为什么绩效高或者不高的原因，最后希望以此来提升我们的绩效。

有八个程序，绩效运行的八个程序。这八个程序比较简单，从确定目标到后面绩效改进跟沟通，同学们直接看 PPT 的一个图形，就是八个程序的运行过程。

在绩效管理方法中有几个主要的方法，也跟大家介绍一下。第一个方法是目标管理法，我们在讲激励的时候就提到了目标管理法。目标管理法在绩

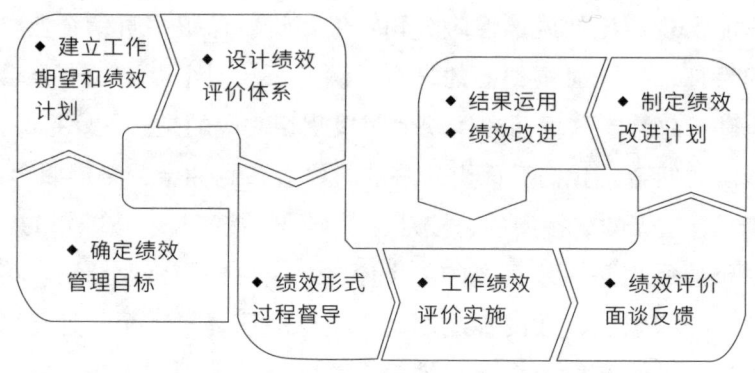

图 9.2　全面绩效管理基本运行程序

效上面应用的时候有两个重点，希望大家要牢记。第一个重点是目标管理的核心，其实最后是让员工变成自己的主体，让每个员工在每个岗位上变成各司其职，各安其位，就是员工变成自我管理，简单讲就是要我做一件事情，变成我自己要做。这也是老子《道德经》的管理的最高境界，就是无为而治。无为而治的前提是先有为而后无为，无为而无以为，无为而无不为，每个员工都懂得自己怎么样来管理自己。第二个重点也就是目标管理的实质，是绩效价值的导向。简单讲目标管理，让公司让每个部门每个人都有明确的相对量化的指标。最后每个人的量化指标的实现，一是有利于奖惩，二是最终有利于实现组织的目标。所以老子《道德经》里面还有一句话，对目标管理的流程有革命性的作用，"天下大事取于细，天下难事取于易"。优秀的目标管理者一定懂得把组织的大目标怎么样分解成每个可执行的小目标，类似于工作岗位怎么样分解成一个工作要素。任何一件难的事情，一定是由容易的事情逐渐构成的。所以当管理者没办法把管理的问题向下属解释跟说明清楚，让下属可执行的时候，这个管理者是不够称职的

9.5　关键指标法和 360 绩效考评法

绩效管理里面的两个非常重要的方法。

　　第一个方法叫关键指标法。什么是关键指标？就是组织的愿景要实现，它一定有战略，在战略下面一定有战术的目标。这个时候我们要找出来什么是影响组织成功的关键成功要素，这个非常重要。为什么非常重要？大家认真看一下巴菲特跟索罗斯，巴菲特跟比尔盖茨，他们的投资都强调我一定要找到高价值的地区，只有高价值的地区我才愿意投资。不是高价值的，我不投资。这个高价值还表现在三点。第一点，他本身是高价值的，是可以持续盈利的。

　　第二点是像银行的利率一样，是有复利的。我今年比去年高，明年一定能比今年高，不是短期之内某一个时刻的高价值。

　　第三点内容就是有护城河，简单讲有防火墙，也就是说最坏的结果会是什么结果。所以要找到关键的价值区。俞敏洪在总结新东方的这些老师的时候，他也总结了关键指标：新东方的老师关键指标有几点，比如说第一个应该特别会励志，老师首先要学会励志。第二个肯定是特别善于讲。第三个还特别善于总结，还能够书面化。一个老师要变的厉害，三个必须都很厉害。如果只有一个很厉害，那么他在总体评分的时候，分数还是低，比如说一个 100，两个 50 分加起来，200 分。有些老师很聪明，我一个就80 分，三个加起来 240 分。而排课的时候往往是这种 240 分的先排，就是说我们找到了关键指标，并且我们在关键指标的关键价值上面有得到实现。

　　关键的成功因素下面必须有关键的绩效指标，怎么样来实现。怎么样来实现就是属于关键的行动计划。也就是说，任何一个组织必须找到关键指标，在管理上有一个定律跟它相对应，叫二八定律。也就是 20% 的关键要素实现了，可能就能实现组织 80% 的目标。所以它提醒每一位创业者，包括同学们将来工作的时候，我们的专注力要专注在哪里？关键指标。我们不要在非关键指标上花了很长的精力，必须专注在关键指标。

　　第二个方法，也是长远的一个方法，叫 360 绩效考评方法。360 绩效考评方法认为，考评员工的绩效不应该只有上级或者同事来评，应该上级、同事、客户、下属，还有其他的人，包括自己在内都可以进行评价。有些人讲，能不能在组织里面全面应用呢？在组织里面全面应用没必要，或者我们也不要把这些人全部都算进来，要上级、同事、客户、自己还有下属的评价。我们可以挑若干，根据我们的岗位觉得哪一个评价是核心的评价，这个可以权重多一点，再找其中若干来评价。其实不同的评价，他们评价的内容是不一样的。大家看这个表格，比如说上级，他可能重战略，我的下属所做的事情是不是符合组织战略？比如说下级主要是觉得你这个人当领导，对我发展有没有好处，对我的提升有没有好处，对我的业绩有没有好处。不同的人评价的重点不一样，我们根据岗位不一样，进行不同的评价。

评价以后有个非常重要的在绩效管理上面的内容，就是沟通，绩效的全面沟通。为什么沟通很重要？很多单位，包括同学们在大学读书的时候，期末考试考了95分，老师没告诉你你错在哪里为什么，也没有告诉你考98、95跟90分的有没有差别。三者有没有差别？有些同学讲绩点都一样，像慕课，基本上85分以上都优秀。那只要85分，我优秀就成了。不一样的。比如说我们同学们60个，60个考优秀的15%，或者20%，我们有15位同学考优秀，一个98，其它的92、93的，还有其他的85分的。如果这个是真正反映同学的能力，当我们组织有一些业务过来了，只需要一个人做，是不是要请任何优秀的人去做都一样？一样不一样呢？我们首先想到请谁做？请最高的，98分的做。现在大家又发现，同样是唱歌，最高的都很优秀。就是因为优秀的比别人就差一点点，实际上都优秀的时候，我们仍然有改进的空间。我们有没有做到极致的优秀？我们的上级，有没有让我们找到极致优秀的方法？所以一定要进行绩效沟通。绩效沟通对组织来讲，能够提高组织的绩效，对下属来讲，最终能够提高我们的能力跟发展。所以这里面强调的是反馈跟沟通。你要告诉他结果是什么，为什么是这样的结果，然后怎么样进行提升。

绩效最后一个内容跟大家分享一下，就是绩效以后的发展趋势。主要有四个方面的内容。

第一个内容，从绩效考核到全面绩效管理，简单讲就是从目标导向，或者从基点导向，就是某一个点的导向到全过程的导向，这个已经变成是一个长趋势。

第二个内容从单维评价到多维评价，比如说我们讲过刘强东选员工的五类，从废铁，到铁锈，到钢，到金子，到铁。这几类员工。我们想说这几类员工，他基于双维，一个是能力维，一个是态度维，就是价值观一维。所以这是双维的。还有一种是基于行为的，就是我们讲的三大导向，态度导向、行为导向、业绩导向。这个行为导向中的包括能力导向，可能将来有三维四维的评价。这个时候我们要根据工作岗位，有些可能就是两维就够，有些可能要三维，有些可能要四维。

第三内容是从评价的主体来讲，有单向评价跟双向评价，或者多向评价，比如说360，就是多向评价。双向评价是你评价我，我也评价你，这种是双向评价。

最后一个内容就是由报酬导向到发展导向，也就是绩效考评不仅仅只是为了后面，或者全面绩效管理不只是为了工资，实际上其实还为了员工的发展，为了组织的发展，所以它是总体的发展趋势。

第十章

薪酬管理

【本章主要介绍战略性薪酬计划制定部分内容，从"钱是万能的吗？"开始深入解析薪酬与组织战略之间互动关系，研究区分薪酬与报酬的内涵差异，从不同战略视角理解组织薪酬管理与计划制定，分析工资的基本内涵、不同工资类型及其优缺点，研究界探讨工资体系、奖金体系、报酬体系的设计方式。】

10.1 薪酬管理

薪酬管理，也就是我们经常讲的钱的问题。这里面的薪酬包括的不仅仅是钱的问题。

第一个内容，钱到底是不是万能的，或者说钱在组织战略中有多大的作用。在讲这个问题的时候，我们先了解一个故事。说鲁迅先生很少写爱情小说，他就写了一篇爱情小说，叫《伤逝》。这部小说后面被拍成电影、电视剧、话剧，情节进行了一些改造。小说里面写的两个主角，男生主角叫涓生，女主角叫子君。子君出生在一个富贵的家庭，两个人当时在北京都属于新青年，涓生出生在一个贫穷家庭，两个人谈恋爱了，但是子君的父母就坚决反对，觉得不能嫁给那个穷小子。大学的时候两个人读书很开心，两人每天靠写作发表赚取很高的稿酬，所以他们就觉得离开了家庭照样能生活。子君就提出来，我就是我，父母不能主宰我，我要自己主宰我的爱情。子君总共就从家里带了 200 块银元，然后就跟涓生结婚了。结婚不久的时候，涓生本来还有工作，结婚不久以后工作就被辞了，两个人就拼命地写稿，但稿投出去一次都没中，两个人就着急了，200 块银元越花越少。本来子君喜欢养宠物，后面养的一只宠物鸡，都把它杀掉吃了。原来的宠物狗都把它放了，养不起了。最后就剩下宠物猫，涓生就劝她说，要不咱们猫也不养了。两个人随着收入的下降跟家庭琐事的吵闹，爱情就越来越淡薄了。子君还是挺喜欢涓生的，但是她觉得家庭过不下去，最后就剩下两块银元，所以最后她就把两块银元塞在他们结婚的棉被底下，然后抱了这只猫跳海自杀。故事里面有另一种版本，后面跟涓生两个人离开了，她又回到了她原来的家庭，最后也是抑郁而终。那我们想说的是，这个故事想揭示什么？

唐朝有位宰相叫元稹，写了一首诗，诗中有两句话："诚知此恨人人有，贫贱夫妻百事哀。"赚钱很重要，没赚钱不行。元稹这个人就是这样，他年轻的时候一直不得志，考进士一直考没考上，小功名考了，大功名没有。没有功名就没有工作，后面找了个小工作，收入很低。但是在他 24 岁左右，他娶了一个女孩子，这个女孩子叫韦丛，其实这个韦丛的外公是宰相，他的妈妈当时嫁给了一个官吏，但是是小妾。所以他小时候就属于庶出，在家里地位比较低，并且妈妈刚刚生完韦丛，不到一年就死了，但是她后妈倒是对她挺好的。韦丛到 20 岁的时候嫁给元稹，两人的爱情非常好，元稹对她也非常好。两个人就从 20 岁结婚到韦丛 27 岁去世，七年生了六个孩子，五个儿子一个女儿。但是很最后很凄惨，很早就早逝。特别是她没有看到元稹变得很厉害。所以元稹等到后面考上宰相、考中进士的时候，元稹跟白居易关系很好，考上进士的时候，他写了很多首诗来怀念她的妻子韦丛的故事。其中《遣悲怀》就写了好几首，最著名的，咱们曾经学过一首诗，里面有前两句："曾经沧海难为水，除却巫山不是云。"也就是我们讲的，这里面仍然是钱的问题，解决生活的问题。

在当前有一个很流行词汇叫"斜杠青年"，这个是美国《纽约时报》上面出了一个词汇，新产生的词汇，叫 SLESH，我有很多种职业，并且我能够获得很多种收入，这种叫斜杠青年。斜杠青年一般过得都挺好的。但实际上斜杠青年分两类，一类斜杠青年是这些斜杠之间是有关系的。一类斜杠青年的斜杠是没有关系的，实际上是以丧失自己生活的时间来实现斜杠青年。还有一种斜杠，都是低收入的斜杠。比如说咱们学校校门口看门的保安，保安自己在卖矿泉水，捡矿泉水瓶兼保安赚钱。他也是算三份收入，但是他这种是低收入的。

10.2　薪酬是什么——从组织战略来看

薪酬从组织战略来看，到底是什么东西。

从组织的使命，组织的愿景，一直到组织的战略，都告诉我们企业未来要走向哪里，我们未来的一种状态，包括公司的状态，未来要实现的企业的价值是什么。最终归结到企业的经营战略或者部门战略，从部门战略里面又归结到人力资源战略。最后能够实现人力资源战略，就是我们的绩效。绩效需要通过薪酬来调动员工的积极性。所以具体的体现上面就是，薪酬的设计对战略的影响有几点。

第一点，管理者应该注意的是，怎么样决定加薪，必须基于绩效，而绩效必须是基于组织战略的。

第二点，在可公开的范围内，薪酬跟绩效最好是公开的。因为公开有利于比较，可公开的范围内，比较有利于竞争，竞争有利于促进组织的进步。当然前提是，我们的绩效和薪酬是公平的，或者员工认可的。

第三点，当组织实际上在外在报酬没办法增加的时候，就是我们没办法增加工资，没办法增加福利，那我们要想办法增加内在报酬。这就是同学在网上的留言中说，精神激励很重要。也就是一个优秀的企业家，往往还有一个特征，很善于励志。也就是他通过讲故事能够让很多人愿意追随他。

第四点，这个组织的战略应该是基于员工长期不断的能力发展，而不是基于员工某一个短时间的能力。其他的两点大家直接看 PPT，我这边就不跟大家解释。但是一定要注意，组织所给的薪酬，薪酬的本身不仅仅是一种外在的报酬，它也会产生内在的激励。就因为薪酬会体现一种地位，薪酬会体现我们内在的精神满足感。所以薪酬的自身，我们在讲激励理论的时候也体现出来，它既有保健因素，有激励因素。

(1) 管理者必须决定企业的薪酬制度应该怎样支持企业战略，又该如何适应整体环境中的文化约束和法规约束。

(2) 管理者也须决定薪酬制度是否基于工作性质来确定（以职定酬），还是按员工的资历、能力或绩效等来决定（以人定酬），以及这些差别如何在薪酬上得到体现。

(3) 管理者必须重视外在竞争对企业薪酬制度的重要性，即相对于其他竞争者，企业所给予的薪酬是较高、相等还是较低。薪酬水平会影响员工觉得企业现在给予的待遇是否"外部公平"。

(4) 管理者应决定加薪的根据是基于绩效，还是基于员工不断增长的技能和能力，或者是基于全面性调整的准则。

(5) 管理者必须决定薪酬决策和薪酬制度应在多大程度上向所有的员工公开和透明化，谁负责设计管理薪酬制度。

(6) 管理者必须决定如何结合内在报酬和外在报酬。当薪酬不能满足员工时，便应设法增加内在报酬，使员工能感到满足。

图 10.1　薪酬设计的策略性决定

　　具体到三个战略的时候，我们大家可以了解一下，咱们现在的创业者企业有三大战略，这三大战略其实对于组织的薪酬设计是有影响的，大家可以具体看这个图形。

　　第一种是创新者，比如说现在很多互联网企业、高科技企业，它是以创新作为战略，那么它的薪酬战略应该是奖励创新的。这个时候就不能根据地域说我是在四川成都，我在武汉，我在西安，我就应该比北上广低。因为这个时候奖励的是一种创新，所以创新在互联网的时代是没有边界的。在北京的创新跟在西安的创新，跟在武汉成都的创新是一样的，因为一个EMAIL过去就实现了，甚至网上直接就能共享。所以我们的薪酬应该是奖励创新，基于整个市场的标准，甚至应该跟国际接轨的。也就是今天我们讲了，深圳进步一个礼拜，已经能够超过硅谷进步一个月。今天的深圳速度已经超越了硅谷的速度，硅谷现在要实现深圳速度都达不到，这也是为

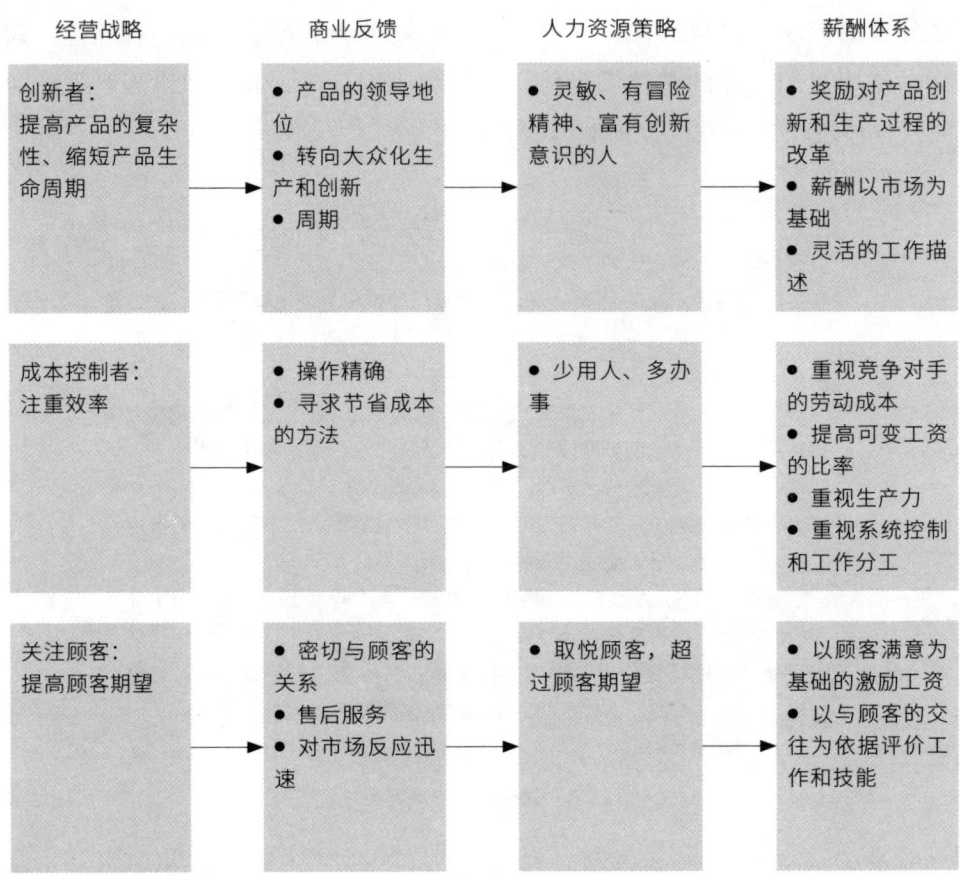

经营战略	商业反馈	人力资源策略	薪酬体系
创新者： 提高产品的复杂性、缩短产品生命周期	● 产品的领导地位 ● 转向大众化生产和创新 ● 周期	● 灵敏、有冒险精神、富有创新意识的人	● 奖励对产品创新和生产过程的改革 ● 薪酬以市场为基础 ● 灵活的工作描述
成本控制者： 注重效率	● 操作精确 ● 寻求节省成本的方法	● 少用人、多办事	● 重视竞争对手的劳动成本 ● 提高可变工资的比率 ● 重视生产力 ● 重视系统控制和工作分工
关注顾客： 提高顾客期望	● 密切与顾客的关系 ● 售后服务 ● 对市场反应迅速	● 取悦顾客，超过顾客期望	● 以顾客满意为基础的激励工资 ● 以与顾客的交往为依据评价工作和技能

图 10.2   不同战略对应的薪酬策略

什么现在咱们国家提倡的"大众创业、万众创新"。我们有希望。并且为什么国家领导人每次上来的时候，第一个去广东？的确，广东是咱们国家重要的创新基地，所以他是基于创新的薪酬战略。

第二种是基于成本的战略。基于成本的战略，比如说制造业企业，以富士康为例。比如说部分的餐饮企业，现在看到麦当劳、肯德基的企业，他们强调的是怎么样让成本低一点。因他们采取什么办法呢？招钟点工。钟点工的劳动力成本就下降了。富士康它在中国建厂房，中国原来总体工资比较低，但现在工资成本已经是它当时在建工厂时候的五倍了，将来这个还会再上升。

第三种是以客户为中心的战略。那么这种比如说像银行，像保险公司，还有一些服务业。其实我们举例海底捞，就是一种服务业，所以海底捞在历史上出现的错误。再次强调一下，能力乘以时间，等于价值，价值乘时间等于品牌。也就是即使你有价值，短期之内有价值，但不代表这个企业就是好企业。我们为什么还没有出现像麦当劳、肯德基这样的企业？人家做了几十年上百年，甚至有些企业，比如日本有些企业上千年，为什么他们持续做得很好？因为长时间他们能够坚持得下来，希望我们的百年老字号也能够做成千年老字号。我们现在改革开放 30 年的企业，也能够做成将来的百年企业千年企业。这个时候，以客户为中心的，其中强调的就是客户满意度。我们怎么样把服务给提上去，所以这个是从战略的视角，或者从管理的视角能够看出来。

从经济学上来讲，我们到底要付给员工多少工资？最直接的图形，它是受劳动力的供给跟需求影响，也就是说劳动力的供给跟需求最后会决定劳动力的价格水平，或者我们把它称为工资水平，这个 W 表现出来的是一种工资水平。比如说香港澳门本科生刚刚参加工作的工资中位线，1.3 万到 1.4 万。基于当地的消费水平跟当地的房价，是这样的水平。比如说在中国大陆基本上 3000 到 8000，有些地方 3000，有些地方 8000。3000 是基于当地的房价、当地的物价水平，8000 也是基于那个地方城市的物价水平。比如说你在上海，8000 还都很低了，是不是？

10.3　什么是薪酬

在讲薪酬之前，首先有必要了解一下薪酬跟报酬之间是什么样的关系？一般认为，报酬是指员工或者个人在组织中获得的全面的回报，它至少包括两个方面的内容。第一方面是外在的报酬，直接表现在咱们的工资，咱们的福利，咱们的奖金上，这些属于外在报酬。一方面是内在报酬，就是我们在企业开心不开心，快乐不快乐，我们自己觉得企业的灵魂有没有实现好的发展。

重点来介绍一下薪酬这个内容。薪酬主要包括两大块，一块是直接薪酬，一块是间接薪酬。直接薪酬也包括两类，一类叫基本薪酬。就是我们经常讲吃的饱，能够吃得饱的内容。第二个是可变薪酬，就是奖金、佣金，包括股票激励，能够干得好，让我们工作非常有积极性的。第二类，是间接薪酬，这个主要表现在什么？福利。比如说我们通常讲的五险一金，现在实际上是四险一金，还有一个是整个公司的服务态度好不好。比如说我们经常讲的携程网，说它有幼儿园，有自己建员工宿舍，并且提供非常好的员工的福利跟其他的员工服务。这个是间接薪酬。

在这些报酬里面有一些基本术语，大家稍微了解一下，我们挑其中的重点跟大家解释一下。刚才我们已经对薪酬有进行简单界定，薪酬是属于报酬的一部分。对于大家来说，经常碰到的就是工资，什么是工资？工资一般可以分为三类，固定工资、计时工资和计件工资。一般人是取这三类中的一类，除非刚才讲的斜杠青年，有可能三个都做，他们就有可能几类都有。

第三类就是奖金，他主要是员工表现特别优秀的时候再给予的奖励。

第四类是佣金。一般是像保险公司、银行，还有那些直销企业有佣金。比如说我发展了多少客户，从客户交了多少钱里面我能够获取多少佣金，直接讲，多少回扣或者多少百分比的佣金。

第五类是福利，福利跟其他的激励因素，我们后面再跟大家简单的介绍一下。

大家看一下，整个报酬的系统模型，它分为两大块，大家非常直接地就能看得到。第一个内容是用钱来表现出来的，叫金钱报酬。第二类是用钱表现不出来的，就是非金钱报酬。这个非金钱报酬，比如说表现在我们的发展，表现在社会给我们的荣誉称号，比如说评了劳模，评了荣誉市民等等，这些是社会给我们的荣誉称号。比如说评了优秀职业经理人，这也是社会的荣誉称号，这种是类似于职业性的奖励。

在报酬上面有两个原则，希望同学们要牢记。

第一个原则是报酬必须是公平的，特别是最好符合亚当斯的公平理论，内在跟外在公平。这个公平要体现在三点。第一个适度性，在一定的区域内是公平的。什么叫一定的区域内公平？因为人一般会跟身边的人先进行比较，所以你身边的人，比如说都在厦门，都在北京，都在上海那是什么结果？都在泉州是什么结果？第二个是安全性，也就是基于员工是没有经常流动的，如果员工经常流动，那么这流动的工资差异会很大，特别是区域之间的流动。

第二个就是社会跟员工基本上都能够认可。简单讲，调动员工的积极性是有用的。

第三个是成本可控性，就是不能超过企业自身的能力。我们举过火炬电子的例子，它提出来为了调动员工积极性。它是泉州的一个军工企业，是一个上市公司，它提出来员工的能力是六成，你只要有六成的能力，但是工作努力一点，可以达到八成的绩效。最后希望组织给的报酬是十成的报酬。

所以我们想说的是，这个时候的成本可控性表现在三个方面。第一个是平衡，应该是内部平衡跟外部平衡，部门之间的平衡。第二个，对员工有调动积极性的作用。第三个，就是跟市场可以进行比较，跟组织外部的环境可以进行比较。那么影响报酬的因素也主要是两大块，一个是外部因素，一个是内部因素。这个内容总体上，我们此前在讲影响绩效的时候，也都有讲到影响到它的外部因素和内部因素。

10.4　组织的报酬设置和工资设置

组织的报酬设计或者工资设计的时候到底要考虑哪些因素。

从公司的角度来讲，至少要考虑三个方面的因素。第一个方面的因素就是降低人员的流动率。当然也不是人员流动都没有是最好的，保持适当的流动率。第二个方面第因素就是吸引优秀的人才，公司需要的人才。第三个方面的因素强调公平，是鼓励竞争又减少矛盾。那么从员工的角度来讲，主要是注重长期激励跟短期激励，从短期之内至少能够满足员工的生活需要，从长期来讲有诗和远方，就是希望对员工有发展，能够实现员工的梦想。应该来说，它必须基于员工跟公司两个方面的考虑。

具体落实到工资上面有几点，我们也挑其中的若干内容跟大家分享一下。第一点从工资来表现，一是计件工资，二是计时工资。计件工资是指我们所做的生产的产出是可以计件来体现的。比如说制造业企业，特别是可以单独成立单件的产品或者生产要素的企业可以计件。有些东西只能是计时的，比如说像老师上课、那些电影的表演，这些表现在计时。或者办公室文员，它也表现在计时。哪一种更好？不一定。比如说有些，表面上来看，既可以计件又可以计时的。但这个时候也要根据追求的内容是什么。老师经常举一个例子，我曾经顾问了一个雕塑的企业，用石头雕塑，那没有认识到雕塑到底计件还是计时好？很多人觉得计件好，雕多少件给多少工资。但是雕塑雕两类，一类是雕菩萨，一类是雕具体的人物雕像。那么大家有没有发现，计件工资员工就容易增加速度，增加速度就可能降低质量。菩萨降低质量，雕出来还是菩萨，因为谁都没见过菩萨，具体到具体的人物不行，所以这个时候我们要区别，我们追求什么，我们决定计件还是计时。

从工资制度的内容来讲，也有几个内容供大家注意。第一个是以职务计工资，比如说你是总经理，那我规定总经理年薪多少钱？100万还是200万。第二个是根据你的能力或者知识来评价。你是总工程师，或者你是什么国家千人、国家万人，我是基于你的能力，基于你的知识背景。还有一种是基于技能背景，比如刚才举例的，你是个熟练工，那这种是基于你的技能背景，就是因为你有多少的直接能够体现内容的，能够生产出来产品的技能。工资中还有一个很重要的内容，怎么样给咱们设计合理的工资，即使我们分类也清楚了，怎么样设计合理的工资呢？要调查，内部调查，外部调查，别的公司给多少工资？同一个行业给多少工资？不同的行业，同一个岗位，特别是可替代的岗位，他们给多少工资？

这个就是在工资设计的过程中有一个很重要的内容，叫工资调查。工资调查包括三个方面内容。第一个委托第三方进行调查，第二个是自己调查，第三个就是我们跟同行之间的互相切磋，了解一下。但不同的调查模式，它的成本是不一样的。所以企业可以根据自己的具体情况，来选择我们希望用哪一个方式来实现比较公平的工资。那么调查结果怎么用？大家可以看这个图形，比如说我们把一个职位根据难度和贡献进行评分，这个叫职位评价。第二个了解一下这个职位在市场上的工资。不同的职位评价、不同的工资，我们就能够绘出来一个工资曲线，这个时候就很容易看一下，对单位里面同一个职位进行职位评价。单位里面也有职位工资，那么对等一下看跟整个市场的评价是高还是低了。如果比市场高，那叫领先型的，显然是创新型企业应该采取领先型的。跟市场比较，是拖后型的。低于整个市场，其实大家注意一下，肯德基、麦当劳请的钟点工，他们的平均的小时工资绝对是低于市场，对他的正式员工可能跟市场是一样的。但从钟点工的角度来讲，他是低于市场的，以此来降低成本。

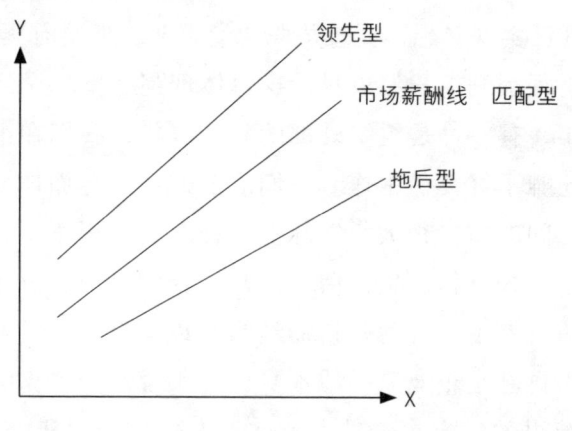

图 10.3　企业的三种薪酬政策

最后一个内容就是我们经常讲的宽带工资。什么叫宽带工资？大家看一下这个表格就知道，宽带工资的图形。也就是说咱们组织中，有一种是简单的就按职位来，你是助理工程师，一级，你是工程师，一级，你是高级工程师，一级，你是总工程师，一级。但大家有没有发现，就是高级工程师，咱们单位可能也有十个，这十个来咱们单位里面的时间也不一样，他们的贡献也不一样。所以这个时候我们需要宽带工资，也就是说，高级工程师这里面就分五个层级。虽然都在这个职位里面，我分五个层级，高级工程师1234。那是不是高级工程师，一定要比工程师工资高？不一定。因为有些工程师是因为他的年龄小，他在咱们单位的时间短，但他的贡献很大。虽然你是工程师，比如说工程师，我也分五级，但工程师的345三级，可能就跟高级工程师的123三级是对应的。所以宽带工资在组织里面现在越来越受欢迎。

10.5 津贴、奖金和福利

什么是津贴、奖金和福利。

绝大多数的企业工资只能让我们吃得饱，要想吃得好，要想未来的职业有发展，想真正实现梦想，要想从职业变事业，那要有其他方面的内容，要有津贴、奖金跟福利。我们讲过，这也体现是在同一个组织内部的斜杠青年。斜杠青年，有一种是组织外部的斜杠青年，我们在组织内有一份工作，在组织外还赚了好几份工作。我们之前的图片上面体现了薛之谦，其实他几份工作之间的差异很大，实际上这样对自己很累。当下有个青年叫冯唐，他原来是个妇产科医生，后来去当国企的老板，也到麦肯锡当一段时间咨询师，他有一个爱好就是拼命地写小说。大家知道的德鲁克，他除了当管理学家，自己是企业家，他本身也写小说，德鲁克的小说写得相当的好。我们之前讲的丘吉尔，丘吉尔这个人除了当宰相，当英国的首相，他后面写的小说也获得了诺贝尔文学奖，也是典型的斜杠青年的模范。那他为什么能获奖？因为他写的就是二次世界大战，他把亲身经历写了。所以我们希望大家，如果真的想立足于当斜杠青年，这些斜杠之间应该是有关系的，这样大家就不累，不然就会很累。一个人做几份工作，实际上是以牺牲自己的健康来获取更多的收入。

首先我们了解一下什么是津贴，也被称为附加工资或者补助。我们通常讲的津贴，根据实施的目的可以分为三类，第一个叫地域性津贴，第二个叫生活性津贴，第三个叫劳动性津贴。

你在不同的地区上班，比如说华为，它有很多员工派去非洲，派去阿拉伯地区上班，他有地区性津贴。第二个是生活性津贴，生活性津贴主要是保障员工的工作水平，比如说现在深圳房价很高，那要让他在华为总部上班下去，就必须有个生活津贴，他要能在深圳买得了房子。第三个是劳动性津贴，比如说晚上加班，或者下半夜值班，或者说从事的劳动是高危的劳动，或者是下矿井的这些劳动，他有劳动性津贴。

第二类是奖金。奖金主要是指员工优秀，或者卓越，进行的奖励。所以我们把它称为奖金。奖金的种类表现在几个方面，最直接的表现就是我们通常讲的佣金，保险公司、直销企业，就是我们直接能够拿到的回扣有多少。这是一种佣金。佣金我们要注意，一般鼓励大笔的佣金及时进行抽成，那员工在做大的业务就非常积极。比如说今天的钱到账了，马上进行抽成，因为绝大多数的员工很在意及时的奖励。

还有就是超时奖，简单讲就是加班费。别人上班八个小时，你每天上班九个小时，多的这一个小时给工资。你愿意星期六星期天加班，愿意元旦，国家法定节假日春节加班，给予的加班费就是超时奖。

第三类是绩效奖，这个表现在主要是超过了绩效，或者达到了绩效，超过多少，达到的程度是多少，给的绩效奖。还有一种是职务奖，比如说实现管理的职务，你是行政总监，那没有看出来你的业绩，这个是职务。咱们国家最典型的公务员，13个月工资，直接根据职务来。现在很多地区的公务员，比如说你评上了文明城市，奖励两个月工资，评上社会治安综合治理好的城市，奖励两个月工资。还有建议奖，你提出来好建议，对公司有根本性的改善，这个我们也可以奖励。

奖金的设计，类型主要有三种。一种是奖励组织的，奖励某个部门的，或者奖励底下一个子公司的；一种是奖励团队，比如说某个研发团队、某个营销团队；还有一种是奖励个体。

根据这种奖励的模式，主要表现在两种，特别对于大企业、对高管，有一种叫利润分享。什么是利润分享？就是根据公司今年完成多少利润，准备把利润取出来多少跟大家分享？比如说取出来5％，10％跟大家分享，还有一种直接把利润分享体现在股权激励上面。比如说高管拥有的股权是多少？像万科的高管，原来他拥有的股权是多少，但现在万科的高管后悔了，因为当时股价涨到十七、八块的时候，很多高管把自己的股票全部抛售，抛售以后没想到万科最高的时候涨到四十几块。因为当时规定的分享是跟股权相关的，现在没有这个股权就享受不到，但华为是直接采取的利润分享。还有一种叫收益分享，我不看这个企业的利润达到多少才分享，而是看今年企业成本节省多少，根据节省成本，不看直接收益，甚至可以看出来，比如说我的产品还没卖出去，我也预估一下我这产品值多少钱，包括应收账款都算在内。然后我们以这个收益、包括预期收益跟员工进行奖励。所以这是一种奖励。

最后一个给大家介绍的就是福利，我们通常讲的福利，包括两大块，一块是法定福利，一块是咱们公司自己定的福利，叫统一福利。法定福利，大家了解到的就是五险一金。现在五险变四险，工伤险、失业险、医疗险、养老险。原来有个生育险，现在把生育险并入到医疗险？

第二个是住房公积金。同学们领工资的时候要注意，如果企业是严格按照公司来交五险一金，目前咱们国家的状况是，虽然我们领到的工资可能是6000块钱，企业最后付出的成本是一万块钱，他在五险一金中差不多交出来4000块钱。但很多企业老板会偷偷采取一个办法，他给咱们的工资是6000块钱，但是他给咱们交五险一金的时候，用最低的去交，比如说偷偷用2000块的工资去交，或者当地的最低工资线去交。所以这个是国家法定福利，是一定要交的。

第三块就是统一福利。法定福利有一个也补充一下，现在各个地区也有限制最高福利。什么叫最高福利？比如说交五险一金的时候，交得非常高。什么叫非常高？比如说咱们国家有规定，不可以说你交的五险一金本来是公积金，是公司交多少，自己再扣多少，那就是咱们的公积金。现在有规定，不得超过8%，有些地区不能超过12%。有些地区直接规定数额，比如说泉州不能超过5714，他规定这个数额，它每年进行适当的调整，不然会出现有些国有企业，工资虽然一万，但是公积金给你交了一万，你自己再交一万，一个月公积金有2万块钱，变相地降低了企业的收入。

统一福利或者公司自己提供的福利，比如说免费的午餐，还有年休假，还有比如说每次上下班有人接送，还有其他的人身意外保险，除了五险一金之外交的商业保险。

第十一章

领导者培养

【本章主要介绍领导者培养部分内容，以"英雄"与"群众"之间的辩证关系为例，分析探讨领导的概念，例举传统、超人、法定等三种领导权力来源，并对领导权力进行分类，结合国内外古今经典案例深入剖析素质论、行为论、环境论及其他成就领导的传统理论。】

11.1　领导者培养

领导者培养，也是人力资源管理最核心的内容，其实是着眼于组织的领导者培养。从小的来讲是部门的领导者，从组织的最高层次来看，那是组织的最高领导者的培养。不管是代际继承，还是某个时刻的培养。所以我每次都对学习人力资源管理的同学，或者学习人力资源专业的同学都提出来，学习人力资源最终成就的是未来领袖的摇篮，我们要培养的是伟大的科学家，或者叫管理学家、经济学家、伟大的企业家，还有伟大的政治家，它是基于这样的一个战略。

先讲《西游记》里面的一个故事。介绍过孙悟空的三次创业，孙悟空的第三次创业是基于一个人，这个人是唐玄奘。我们今天分析一下唐玄奘作为一个领导者的素质。

唐玄奘，他是佛祖的二弟子，金蝉子。唐玄奘在西天取经最后一次成功之前，已经取经了九次。在组织里面最核心的一个问题被他解决了，他解决了使命的问题，他要普度众生这么一个问题。但他唯一的缺陷就是他自身的能力很弱，所以他必须借助别人的能力才能实现。所以就招了四个徒弟，直接表现的是三个人跟一匹马，这四个徒弟。那么西天取经的时候，一路上就经过了很多个磨难，其中有几个重要的关卡，就体现了唐玄奘作为领袖的品格，也发生过动摇。

第一个关卡就是三打白骨精，这个也是每次被拍成电影里最经典的东西。整部《西游记》里面只有一个是真正的妖怪，只有白骨精是真正的妖怪，其他都是天上派来的。这个妖怪为什么能变成妖怪？因为这个妖怪是民间的一个好的女子，后面被迫害致死，她觉得这个世间，人太可耻了。本来她是可以投胎为人的，但她不屑于为人。本来她是可以修炼成仙的，她已经修炼很久，但她不想成为仙，觉得仙也很龌龊，她就想当妖怪，但是最后没想到，魂飞魄散。这次对唐玄奘的考验是，唐玄奘把把孙悟空给赶回去了。唐玄奘本来以为我已经又招了那三个徒弟，一个猪八戒一个沙悟净，还有一匹马。他们武功都很高，没有孙悟空这个人，我照样有这个团队，我西天取经照样能成。后面发现没有孙悟空不成。为什么？孙悟空比较勤快，也能够替他解决战略的问题、战术的问题，其他的两个显然是不够的，那匹马更没办法。所以他第一次发现，原来没有这个大弟子不行，团队里面没有一个核心的人物，还真不行。

对唐僧的考验，整个西天取经的历程上面还有很多次考验，其中又一次考验其实是刚刚招收猪八戒的时候，也是伴随着整个唐僧取经过程中的所有的考验中的一个重要考验，就是女色的考验。大家会不会记得那四个菩萨？四菩萨来考验，实际上是要考验唐僧的，后面变成考验猪八戒。但为什么唐僧不同意？因为大家有没有发现，当时那个菩萨是跟唐僧讲，你看我们家刚好我是寡妇，有三个女儿，你是师傅有三个弟子，我们两个配一下，其他的三个配一下。唐僧当然不同意了。大家算一下，唐僧从出西天取经到被考验的那个阶段，唐僧顶多就三十几岁，不管那个猪还是那个猴，还是沙悟净，年龄都比唐僧老多了。也就说最年轻的要娶一个最老的，其他老的娶年轻人，唐僧不同意是肯定的，换一个正常人也不同意。我们想说的是，这个不构成考验。但为什么对猪八戒是考验？猪八戒想娶三个女儿，女儿不肯嫁，抓不到，最后说没关系，那要是老妈嫁给他也成。所以对猪八戒是考验。其实大家认真去注意一下，高老庄的时候，他娶的高老庄的高小姐其实当时也是一个大龄女青年，因为在她们家是老大，并且前面两个都嫁出去了，长相也不漂亮。大家看小说的时候都能看得到。但是为什么唐僧到后面还能够经历过每一关的美女的考验？因为唐僧发现，所有的美女都在乎他的身体，为什么他是金蝉子转世，十世童子的身体，吃了唐僧肉，或者跟他在一起以后就能长生不老。唐僧知道了这个道理以后，他知道他身上最宝贵的就是金蝉子的身体，没有这个肉身，他就啥也不是。所以他为什么能经受住考验，因为他知道，这个会影响他身家性命的问题，所以对他的考验也不够大。

后面有一次考验就很大，女儿国。因为女儿国不是妖怪，那是正常的人，但也在考验唐僧的战略目标，还要不要去西天取经？因为西天取经追求的是普度众生，女儿国的国王简单要把皇位直接就给他，长得很漂亮。小说中写了，女儿国的国王长得比天上的神仙还漂亮。我们之前讲的，试验猪八戒的那几个神仙那是菩萨变的，是观音菩萨、文殊菩萨她们几个菩萨变的，那已经很漂亮了。女儿国的国王说，菩萨跟她都不能比，但是他也没有动摇。但实际上小说上面写了，他动摇了。也就是这是他对他历程中的第二个考验，大的考验，女色的考验。

第三个考验，在整个西天取经的过程中，金蝉子逐渐发现，其实他在西天取经的时候，天上有很多神仙在保护他，五方揭谛等等在保护他。所以真假孙悟空出现的时候，他是真的要把孙悟空赶走。也就是我不要你了，反正我这一次取经不成，我下一次再取也能成。因为天上的神仙都在保护我取经。为什么他敢胆子这么大？因为他已经知道他是金蝉子，他知道每次有灾难都有神仙来救，就慢慢他也悟出一点经验来了。但是直到如来请观音菩萨告诉他，你不用孙悟空，你就不能修成正果，不能取得经。他才突然发现，原来组织的经营过程中，不是自己想怎么样就怎么样的，有些环境的因素，有些外在的因素不是个人可以选择的。所以同学们在创业的时候也会面临这个问题，不是你想怎么样就怎么样。也就是金蝉子不收孙悟空是不行的。如来直接告诉他，你不收孙悟空，你就取不了经。这个可不是说原来我有战略，有使命，我就能实现。后面发现战略使命，如果不去符合条件，他的使命愿景战略都实现不了。所以他后面被逼接受孙悟空。但是大家有没有发现，自从那次以后，他们的团队就和谐了，因为团队的所有的人目标很明确，谁很明确？猪八戒知道大师兄，我是当不了了，因为试过当，觉得能力不行。孙悟空已经知道了，因为他获得承诺，如来告诉他，保你坐莲台。

金蝉子也知道，我不要孙悟空不行，要孙悟空，我才能西天取经。沙悟净更知道，自己能力有限，只有跟着他们才能够躲避万箭穿心之苦，不然他每次都要获得万箭穿心之苦，所以团队就和谐了。这个团队的和谐，也是经历了一波的磨练，最后团队才变得和谐。所以不是说你有愿景，你有使命，你有战略就行了。还需要内在条件跟外在条件。

11.2 什么是领导

什么是领导？什么是领导者？

在第一讲的时候，我们有讲管理，这里又讲领导，其中有个定义是一样的，领导是通过手段跟技巧来实现目标的人，这是马基雅维里讲的。有些人讲，你有没有把两个定义混淆了？没混淆。领导跟管理之间有区别、有联系。一般认为管理的高级境界就是领导，领导的低级境界就是管理。当一个领导者做很具体事情的时候，这个时候表现出来的就是管理。所以领导直接表现的是一种影响力。所以在坎特的观念里面，我们就能够看出来他是一个思想家，一种有影响力的，大家自愿追随他的。那我们了解一下，怎么样能够变成领导，根据韦伯的观点，变成领导主要来自于三种权力。

第一种叫传统权力，权力是世袭的。我们从个人跟企业讲一下。

首先讲个人，比如说李嘉诚的儿子李泽楷、李泽钜，因为他这种父亲的权力世袭。比如说英国的伊丽莎白女王，查尔斯王子跟她的关系，这就是什么一种权力的事情。所以这是第一种，有高贵的血缘关系。《三国演义》里面有个人叫刘备，刘备证明自己是中山靖王刘胜之后，刘胜是谁？是汉景帝的儿子。刘胜生多少个儿子呢？一百三十六个。刘胜到刘备多少代？十七代。所以可见刘备跟汉家的血统关系远不远？远。但是对他创业有没有好处呢？有好处。因为他证明他有高贵的血统，这是政治的权力。

科学家也是如此，诺贝尔科学奖的获得者，基本的三代大学生占了六七成，两代大学生加起来占了八九成，第一代大学生获诺贝尔奖的比较少。咱们华人很多，反而是第一代大学生就获奖了。所以大家看一下，政治家、企业家、科学家，从事例上面来讲都有了。

那有些人讲，企业有没有呢？有。大家想想百年老字号，百年老字号强调的就是一种传承，所以加多宝跟王老吉都在证明自己才是真正药方的继承者，这是世袭的。

有些人讲张老师，我回家查了族谱，查了半天就没查出来有高贵的血统，怎么办？娶一个或者嫁一个。我们仍然从个人来讲，科学家有没有这种，也有这种。也就是说我们娶一个或者嫁一个，可能也会给我们带来很多知识，很多能力的提升。政治家的政治联姻，古代叫秦晋之好，更是这样。企业有没有呢？兼并。比如说我们讲李书福的企业，兼并沃尔沃，也就是我跟沃尔沃联姻，最后来提升我这个企业的价值。

第二种权力的来源叫超人的权力，通过自己的努力，最后变成杰出的企业家、杰出的科学家、杰出的政治家，我们后面重点讲。

第三种是法定的权力，通过法律约定来获取权力。我们举美国的川普为例，或者此前的奥巴马为例。选上了就是总统，时间一到就不是总统，这是政治权力的获得。那么大家有没有发现，企业也有这种，上市。今天的腾讯，为什么马化腾会变成华人世界首富？因为通过上市、通过法律的约定、通过博傻经济，它的股票价值拼命的升，所以他就获得巨额的价值。科学家通过选举反而举不出例子。同学们想一想看，科学家有没有通过选举的？因为科学的创新不好去约定，他真的是对自然规律的一种发现，我们不好说，我说你是科学家，你就是科学家，应该是经得起历史考验的，这种才是科学家。

对政治来讲，有两点供同学们将来参考。大家有没有发现？这个世界穷人多还是富人多？穷人多。以西方的民主的选票，他是一人一票的。所以为了获取更多的选票，我们要站在穷人那边，还是富人那边？穷人那边。所以我们一定要代表最广大人民群众的利益。第二个是笨的人多还是聪明的人多？笨的人多。所以我们要站在笨的人那边，笨的人有个特征，不喜欢别人说他笨。我们一定要说，这部分人是最有智慧的。这一部分人是谁，我们也不讲了。

11.3　权力的分类

权力的分类一般可以分为两类，一类是职位权力，一类是个人权力。我们主要要了解一下，怎么样获得，特别是要怎么样提防失去这个权力。比如说第一个叫权力的合法权，任命了，你就是这个公司的总经理，免掉了以后你就不是。比如说万科的王石原来是董事长，后面万科董事会没有继续聘他当董事长，马上就不是。这个合法的权力马上就没了。

第二个是奖赏的权力，宋江为什么能够变成梁山伯的寨主？他有个绰号叫及时雨宋公明。什么意思？我能给好处。但是一旦他没办法给好处的时候，他的权力就没了。所以中国有句古话，"贫居闹市无人问，富在深山有远亲。"所以大家看一下，王思聪旁边肯定人特别多，因为他能给好处。

对于职位权力来讲，也分两块。

一块是专家权，你是某个领域的专家，大家听你的。但是你跨界了，别人不一定听你的，或者你已经丧失了你那个领域的权威，别人也不一定听你的，或者是伪专家，比如说咱们国家有个烟草院士，能证明抽烟还能够健康长寿。这种叫伪专家，让他辞职他还不干，坚决不辞，这是需要良好的心理素质。

第二个是参照权，个人的品德特别的高尚。比如说雷锋同志。个人品德特别高尚的人，他不能干坏事。一旦干坏事，就是蜂蜜加污水定律，个人的品格就会马上倒塌。

这是我们介绍一下权力的分类里面，权力的获得跟失去。

11.4　成为杰出的领导——素质论

怎么样能够变成杰出的领导。

不是从权力的来源来讲，而是我们刚才讲权力来源的时候，一个叫超人的权力。怎么样获取超人的权力？比如说怎么样变成巴菲特、索罗斯？靠自己的努力奋斗。我们经常讲一句话，幸福是自己奋斗出来的，怎么样变成李嘉诚、王永庆，靠自己的奋斗怎么来变成？

对创业者的领袖，美国有个管理学家叫约翰·麦克斯弗尔，他总结了五点。这五点中哪一点是最重要的？如果是单选题应该选哪一个呢？自律？小时候读书的时候选单选题，一般怎么办？不知道选哪一个，选什么呢？选最长的，它其实有四句话，供同学们参考，叫三长一短，选一短，三短一长选一长，参差不齐选4D，一样整齐选2B。为什么呢？老师也是正常人，老师不可能为做一个错误的答案做那么长，他也会偷懒。这种准确率有将近70%。同学们不信试一下。我们想说的是，第三个最重要，叫评价一个人的天赋。什么是评价一个人的天赋？简单讲就是会看人。在我们第一讲的时候就讲过，刘邦为什么能够当皇帝？他总结一下，他会看人。

我们先讲看错人的例子，春秋战国的时候有一个人叫齐桓公，他小时候叫公子小白，后面是他皇帝的称号。他有个兄弟叫公子纠，他跟鲍叔牙是一派，公子小白跟管仲是一派。两个人想回到齐国夺皇帝，当国王。最后齐桓公成功了，管仲辅佐的公子纠失败了。齐桓公就把管仲抓起来，准备杀管仲的时候，鲍叔牙说，管仲这个人不能杀，因为你任用管仲，管仲能够让你称霸于天下。所以齐桓公称霸于天下。后面管仲要死了，因为管仲的年龄跟齐王国老爹差不多。所以齐桓公就去问管仲，说我有三个下属忠心耿耿，你觉得能不能用？他首先问管仲一个人，说这个人叫鲍叔牙。

当时举荐你的是鲍叔牙，说鲍叔牙这个人能不能当宰相？管仲说鲍叔牙不行，因为鲍叔牙这个人非常的聪明，但心胸狭隘。他说这个人适合做御史大夫，适合弹劾、适合抓人。弹劾抓人的人，如果你不够聪明，也不知道怎么抓，就找不到证据。为什么不能做宰相？因为中国认为"宰相肚里能撑船，将军额上能跑马。"胸怀要宽广。他说还有三个人忠心耿耿行不行？一个叫易牙，一个叫竖刁，一个叫开方。易牙这个人本来是齐桓公的厨师，有一天齐桓公想吃婴儿的肉，它把自己一岁大的儿子蒸熟了以后给齐桓公吃。同学们觉得这种人能不能用呢？不能用。虎毒不食子啊，自己的孩子都敢杀，什么事情干不出来。第二个人叫竖刁。原来齐桓公的保镖，为了当太监总管，自己练了辟邪剑法，这种人能不能用呢？不能用。我们很多小男生小女生谈恋爱经常讲，你要是不嫁给我，我就从楼上跳下来，这能不能嫁呢？不能嫁。因为连自己都不爱的人是不会爱别人的。我们爱别人，首先是爱自己。孟子说"老吾老以及人之老，幼吾幼以及人之幼。"第三个叫开方，开方是从魏国到齐国，当官二十几年，家里有老婆孩子，爸爸妈妈从来没有回家看过，同学们觉得这种人行不行？也不行。连自己的家庭都不爱的人，怎么可能爱国家？最后齐桓公不听，任用他们三个人。直接导致齐桓公最后是怎么死的？这三个人不给他饭吃，他跑到树上去掏鸟蛋，最后从树上摔下来摔死的。春秋五霸之一死的时候非常凄惨，这叫用错人。所以我们强调，大家要用对人。

　　用对人举一个人的例子，刘邦用了三杰，张良、萧何、韩信，最后夺天下。刘邦更厉害的是，当时吕雉在刘邦去世之前讲，你去世之后谁可以接萧和当宰相？刘邦说，曹参。她说那曹参之后呢？刘邦说周勃，她说那周勃之后呢？刘邦说陈平，所以汉朝的历史后面非常有意思。先是曹参当宰相，有一个成语就出来了，叫萧规曹随。萧何制定的规则，曹参打死不肯变。当时的皇帝叫惠帝，惠帝当皇帝的时候，萧何死了以后惠帝任曹参当宰相，曹参死了以后，后面历史上就进入了周勃跟陈平，其实中间还有其他的宰相。但最后真正开创文景之治的，陈平的贡献极大。评价一个人的天赋很重要，特别是看对了。

　　第二个就是充满力量的个性，创业者要精神抖擞，像林黛玉一样病快快地说我要创业，那肯定不合适。

第三个就是信心，当所有人认为不可能的时候，你要坚持住。

第四个是自律，职位越高，大家越要自律，职位越高，因为它的负面成本越大。

最后一个才是优秀的人际关系。所以素质论的第一个内容就是评价一个人的天赋，也就是最核心的、最本质的就是要学会看人。

11.5　行为论

行为论在管理上面有连续统一论、管理方格论，现在的行为论认为，企业到底可以不可以只关心人、或者只关心物。在人力资源管理上面还经常有一句话，我只对事不对人，那是在过去，今天的区别不明显。物就跟人结合，人就跟物结合。所以要实现人跟物分开，做不到。

我们这里面要质疑的一个问题是，素质论到后面走入一个误区，说人的素质越高就越能当领导。当时约翰麦克斯弗尔还总结了一点，说根据人的品格，人的素质具备三种就能够创业。创业者身上往往具备三种。第一个叫克制，第二个叫执着，第三个叫谦卑。克制就是，一般的创业者都比较专注，盯住一点。第二个是执着，认准了目标以后持之以恒。第三个是谦卑，不断的学习学习再学习，都是很爱学习的。

行为论，中国魏晋的时候有个人叫刘劭，他是当时的吏部侍郎，他专门研究人的行为，他觉得不一定人的素质高就能够当领导，研究人的行为，所以写了一本书叫《人物志》。后人研究行为的书还有很多，同学们可以经常看到一本比较简单的读本，就是曾国藩写的《冰鉴》，他有对人的行为进行研究。曾国藩这个人，一看人进来，首先就什么都不说，就看着他走路，看着他讲话，然后判断这个人会怎么样。比如说他对他的第四女婿，他就觉得这种人是打死不能再跟他在交往，但是也有判断错的。

11.6 环境论及总结

怎么样变成超人的权力里面还有一个理论，叫环境论。

什么是环境论？他认为就是一个领导者，有领导的素质，被领导者也愿意接受他，但是当时的环境不允许。中国有句古话叫"良禽择木而息，良臣择主而事。"所以当同学们觉得环境不合适的时候，一种办法就是改变环境，但这个难度很大。一种办法就是换环境，还有一种办法是适应环境，寻找最佳的定位。

最后总结一下我们这门课程。咱们学这门课程有什么意义？老师希望给同学们定三大目标。第一个目标也就是通过学习人力资源管理，实现自食其力，也就是中国古代读书人所讲的"格物、致知、诚意、正心，修身、齐家、治国、平天下。"出自于曾子写的《大学》那本书。我们要求同学们至少要实现前六个，格物、致知、诚意、正心、修身、齐家。前六个的实现包括两个内容，第一个内容是物质独立，第二个是精神独立。哪一个要先独立呢？物质先独立，精神才能独立。

第二个就是当我们做得很不错的时候，那我们要借鉴孟子的思想，叫"老吾老以及人之老，幼吾幼以及人之幼。"就要开始帮助比我们弱的人。但大家有没有发现，有顺序的，先孝顺咱们的亲爹，再孝顺别人的干爹。先爱咱们的孩子，再爱别人的孩子，顺序不要乱，顺序乱的有嫌疑，因为他违背人伦。希望大家由近及远，从身边做起，不要眼高手低。

第三个就是对历史负责。说的俗一点，就是希望五百年、一千年以后，历史上还能够留下同学们的伟大业绩。宋朝理学家张载所讲，我们一般把它称为叫"横渠四句"，叫"为天地立心，为生民立命，为往圣继绝学，为万世开太平。"这是五百年一千年以后，甚至更久的将来，还有我们的名字。

怎么样来实现这三个呢？我们刚才讲的克制、执着、谦卑。

民国初期清朝末期有一个大儒，王国维总结了三句话，它取自于中国古代的三首词。第一个就是他讲的一句话叫"昨夜西风凋碧树，独上高楼，望尽天涯路。"起源于晏殊写《蝶恋花》，这个词牌也称为《凤栖梧》。也就是人生的第一个阶段，总是找目标特别难。在咱们职业生涯上面，就是"职业锚是什么？"，从组织的角度来讲，我的战略、我的目标在哪里？我的使命，我的愿景在哪里？第二个就是"衣带渐宽终不悔，为伊消得人憔悴。"福建有个词人叫柳永写的，也是宋朝的。这首词也叫《蝶恋花》，反过来也称为《凤栖梧》，同一个词牌。这个鼓励我们大家执着，认准目标以后，特别是正确的目标以后，要持之以恒地坚持下去。第三个，就是辛弃疾写的一首词叫《青玉案》，里面有一句话，叫"众里寻他千百度，蓦然回首，那人却在，灯火阑珊处。"20年30年以后，我们再回首创业的过程，同学们会发现，原来成功是那么地不小心。

唐骏，你是管理者吗？ ①

管理界就是个名利场。做管理工作的，做管理咨询培训的，研究管理的，大部分都热衷名利。

有名利，就有利益争斗，为了争斗成功，就会利用真话、谎话、假话、半真半假的话、阴谋、诡计、暗算、明斗等种种方法来争取成功。

培养自己的独立判断能力，而不是跟随大众和媒体的主流语言来形成自己的判断，是成功的重要条件。因为如果你的见识总是和大众一样，你的成功几率会很小，因为和众多的失败者相比，成功者总是少数。

看清管理的本质，首先要对所有的管理现象和管理问题进行独立思考。

假使我们问一下中国第一职业经理人唐骏：您是管理者吗？

作为经常在媒体宣扬自己要做中国职业经理人标杆的唐骏只能回答：我是管理者，或者加个定语，我是高级管理者。

被誉为中国最成功的职业经理人唐骏绝不会说自己是个领导者，因为根据经典管理的定义，任何企业只能有一个领导，就如牛只能有一个头一样，否则他会不知道向哪里去。作为最高级的打工仔，唐骏不是老板，就只能是管理者。唐骏的成功很大程度上也归功于做人的成功，他很清楚自己的角色定位，绝不会去抢老板的风头。如果你仔细观看唐骏在荧光灯前和各个论坛进行的演讲，你就会发现他同时为自己的企业利益考虑，为企业做最大的宣传。

但是唐骏仅仅是管理者吗？

---

① 来源：http://www.docin.com/p-689191839.html。

其实他的角色非常复杂，我们从管理学的角度来分析看看。

首先唐骏是个管理者。

经典企业管理是这样定义管理者的：管理者主要是正确的做事。管理者是对领导者提供的各种资源进行合理整合并合理运用，在整个企业运营环节中进行调控与协同，使企业各环节与产业链成员相配合以达到领导者制定的目标。根据这个定义，唐骏确实是在做管理工作。从微软中国总裁到盛大网络总裁，再到新华都集团总裁兼 CEO，唐骏都不是董事长，是在为董事长服务，在董事长的领导下正确地做事。作为唐骏是个管理者，没有人有疑义。

其次唐骏是一个隐形的领导者。从微软出来的唐骏已经不仅仅是个管理者，他更重要的角色是领导者，为领导者服务的领导者，具有领导力的管理者。

经典企业管理是这样定义领导者的：领导者主要是做正确的事。领导者大多数人理解为企业战略的制定者，多为企业所有人\投资人，因其对企业资源或其他行业资源有较高的掌控性，被认为是带头人。领导者不需要做具体的管理工作，只需要专注于大事的决策即可。

1994 年，唐骏进入微软总部，成为一名普通的程序员。在不断拼搏努力下，2002 年 3 月，他出任微软中国总裁，年薪上千万元。2004 年，唐骏加盟盛大后，在没有任何资本市场经验的情况下，顺利帮助盛大登陆纳斯达克。2008 年，新华都更是不惜以 10 亿元天价将其招至麾下。唐骏创造了从年薪 1000 万元、获授超过 4 亿元期权、10 亿元原始股的"财富三级跳"，是名副其实的"打工皇帝"，但是从作为盛大网络总裁开始，唐骏虽然不是董事长，但已经是领导者了。一是唐骏不仅仅在履行管理者的职能，在外界的眼中，他具有领导者的地位。比如盛大、紫金矿业等上市，具体的运作、宣讲，当时华尔街不认识陈天桥，中国人不认识陈发树，但是认识唐骏，是唐骏走在前台，才让盛大、紫金矿业成功上市募股成功的，换成别人，可能结果更好，但最大的可能还是要差很多。

二是唐骏不仅仅在做企业管理的工作，仅仅做管理，唐骏不仅不值 4 个亿，更不值 10 个亿。

现在的人力资源也是市场，是市场就会有价格，就会有价格高低和价格比较。让我们比较一下全球和香港的高级职业经理人的身价。华尔街上的"高级打工仔"比比皆是，但如果问谁的薪水更高，高盛董事长兼 CEO 的罗伊德·布兰克费恩当仁不让地坐头把交椅。布兰克费恩 2007 年度的奖金高达 6790 万美元，其中包括 2680 万美元现金，及价值 4110 万美元的限制股与股票期权，这已经是高盛连续第四年创下华尔街的奖金纪录。

在香港，霍建宁家喻户晓。许多媒体用日进斗金来形容他的收入。职场中人都知道，霍建宁追随李嘉诚多年，是长江实业集团的臂膀式人物。霍建宁就是演绎打工皇帝生涯的最好人选。1999 年和黄"卖橙"（Orange）劲赚千亿，董事总经理霍建宁期内获 2 亿 1000 万元酬金，无人异议。2003 年，高居打工皇帝榜首的霍建宁总收入为 1 亿 3500 万港元。另外的四位打工皇帝是去年 12 月中突然辞去移动电话商 Sunday 董事总经理职的何力勤，年入 2900 万元；业务主要在印尼及菲律宾的第一太平执行主席彭泽伦，年薪 2400 万元；恒基地产副主席、恒基发展副主席、恒基中国执行董事、中华煤气非执行董事林高演，年入 2250 万元；汇丰控股主席庞约翰年入 1803 万。

唐骏和霍建宁、罗伊德·布兰克费恩等人相比，谁的贡献更大？谁的价值更高？从收入看唐骏不比他们差，几乎是全球最贵的职业经理人了。但人的价值是很难具体衡量的，仅仅从管理经历和专业背景看，唐骏和那些人很难比较谁应该更值钱。但是从唐骏创造的价值看，为东家的公司谋取上市创造的价值和个人收入相比，盛大、新华都选择唐骏是性价比非常高的职业经理了。唐骏价格高就高在不是在一个完全成熟的企业里进行管理工作，而是要创造性的进行很多领导工作，弥补自己东家在领导方面的缺陷，才值这么高的价格。一个优秀的职业经理人对老板是一笔难以估算的财富，虽然老板给一些著名高管每年巨额高薪，但他们为企业创造的价值又何止几个亿？

最后唐骏是一个高效的执行者。高效执行力一直是唐骏的突出特点，也是所有成功人士的基本特征，纸上谈兵、夸夸其谈者成就不了事业的。唐骏先生的职业经历非常普通，像一个普通的 IT 人的职位升迁。1994 年唐骏加入微软公司只是普通的程序员，1995 年因业绩突出就被提拔为微软总部 Windows NT 开发部门的高级经理。1997 年，回国于上海筹建微软大中华区技术支持中心（即上海微软），任总经理。此后 4 年内，该中心先后升级为微软亚洲技术中心和微软全球技术中心。唐骏先生以平民形象登上打工皇帝，没有依靠任何背景，纯粹是一步步靠自身努力和极强的执行力和业绩得到升迁的。

唐骏曾说：2005 年底至 2006 年初，是我在盛大，甚至是我职业生涯中最艰难的时候。当时盛大处在相当低迷的状态，员工对前途开始产生怀疑，媒体也纷纷议论盛大已经走下坡路了。盛大的股价跌到了 12 美元，而我的期权价是 11 美元，基本没有了价值。媒体质疑我为什么还不离开盛大，是不是无处可去了。在美国的父母打电话对我说：你回美国来吧，你又不是老板，你又不缺钱，还受那么大的委屈，有必要吗？正是在这样的压力下，唐骏顶住各种压力，完成了盛大董事会下达的各项经济指标。

通过对唐骏角色的分析，我们会发现课本中的管理定义和实践中的巨大区别。

为了便于研究和定义，理论研究要把简单的东西复杂化，而管理现实需要我们将复杂的东西简单化，可方便执行，可明确考核。

在管理理论中，管理学家对领导的定义虽有所不同，但实质内容是相同的，都认为领导是率领下属实现组织目标的过程。管理与领导两者的目的都是为了实现组织目的，但二者的区别却是显著的：领导（lead）确定一个团队努力的方向和价值的追求；而管理（manage，administer）强调做事的规范和程序的合理性。执行是按照管理者要求认真履行岗位职责，认真的做事。

领导具有战略性，侧重于重大方针的决策和对人、事的统御，强调通过与下属的沟通和激励实现组织目标；管理则侧重于政策的执行，强调下属的服从和组织控制实现组织目标。领导具有超脱性。领导重在决策，管理重在执行。工作重点的不同，使领导不需要处理具体、琐碎的具体事务，主要从根本上、宏观上把握组织活动。管理则必须投身于人、事、财、物、信息、时间等具体问题的调控与配置，通过事无巨细的工作实现管理目标。

领导是管理的一个职能，一般称为领导职能，但管理的其他职能，则不属于领导。现在最为广泛接受的是将管理分为四项基本职能：1.计划：计划就是确定组织未来发展目标以及实现目标的方式；2.组织：服从计划，并反映着组织计划完成目标的方式；3.领导：运用影响力激励员工以便促进组织目标的实现。同时，领导也意味着创造共同的文化和价值观念，在整个组织范围内与员工沟通组织目标和鼓舞员工树立起谋求卓越表现的愿望。此外，领导也包括对所有部门，职能机构的直接与管理者一道工作的员工进行激励；4.控制：对员工的活动进行监督，判定组织是否正朝着即定的目标健康地向前发展，并在必要的时候及时采取矫正措施．比如组织中的参谋人员所从事的工作是管理工作，但不是领导工作。

管理是指管理行为，而领导工作既包括管理行为，也包括业务行为。比如，作为企业的领导者会见重要人物，参与谈判，出席一些公共活动。领导与管理的范畴既有包含的部分，又有互相区别的部分，但一般而言领导主要是对人的领导，主要是处理人与人的关系，特别是上下级关系，这是管理活动中的核心问题；除对人的管理之外，而管理的对象还包括财、物，管理不仅要处理人与人之间的关系，还要处理财与物、物与人、人与财的关系。管理涉及的范围比领导所要广泛得多。

经典管理理论认为，不少领导者常常陷入"忙乱"的困境，忙得"头晕脑胀"，乱得"六神无主"。虽然造成"忙乱"的原因复杂多样，但不少人没有弄懂领导与管理的内涵，分不清领导与管理的区别，以致角色紊乱、职能错位、方法失当。多头指挥是组织失败的开始，企业必须坚持统一领导。国内很多的企业又有董事长、又有总裁，活像一个双头怪。导致弱势者牢骚满腹、强势者还不买账，领导团队中出现分裂是非常严重的内耗。甚至有的管理书籍说，领导者其实和管理者有很多冲突的地方，很难想象一个企业家既是好的领导者，又是好的管理者——这样的企业家会有"人格分裂"的嫌疑！

在实际企业管理中，领导者、管理者和执行者的角色并不像企业管理学讲的那么简单。领导者和管理者的职位虽然角色分明，实际在企业运作过程中领导力、管理力、执行力却是完全不同的概念。

在企业中担任的职位越高、或者组织的规模越大，管理者需要的管理能力越强，基层的工人应该具备的能力的绝大部分是技术方面的能力，而企业的总经理、国家的元首绝大部分的能力是管理能力。员工在企业中要想升职，起决定作用的并不是他的技术能力有多强，而是他表现出来的在领导、协调、控制等这些处理人际关系的管理能力。很难想象大部分企业领导者能够仅凭个人人格魅力说服和影响下属为实现战略目标而奋斗；也很难发现管理者会死心塌地服从领导，完全按照领导意愿全心全意地去执行领导意图；也很难找到完全听从管理者的指挥，不折不扣去完成任务的执行者。

除了在管理非常规范的成熟企业里，领导者同样要监督工作过程的计划、组织、指挥、协调和控制等活动，同时也要有很强的执行能力。对于领导来讲，可以不从事执行的基层工作，却必须非常了解基层的所有问题和解决方法。因为千里之堤，毁于蚁穴，管理的魔鬼都在细节中。

同样，管理者无论是个人职业生涯发展的需要还是个人成长的需要，都希望自己的意见和建议能够被领导者重视，能够参与决策，另外管理者处于管理的一线，作为团队的主要责任人，虽然不如领导者经常面临无例可参、无章可循的问题，但是面对瞬息万变的市场环境和不确定的管理现场，将在外主令有所不受，也需要临机权变，灵活处理，管理者也需要很强的领导力。自古以来，管理者和领导者的表率作用都是管理者和领导者树立权威的基础，所以管理者和领导者同样需要很强的执行能力。

对于执行者来讲，现代企业管理越来越重视参与管理和现场管理，执行者被赋予越来越多的决策权和责任，执行者也要培养领导力和管理力。同样很多领导和管理者都是从基层成长起来的，机械的用领导、管理、执行的定义来分析和管理企业在现实中是无法行通的。

领导者主要有领导力，同时也要有管理力和执行力，并且要根据形势的变化随时权变应用自己的三种能力。管理者和执行者同样需要具备三种能力，没有一种可以一成不变、照搬照抄的管理方法和领导方法，制度规则下的灵活权变是管理应用的唯一方法。

通过对唐骏的角色分析，我们会发现管理现象和管理本质的巨大区别。

我们要明白，很多管理故事仅仅是故事，其成功经历和事情经过的曲折变化绝对没有当事人讲的那么轻松，有很多真实的曲折痛苦的心路发展历程并不足以为外人道也。能够讲出来的经验已经没有多少可以复制的价值了。

比如唐骏，别人对于他那份令人羡慕不已的职业履历，唐骏却说："我的成功是可以复制的。"一路走来，唐骏将自己的成功经验总结为：踏实、认真。唐骏在自述体励志图书《我的成功为什么可以复制》序中这样说："很多人问我：你成功的秘诀是什么？我可以给出一个简明的答案：简单＋勤奋。做人简单，做事勤奋。他认为，一个人做事只要踏实、认真，事业就会慢慢做大。并在自传中详细讲述人生、职场奋斗史。唐骏想通过自己的人生经历和对于这些经历的思考，把他跨越失败和挫折、最终走向成功的经验与读者分享，让别人复制他的成功。

作为一个理性的管理者，我们不应该象年轻人那样轻易被唐骏"忽悠"。对于唐骏的传奇故事和激动人心的话语，管理者应该有自己独立的判断，应该清醒地知道，唐骏是一个情商非常高的人，非常擅长沟通和说服，更深谙人情世故，无论是对上司、同事还是下属，非常会说话，会办事，会做人，他身上确实有太多东西值得我们学习和借鉴。但是，唐骏的成功不可复制，因为并不是每个人都如唐骏一般幸运，当今世界上很少有和唐骏相似经历的人。但是，正如上帝造出的每一个人都不同一样，每个人的成功道路也是不同的。目前的中国民营企业还缺乏培养职业经理人的土壤。更多的职业经理人在加入新公司后，发现无法找到自己的坐标，难以一展拳脚去实现自己的抱负。年轻的管理者不要妄想通过唐骏的自传，就可以复制到什么。成功远不是 ctrl+C 再 ctrl+V 那么简单。

不要迷恋唐骏，江湖上，唐骏只是个传说。

唐骏之后，再无唐骏。

问题 1：从人力资源的角度评价唐骏的管理，以及唐骏的人力资本。

施一公：生命科学认知的极限 [①]

昨日，清华大学副校长、清华大学生命科学学院院长，中国科学院院士施一公教授在"未来论坛"年会上发表题为《生命科学认知的极限》的演讲。

与以往不同的是，施一公此番并未局限于生命医学，他从人类生命饱受心血管疾病、癌症和神经退行性疾病的三大挑战开始，讲述了人类如何通过科学来接受生命挑战。但最终，人对生命认知的极限问题将他的科学思索，由生物医学带向量子力学，向我们展现了一个生物学家面对生命之谜的不懈追问。

以下是演讲全文：

今天，我想跟大家探讨一下生命的本质和生命的极限。

我们先看看人从哪而来？人的整个出生过程是这样的：一个精子在卵子表面不停地游逛，寻找一个入口，找到合适位点以后，会分泌一些酶，然后钻进去。卵子很聪明，一般不会让第二个精子再有机会，所以一有精子进来，马上把入口封死。精子进来后就被降解，然后精子的细胞核和卵子的细胞核结合，形成双倍体，受精卵开始发育，逐渐分裂为 2 个细胞、再分裂为 4 个细胞、8 个细胞、16 个细胞，此时受精卵还在子宫外面游逛，还没有着床。继续分裂下去，形成 64 个细胞、128 个细胞，这时它快要找到着床地点了。着床之后，继续发育。

---

① 来源：www.creaders.net|2016-01-20.

你们可能知道也可能不知道，短短四个礼拜，胎儿开始有心跳。慢慢地，神经管形成了，脊椎形成了，四肢开始发育，通过细胞凋亡，开始形成手指头。到四五个月的时候，胎儿开始在母亲肚子里踢腾。出生之前，胎儿的大脑发育非常快，各种神经突触迅速形成。然而不要忘了，这样一个鲜活的生命来自于一个受精卵。

生命开始之后，生命的历程很漫长，这里面有很多苦恼。我记得我看过一首打油诗是这样说的：0 岁闪亮登场，10 岁茁壮成长，20 岁为情彷徨，30 岁拼命打闯，40 岁基本定向，50 岁回头望望，60 岁告老还乡，70 岁搓搓麻将，80 岁晒晒太阳，90 岁躺在床上，100 岁挂在墙上。

科学如何应对生命挑战

我们生命的历程饱受挑战，有很多来自于疾病，其中三类疾病和人类有很大关系。

其中心血管疾病是最重要的杀手，仅在中国每年就有 303 万人死于心血管疾病，占 32%。第二种疾病也很可怕，就是癌症，我们身边的人常常被癌症夺去生命，中国每年有 265 万人死于癌症，占 28%。第三类疾病死亡率不高，但是对人的困扰很大，严重影响生活质量，就是神经退行性疾病，有多位世界名人都曾受这类疾病的折磨。此外还有 34% 的人死于其他原因，其中大部分是传染病，一小部分是交通事故和意外伤害。

我今天想告诉大家的是，我们如何运用科学去接受生命的挑战。

在古代，我们在黑暗中摸索，比如说当代的屠呦呦为找到治疗疟疾的方法，就是看了古典药学得到灵感，导致了青蒿素的发现。后来弗莱明发现青霉素，已经是用科学的方法论来探索。1985 年以后，由于戈尔茨坦和布朗发现了低密度脂肪颗粒的受体（LDL 受体），开启了真正的征服心血管疾病的历程。人类始终用科学在应对挑战，从简单的摸索和经验积累，到最后通过基础研究驱使药物的发现。我有三个例子在此分享。

第一个例子就是心血管疾病。研究发现，导致心血管形成斑块的低密度脂蛋白和受体结合以后会被细胞内吞，内吞以后低密度脂肪的颗粒会被降解，而受体会回到细胞表面，可以重生，再去把新的低密度脂蛋白拉到细胞内去，从而减少对人体有害的低密度脂蛋白。1985 年，戈尔茨坦和布朗两位科学家，（也是在座的王晓东的博士后导师），就是因为发现了低密度脂蛋白的受体而获得诺贝尔生理或医学奖。

在戈尔茨坦、布朗和日本科学家 EndoAkira 等一大批人的努力下，很多降胆固醇的他汀类药物问世了，包括 1987 年问世的第一个心血管疾病的药物。迄今为止，最有名的他汀类药物立普妥（阿托伐他汀）已经过了专利保护期，在座的就应该有人服用过这种药。在它于 2011 年专利过期之前，全球销售额高达 160 亿美元，堪称药神。

我们一直在用基础研究去探索最前沿的和疾病做斗争的方式，我们虽然有很多他汀类药物，但是很多高血脂的人仅仅靠吃他汀类药物，并不能阻止心血管软斑块和硬斑块的形成。为什么呢？科学家发现，是因为这些人体内的低密度脂蛋白受体逐渐被降解得找不到了，如何把他们的受体的数量恢复出来，就是问题的核心。

几年之前，科学家找到了 PCSK9 蛋白，它可以结合低密度脂肪蛋白的受体。结合到受体以后，低密度脂蛋白颗粒被受体一起拉到细胞内内吞了，也就是说，低密度脂蛋白受体在被细胞内吞的同时就牺牲了，也就不能再把流淌于血液中的低密度脂蛋白降解掉，这样低密度脂蛋白大量堆积，就形成了软斑块和硬斑块，最后带来致命的心血管疾病。这个过程是基础研究发现的，而发现这个过程的著名科学家海伦，是一位女性，获得了 2015年的生命科学的突破奖。

第二个例子我们讲讲治疗癌症的新的曙光，也就是大家听过很多次的"免疫疗法"。这个免疫疗法最有名的一个例子，是 2015 年 8 月 20 日，美国前总统卡特向所有世界上关心他的人宣布，自己得了晚期黑色素瘤，而且当时已经有 4 个 2 毫米大的肿瘤在脑子里，已经扩散了，他认为自己的时间不多了。然而短短 3 个月以后，2015 年 12 月 6 日，他再次出现在大家面前，告诉人们，通过分子疗法，他脑子里的 4 个肿瘤已经完全找不到了。

他的分子疗法就包括一个很有名的免疫疗法，就是针对 PD-1 表面受体的单克隆疗法。免疫疗法从根本上改变了人类对疾病的斗争方式。这种疗法的创始人，也是这一概念的发现者 JamesAllison 同样获得了生命科学突破奖。对这一过程也做出了重大贡献的科学家中，还包括一位中国人，就是陈列平博士。

第三个例子是神经退行性疾病。非常遗憾，至今人类根本不知道病因，尽管我可以告诉大家很多的理论、数据和实践，但我们只是大概知道这个病是怎么回事。现在世界上有 4700 万人饱受这种疾病的困扰，预计 2050 年时，每 3 秒钟就有一个新的病人出现，我们会有超过一亿三千万人受它的困扰。

神经退行性疾病中最有名的就是老年痴呆症症，也叫阿尔茨海默综合症。得这个病的病人很痛苦，因为生活不能自理。老年痴呆晚期的患者大脑里面有一个个很可怕的洞，大脑被吞噬掉了。虽然不知道到底是什么原因导致了老年痴呆症，但是大家公认，如果从分子水平上认识老年痴呆症，也许会为治疗带来曙光。

我自己的实验室也在朝这个方向努力。我们去年在原子分辨率上首次报道了与老年痴呆有直接关系的人源 γ 分泌酶的结构，这个人源 γ 分泌酶被认为是导致老年痴呆症必不可少的一个致病蛋白，所以也许通过后续的深化研究，我们可以找到治疗老年痴呆症的办法。

认知生命有极限

我举了心血管疾病、癌症、老年痴呆症的例子，最后过渡到大脑。不要说我们对老年痴呆症的病因不清楚，对大脑这样一个神秘的器官我们也知之甚少，我们基本上可以说什么都不知道。尽管我们有很好的学习记忆的模型，我们可以模拟出学习记忆的过程，但究竟是不是这样？我们真的不知道。

我甚至认为包括我们的电信号记录的神经冲动电位，只是一个表象，不一定是学习记忆的本质。为什么？因为我们确实是这样一个生物人，是一堆原子构成的人在理解生命。

我们在用我们的五官，就是视觉、嗅觉、听觉、味觉、触觉理解这个世界。这个过程是不是客观的呢，肯定不是客观的。我们的五官感受世界以后，把信息全部集中到大脑，但是我们不知道大脑是如何工作的，所以在这方面也不能叫客观。

我们人究竟是什么呢？仔细想一想，人是怎么样处理信息的呢？我们先来对信息也就是物质做一个定义。我们有三个层面的物质：第一个物质是宏观的，就是我们可以感知到的，直觉可以看到的东西，比如人是一个物质，房子也是一个物质，天安门、故宫都是物质。第二个层面是微观的，包括眼睛看不到的东西也叫微观，我们可以借助仪器感知到、测量到，从直觉上认为它存在，比如说原子、分子、蛋白，比如说很远的一百亿光年以外的星球。第三个层面，就是超微观的物质。对这一类，我们只能理论推测，用实验验证，但是从来不知道它是什么，包括量子，包括光子。尽管知道粒子可以有自旋和能级、能量，但是我们真的很难通过直觉理解，这就是超微观世界。

但尽管如此，我们还是要想一想，这个世界是超微观世界决定微观世界，微观世界决定宏观世界。我们人是什么？人就是宏观世界里的一个个体，所以我们的本质一定是由微观世界决定，再由超微观世界决定。我毫不怀疑我就是一个薛定谔方程、一个生命形式、一个能量形式，但不知道怎么解这个方程，不知道思维是怎么产生的，仅此而已。我相信，你也应该相信，我们每个人不仅是一堆原子，而是一堆粒子构成的。

所以，我们真的就是一堆由粒子构成的原子，如此之简单。我们有多少原子？大约有 6×10^{27} 个原子，形成大约 60 种不同的元素，但真正的比较多的元素，不过区区 11 种。原子通过共价键形成分子，分子聚在一起形成分子聚集体，然后形成小的细胞器、细胞、组织、器官，最后形成一个整体。但是你会觉得，不管你怎么做研究，都无法解释人的意识，这超越了我们能说出和能感知的层面。我认为要解释意识，一定得超出前两个层次，到量子力学层面去考察。我自己认为是这样的。

量子纠缠是可以进化的现象吗？

所以我想班门弄斧讲一讲量子纠缠。1935 年，当爱因斯坦（Einstein）和波多尔斯基（Podolsky）以及罗森（Rosen）一起，写出了著名的 EPR 佯谬之后，提出了量子纠缠。实际上"量子纠缠"这个词并不是爱因斯坦提出来的，而是薛定谔提出来的，当时看来是很不可思议的。

量子纠缠的意思是说，两个纠缠的量子不管相距多远，它们都不是独立事件。当你对一个量子进行测量的时候，另外一个相距很远的量子居然也可以被人知道它的状态，可以被关联地测量，很不可思议。但这样一个简单的现象既然存在于客观世界，我相信它会无处不在，包括存在于我们的人体里。是不是这样呢？当然是这样。量子纠缠怎么样影响我们的生命，其实我们不知道，为什么？因为这不是我们可以用直觉去感受的。

加州大学圣塔芭芭拉分校（UCSB）著名的理论和实验物理学家MatthewFisher就笃信，人的意识、记忆和思维是量子纠缠的，要用量子理论来解释。那怎么证明呢？他说我一定要在实物上证明，要寻找量子纠缠的实体。很多科学家找了很长时间，发现神经细胞里面的微管可以形成量子纠缠，但是微管的时间尺度是 $10^{(-20)}$ 秒到 $10^{(-13)}$ 秒，远远小于人的记忆和意识的形成时间。但是他通过理论的实践，以模拟的方式找到了，他正在进行实验验证。

比如把磷和钙放在一起，也就是磷酸钙，当磷酸钙以波斯纳分子集群（Posnermoleculeorcluster）形式存在的时候，它的量子纠缠时间可以长达105 秒！能把这样一个极其脆弱的，对声、光、电、热都极其敏感的量子纠缠现象的持续时间提高 15 个数量级，那么如果再提高 5 个数量级，就可以达到年的水平，以年为单位来保存量子纠缠现象。那么依此类推，你们觉不觉得，有一天我们人类会发现量子纠缠也是一个可以进化的现象，它可以保存一百年、一千年、一万年。也就是说，量子纠缠，它在远古的时候就存在了，在进化过程中被保存了下来。

我要问你们四个问题。第一个问题，你们相信有第六感官吗？很多人会说不相信。第二个问题，有没有可能，两个人会以未知的方式进行交流？你会说也许，不会像第一个问题那样肯定地说不信。第三个问题，量子纠缠是否存在于人类的认知世界里面？存在于大脑里？我相信听了我的讲座，你会觉得很有可能。第四个问题，量子纠缠是不是适用于地球上的物质呢？你一定会说一定适用，因为我们已经证明了。但其实简单讲，这四个问题是完全一样的问题，倒推回去就说明一定有第六感官，只是我们无法感受，所以叫"第六感官"。

那么我们人究竟是什么？我们只不过是由一个细胞走过来的，就是受精卵，所有受精卵在 35 亿年以前，都来自于同一个细胞，同一团物质，一个处于复杂的量子纠缠的体系，就这么简单。

其实我不知道这里面是什么，但是我相信它。我每呼吸一次会摄入 10^22 次方的氧原子进入我的身体，进入共价结构。这一口呼吸至少有 10^4 次方以上的氧原子，被处在世界上一个很遥远角落里的，我没有见过的人呼吸过至少一次，这在一个月内就会做到，人一辈子一直在这么做。而两个人在一个房间里的时候，一天可以有 63 克的氧气在彼此的肺当中交换。

科学发展到今天，我们看世界完全像盲人摸象一样，我们看到的世界是有形的，我们自己认为它是客观的世界。其实我们已知的物质的质量在宇宙中只占 4%，其余 96% 的物质的存在形式是我们根本不知道的，我们叫它暗物质和暗能量。

那么盲人摸象般地认识世界是科学吗？一定是科学。每个人摸的都是真实存在，而且都是客观存在的，都是看得见摸得着的，我们现在也是如此。只是我们不知道摸的是象的后背，还是尾巴，还是耳朵。我认为人类的认知极限就在于，我们是一堆原子，我们处在宏观世界，但我们希望隔着两个世界去看超微观世界。那是一个最美好的、极其美妙的世界。谢谢大家！

–Seemoreat：

http://tech.creaders.net/2016/01/20/1630548.html#sthash.7rKZ2LVW.dpuf

问题 1：请讨论并回答对生命科学的认知有极限吗？在人力资源管理中对人的管理有极限吗？

哈佛大学 75 年研究成果：爱商决定人生的高度

2018-02-03　　洞见 YoYo

哈佛大学成果：爱商决定人生。

（1）1938 年，哈佛大学医学院开展了一项关于"人怎样才能健康、成功、幸福"的调查研究，称为"格兰特研究"。

在时任卫生系主任阿列·博克的带领下，团队追踪了两组人员，一组是 268 名哈佛大二学生，一组是 456 名波士顿贫民窟男孩。

每两年，研究人员就会联系这些被调查者，询问他们的健康状况，家庭氛围，个人成长等情况。

就这样，持续了 75 年的时间，耗费了 2000 万美元的资金，整理了几万页调查报告。

终于有一天，第四任领导人 Robert 来到了 TED 的舞台，向世人宣告了这项伟大研究的成果。

Robert 教授展示了几组数据：

在受访者中，与母亲关系亲密的人，每年的收入要多出 87,000 美元；

与兄弟姐妹相亲相爱的人，每年的收入要多出 51,000 美元；

在"亲密关系"这个类目上得分最高的 58 人，平均年薪是 243,000 美元，而得分最低的 31 人，平均年薪不足 102,000 美元；

并且，只要你找到了人生"真爱"，无论友情、爱情还是亲情，这都能够大大增加你成为"人生赢家"的概率。

Robert 教授说，拥有良好的人际关系的人，更容易获得幸福和成功。

而能够拥有良好的人际关系的人，都是懂得爱与被爱的。

所以，这项历时 75 年的伟大研究其实是向世人揭示了一个简单的道理：爱商决定一切。

所谓"爱商"，就是爱的智慧，是对待爱与被爱的态度，是人追求幸福过程中不可或缺的一种能力。

爱商高的人，能够坦然享受被爱，健康成长，也更懂得爱别人，懂得感恩与馈赠。

（2）知乎上有人提问：原生家庭幸福是种什么体验？

高赞回答是这样的："饿了喊妈妈，累了就回家，从来不委屈，因为有爸爸。"

在这样的家庭成长起来的孩子，爱商高。他们阳光开朗，正直积极，即使遭遇挫折，也相信自己有足够的能力可以处理好。

近期热映的影片《奇迹男孩》里的小男孩奥吉就是一个爱商高的人。

小奥吉天生脸部畸形，先后做了27次手术也无法拥有一张五官清晰的脸。但父母的疼爱，姐姐的呵护，狗狗的陪伴，给了他一个健康有爱的成长环境。在这样的家庭长大的奥吉，顶着一张不那么好看的脸第一次走进学校，或许有些怯懦，或许不够成熟，但他已经表现得足够坚强勇敢，自信健谈了。

明知会被大家关注嘲笑，但奥吉更知道家庭教育已经无法帮助他获取更多的知识了，于是在父母的鼓励下，10岁的小奥吉勇敢地走进了校园。哪怕遭受了嘲讽、讥笑、质疑、甚至谩骂，奥吉依旧不卑不亢，善良地对待同学，最终也收获了真挚的友情。

奥吉是不幸的，从出生起就几经波折，注定要遭受到跟同龄人不一样的待遇；但奥吉更是幸福的，因为他能生活在一个健康美满的家庭里，成长得健全又快乐。而这样的奥吉，表现出来的成绩也比同龄人优秀很多。

父母亲人，是所有关系网络中和我们联系最紧密的人，也是人格塑造和性格培养影响最大的一群人。

（3）美国家庭治疗大师萨提亚认为，一个人和他的原生家庭有着千丝万缕的联系，这种联系很可能影响他的一生。

夫妻和睦，兄友弟恭，这样的家庭氛围成长起来的孩子谦虚、和善、自信、健朗、诚恳、大方；但如果一个家庭中父母吵闹不休，对孩子要么不管不问要么打骂不断，这样的家庭成长起来的孩子多半是敏感、脆弱、偏执、孤僻，甚至粗暴的。

当然，并不是每个人都足够幸运可以出生在一个健全幸福的家庭，拥有一段美好的童年回忆。但幸运的是，不论你几岁，也不论是发源自何人，只要你能够感受到"爱"，都能够收获幸福，获得重生。

在格兰特研究对象里，有一个名叫卡米尔的人，他就很不幸地出生在一个不怎么幸福的家庭，一路的成长也是跌跌撞撞，直到35岁才第一次体会到了被别人关爱的感觉。那年，卡米尔因肺结核住院治疗，是医护人员给了他一直渴望的爱与呵护。

此后，卡米尔从一个对生活绝望的有自杀倾向的神经症患者，变成了一位负责的医生、疼爱妻子的丈夫和爱戴孩子的父亲，有幸福的家庭，真挚的朋友，亲密的伙伴，事业成功，家庭美满。

罗斯福说过，在成功的公式里，最重要的一项因素，是与人相处。

一个人如果"爱商"低，既不能感受到爱，也不懂得爱别人，就像陆地上的船，永远也抵达不了波澜壮阔的海洋。

能够感受爱，再去馈赠爱，这是最宝贵的人生经历。

（4）"爱商"高的人，大都长着一张没有被生活欺负过的脸，阳光自信，快乐大方，感恩别人的爱，也更加懂得爱别人。

今年同学会，我见到了大学室友小雨，让我感慨地不仅是她依旧美丽的脸庞，还有那股子与全世界握手言和的温润气质。

要知道，大学四年，小雨虽也还好相处，但却高竖围墙，心里堵着一扇门，怎么也让人进不去。

她出生在一个单亲家庭，要强的母亲把所有的希望都寄托在唯一的女儿身上，小雨也很懂事听话，顺利考上了理想的大学，但坚强的外表下藏不住的是骨子里的敏感偏执。许是看出了我的疑惑，小雨笑着告诉我，这一切要感谢她的老公。

跟浑身带刺的小雨不一样，她老公大华总是笑容满面，自信阳光，对妻子小雨疼爱有加。正是大华的这份阳光感染到了小雨，也是他的爱软化了她身上的刺，让她变得柔和、温顺。

美国西北大学的一项调查研究发现，如果一个人身上带有清新的香味，再加上端庄的脸蛋，这个人会更受欢迎。

那些"爱商"高的人，你无法嫉妒他们能够幸运被爱，因为这样的人，也会懂得爱别人。

爱是感恩，更是馈赠。

马可·吐温说，生命如此短暂，我们没有时间去互相争吵、道歉、发泄、责备，时间只够用来去爱。

用爱筑造幸福的家庭，给孩子温暖和幸福；用爱滋润冷漠的心，给爱人陪伴和鼓舞；用爱抚慰孤独的灵魂，给每一位陌生人善意和祝福。

每个生命都需要爱与被爱。

爱出者爱返，福往者福来。

问题 1：请讨论"爱商"在人力资源管理中有什么借鉴意义？如何培养员工的"爱商"。

5G 时代，wifi 和互联网将面临消失

互联网热点（ID：web-news）

5G——天下武功，唯快不破！

在移动互联网时代，最核心的技术是移动通信技术。而在通信行业，标准之争是最高话语权的争夺。一旦标准确立，将对全球通信产业产生巨大影响。

纵观世界通讯技术发展史，已经先后经历了 2G、3G、4G 几个重要时代：

第一代是模拟技术；

第二代是 2G，实现了语音的数字化；

第三代是 3G，以多媒体通信为特征；

第四代是 4G，通信进入无线宽带时代，速率大大提高。

然而这些阶段里的重要专利技术几乎被美国的高通、爱立信垄断，中国一直处于落后状态！

比如在 3G 时代，中国虽然自主研发了 TD-SCDMA，但是技术上依然无法与其相提并论。即便到了 4G 时代，中国 TD-LTE 有了一定的突破，但是其核心长码编码 Turbo 码和短码咬尾卷积码，都不是中国原创的技术。这就导致美国高通动不动就控告你侵权，索取额外专利费。

转折点在这一天到来！

中国方案入选了 5G（第五代移动电话行动通信标准）标准。

美国时间 11 月 17 日，国际无线标准化机构 3GPP 的 RAN1（无线物理层）87 次会议在美国拉斯维加斯召开，就 5G 短码方案进行讨论。三位主角依然是中国华为主推的 PolarCode（极化码）方案，美国高通主推

LDPC 方案，法国主推 Turbo2.0 方案。最终，华为的 Polar 方案从两大竞争对手中胜出！

按照业界预计，2020 年 5G 将开始全球范围内商用。这也就意味着：在正在到来的 5G 时代，中国通信核心技术第一次占领至高点，终于完成了弯道超车！

再来做一个科普，什么是 5G 呢？

4G 和 5G 相比，简直就如同龟兔赛跑！

4G 使用是特高频段，5G 就得往超高频甚至更高的频段。5G 的网络传输速率将是 4G 峰值的 100 倍。这意味着，在 5G 时代一部超高清画质的电影 1 秒内就可以下载完成。而且 5G 的功耗将低于 4G，这从而带来一系列新的无线产品，比如更多智能家居设备和可穿戴计算设备。

5G——WIFI 将"消亡"？

如果我们用上了 5G 手机，那么快的网络，就不会再每到一个地方就去寻找 WIFI 了，用户可以无缝、平滑的在任意空间过渡，省去了切换网络、输入密码等繁琐步骤，WiFi 很可能"消亡"。

更重要的是，在 5G 时代华为很可能一统天下。因为在 3G、4G 时代，有美国、欧盟、中国等不同的网络制式，因此出现了各种不同制式的手机，给消费者造成一些困扰。华为到了 5G 时代，消费者只需要一种制式的手机就可以包打天下了，这也就意味着华为很有可能获得极高的国际地位！

这也就意味着美国高通独霸的时代宣告结束！

而这项核心技术的超越，将使中国互联网的发展如虎添翼！

在刚刚闭幕的第三届世界互联网大会上，中欧数字协会主席 Luigi Gambardella 在接受媒体采访时说："中国即将成为 5G 时代的全球领跑者，而 5G 时代的到来将推动新一轮技术革命。"

中国 5G，正在制定世界标准！

除了华为之外，中国移动、中国联通也在 5G 领域布局完成。中国移动称，中国移动 5G 联合创新中心经过 9 个月的推动，现已拥有基础通信、物联网、车联网、虚拟现实 / 增强现实、云端智能机器人、工业互联网六大领域 51 家合作伙伴，建成首批 4 个开放实验室。看得出，中国移动联合通信企业、互联网企业及垂直应用行业合作伙伴，试图打造 5G 跨行业融合生态系统。

而在 5G 未来网络方面，中国联通目前正在发展基于多级云协同的 5G 网络架构，支持移动边缘计算端到端服务解决方案。未来视频服务的用户体验将因此大大改进。

华为则呼吁，各国政府和监管机构释放更多通讯频谱，建设无线千兆宽带（Gigaband）；同时，全球应以开放合作的精神引导 5G 技术标准统一，以降低成本、实现全球无缝互联互通。

从以上布局我们可以看出，中国正在制定 5G 的世界标准！

5G 时代——万物互联，互联网将消失？

5G 的真正意义在于：为万物互联打下基础！

水木然认为：如果说 3G 和 4G 使人与人相联，那么 5G 将使万物互联。由于数字传输效率的大大提升，这使万物之间的联系紧密增强。5G 不仅仅是下一代移动技术，它将是一种全新网络，将万事万物以最优的方式连接起来，这种统一的连接架构将会把移动技术的优势扩展到全新行业，并创造全新商业模式。

未来的世界里，每一件物体都有传感器，利用 5G 实现数据交互，人、花草、机器、手机、交通工具、家居用品等等都有独立的 IP，一切物体都可控、交流、定位，彼此协同工作。世界上几乎所有东西都会被连接在一起，超越了空间和时间的限制。

我们都知道，这个世界上存在多种生态系统，比如自然是一种生态系统，人类是一种生态系统，工业是一种生态系统，信息产业也是一种生态系统，资本和金融也是一种生态系统，每种生态系统都有自己循环结构，生生不息，并不断的趋向平衡。虽然这些生态系统都在向前推进，但是系统与系统之间比较独立。一旦到 5G 时代，这些系统将打破原来的界限，走向共融，共同组建一个更包容的"大生态系统"，也就是万物互联。

届时，整个世界组建了一个社会性的"大生态系统"，而且这个系统的规则会更加清晰明了，所谓的"主观"情况干扰会越来越少。我们知道跟"人"打交道是一件最复杂的事情，因为人的七情六欲会时刻影响一个人的行为，"人性"在很多时候往往是一种阻碍。但是在未来，人和物、物和物之间的主要沟通将依靠数据，这是一种很客观的东西，它将会遵守我们已经制定好的规则，这也会帮人类省去不少烦恼，人们会感觉越来越轻便、轻松。这也就是一种大网无网的状态！

问题 1：请分析 5G 时代的来临给创新创业带来了的机遇和挑战？

中国的未来：创新、慈善与全球领导力
比尔·盖茨

很高兴来到北大，特别是在北大即将迎来 120 周年校庆之际。过去一个多世纪以来，北大在高等教育领域取得了卓越的成就。

自上世纪九十年代以来，我曾多次访问中国。最初，我来中国主要是因为微软的工作。十年前，我有幸成为北大荣誉校董；2008 年奥运会期间，我在北大现场观看了中国队与韩国队的乒乓球半决赛，这给我留下了难忘的回忆。

大家可能还记得，当年中国队包揽了乒乓球男单、女单、男团、女团等各项金牌——还有两块银牌和两块铜牌。对于我这样的超级乒乓球迷来说，亲历赛场的感觉真是太棒了。

不过，这仅仅是我成为中国"粉丝"的一个小小的理由。更重要的是，中国是一个不断追求卓越的国度。

随着中国经济走向成熟，在应对能源和环境治理等自身挑战时，中国正在做出大胆的抉择，尽管这确实艰难。在气候变化和发展等全球重大议题上，中国也发挥着日益重要的作用。在这样一个快速变化的时代，世界面临着诸多不确定因素，中国的作用比以往任何时候都更重要。

全球化究竟能给普通民众带来多少好处？富裕国家的质疑有日益增长的趋势。美国总统大选和英国脱欧公投的结果也印证了在移民、安全和全球发展等议题上，民族主义正在抬头，出现了国内利益优先的倾向。

我们高兴地看到，中国正逐步展现其全球领导力，填补这一缺失。中国足以胜任这一角色。在过去的几十年里，中国取得了任何国家都无法企及的成就：帮助数亿人民摆脱了贫困和疾病，还以人类历史上前所未有的规模和速度实现了经济现代化。

我们虽然不能期望中国去填补富裕国家在发展援助领域留下的缺口，但中国承诺将对非洲的发展援助扩大三倍，真可谓明智之举。中国在很久以前就认识到，帮助其他国家消除贫困相当于给各国人民创造一个更加稳定和安全的世界。

中国通过中非发展基金等融资机制创新，鼓励对非投资，这不仅发展了非洲经济，也为中国产品走向世界开拓了新市场。

中国让数亿人口脱贫是一个不可思议的成就，不过中国的发展并不均衡，迄今仍有4300万人口生活在极端贫困之中。但令人振奋的是，习近平主席承诺中国将在2020年前消除极端贫困。

我们正在与中国开展新的合作项目，从改善加强农村基本医疗服务、提高儿童营养水平和扩大普惠金融等领域入手探索扶贫创新模式。

中国不仅在解决国内问题方面努力取得新突破，也在利用其对抗贫困和疾病方面的经验帮助其他国家应对类似挑战。几年前我访问北京的时候，汪洋副总理曾说："非洲的今天就是我们的昨天。"这句话让我记忆犹新。现在，来自中国的经验正在帮助非洲迈向一个崭新的明天。

这对中国的年轻人来说是一个绝佳的时代。当你们步入社会时，恰逢中国崛起，成为全球发展和创新的中心。全世界的目光都在关注中国，关注你们这些即将走出校门的天之骄子。

接下来，我想和大家在四个方面进行探讨。我相信这些领域能够给你们提供大好机会，充分运用你们的知识，发挥你们的热情和抱负，推动中国和世界取得更加令人瞩目的进步。这四个领域分别是健康、农业、能源和技术。

首先是健康领域。17年前，当梅琳达和我决定成立基金会时，我们不断问自己：怎么才能使我们的资源产生最大的影响？很快，我们就意识到健康领域的改善是重中之重。

如果没有健康的身体，一个人就无法高效地学习或工作，更不用说摆脱贫困和赚钱养家了。

梅琳达和我亲眼目睹了中国为自己的人民创造了更加美好的生活，这也促使我们思考如何更好地支持中国的发展。过去的十年里，我们在中国的工作重心一直放在那些中国尚未完全解决的健康挑战上，如减少结核病和烟草相关疾病、预防艾滋病病毒传播以及改善艾滋病患者的治疗和关怀等。

在持续支持这些领域的同时，我们在中国的工作也随着中国不断变化的需求和重心而改变。比如，我们看到中国在引领全球健康创新方面潜力巨大。

没有人能比屠呦呦教授更好地证明中国在这一领域的能力。屠教授是北大校友，也是首位获得诺贝尔奖的中国女性。

屠教授发现的青蒿素可以有效地治疗疟疾，在南亚、非洲和南美地区挽救了数百万的生命，堪称20世纪热带病药物最重要的突破之一。她的贡献得到了世界的认可。

中国拥有大批才华横溢的科学家和强大的药物及疫苗研发能力。因此，当我们为一个新的"全球健康药物研发中心"项目选址时，中国的胜出毫无悬念。这个中心由盖茨基金会与北京市政府、清华大学携手共建，将通过加速药物研发应对全球卫生和人类健康的挑战。

今天早些时候，我有机会和几位正在从事前沿科学研究的中国科学家进行了近距离交流，其中有国家食品药品监督管理总局国家药品评审中心的首席科学家何如意博士。他本人的工作，以及食药监总局正在推行的改革，将为创新打造更为有利的环境。我们正在和食药监总局合作，吸引更多像何如意博士这样的专家，帮助提升中国的监管能力，以推动更多中国的医药健康产品进入其他发展中国家市场。

如果让我为中国选择一个未来重点关注的领域，我希望中国能够领导世界消灭疟疾。继天花和即将被消灭的脊髓灰质炎之后，我们有望在中国的领导下，让疟疾成为第三种从地球上消失的人类疾病。

一个多世纪前，疟疾几乎是所有国家致死率最高的疾病。一百多年来，人类在减少疟疾致死人数方面取得了巨大的进步。中国正在为消除国内疟疾有序推进各项工作，很有可能在几年内实现这一目标。但是，目前世界上仍然有32亿人面临罹患疟疾的风险。

为在全球范围内消除疟疾，我们需要在屠教授发现的青蒿素的基础上，开发单剂药物等其他更强有力的工具，并寻求更好的方法，以阻止疟疾通过蚊虫在人群中传播。

中国很有潜力开发一些既高效、又让发展中国家可负担的解决方案。在非洲和湄公河流域等疟疾最为肆虐的地区，我们现在就可以采取更多行动来控制乃至消灭这一疾病——通过分享自己的经验，中国能够帮助这些地区的家庭获得蚊帐，防止被感染。中国还能够帮助这些国家加强本国的卫生和疾病监控体系，更好地预防、诊断和治疗疟疾。

除了健康领域之外，我认为中国能够推动全球进步的第二大领域是农业。1975 年以来，中国的农业生产率以每年 12% 的速度增长，是非洲农业年增长率的四倍。农业发展不仅解决了基数巨大且不断增长的中国人口的温饱问题，还促进了国民营养和健康水平的改善、农村收入的增加和贫困人口的下降，并向其他产业提供劳动力，从而在整体上推动了中国经济发展。

引发中国当代绿色革命的因素有很多，其中最重要的一点是中国在农业创新领域的投入以及像袁隆平教授等杰出专家们的努力。袁教授是湖南农业大学的农作物专家，他研究的杂交水稻将水稻亩产量平均提高了 20%。

中国在杂交水稻领域取得的持续进步能够为撒哈拉以南非洲地区数百万的小农户带来巨大的好处，他们中有很多人无法生产足够的粮食养活家人。

自 2008 年起，我们支持中国农业科学院和其他科研机构开发水稻新品种。通过将这些品种与塞内加尔、坦桑尼亚和卢旺达等国的本地品种进行杂交，我们将得到高产量的耐逆境作物，增加农民的收成和收入。

但是，随着全球人口压力不断增长，我们还需付出更多努力。

中国科学家最令人瞩目的研究成果之一是作物的超级光合作用，这不仅能大幅提升粮食产量，还能减少对灌溉和化肥的需求。

我们还支持中国科学家开展提高家畜健康水平的研究工作，这对发展中国家的食品安全和农村经济具有至关重要的作用。我们正与中国商务部和农业部合作，共同推进非洲农业的可持续发展。

中国的第三大全球机遇是能源创新。中国目前已经成为可再生能源领域的全球领导者之一，而且最近还宣布将在 2020 年前，对可再生能源领域投资 3600 亿美元。无论从中国国内还是全球商业长远机遇的角度而言，这一举措都将产生丰厚的回报。

知易行难。中国现在需要找到常规能源和新能源技术的平衡点，这是一个不小的挑战。我们也需要更多类型的能源，在满足能源需求的同时实现温室气体减排。

中国在这方面能开展的另一项工作就是引领下一代核能技术的发展。下一代核技术将更加安全、廉价，并能克服目前核技术面临的许多困难。我投资的一家公司正与中国核工业集团公司以及其他中国企业合作，将这一设想变为现实。

我曾与习近平主席多次会面，他在巴黎气候大会上做出的承诺和领袖风范令我深受鼓舞。中国连同其他 21 个国家承诺在今后几年内对清洁能源创新领域的投入增加一倍。

我和马云先生，还有一些其他投资者共同成立了一支 10 亿美元的突破能源基金，用于支持早期能源技术开发，将实验室里最好的想法转化为市场产品。

中国拥有巨大潜力的第四个领域是软件开发。我还在微软的时候，从中国各大高校走出的计算机科学家和研发人员给我们留下了深刻的印象，直接促使我们在北京成立微软亚洲研究院，到现在一晃已近二十年。

目前，微软亚洲研究院仍然是微软在美国本土以外最大的基础研究机构，聚集了 200 多名全球顶尖的研究和开发人员以及 300 多名访问学者和实习生。

研究院最大的优点是研究人员可以自由地探索自己最感兴趣的领域，只有这样才有可能实现像微软小冰这样的突破。小冰是一款人工智能聊天机器人，在座有人可能已经在微博上和她聊过天，在电视上看她播报过天气预报，或者在《钱江晚报》上读过她的专栏。

小冰目前已经吸引了 4500 万名粉丝。她非常善于同时处理多项工作，最多可以同时和 23 个人聊天。而且我听说小冰现在已经能够感知用户情绪，甚至在别人失恋时给予安慰。

除了为微软开发新技术外，亚洲研究院还帮助已经有好产品的软件创业人员扩大业务规模。在过去两年时间里，从"微软加速器"项目毕业的125家公司中的大部分都获得了追加的投资，而且其中有三家创业型企业已经成功上市。

亚洲研究院还支持奔跑在通向成功道路上的软件开发人员。我们在中国已经招募了5000多名实习生。有一个消息一定会让你们感到开心——过去三年里从北大招募的实习生数量比清华多。但是差距并不大。所以，在座计算机专业的各位同学们，你们要加把劲！

技术毋庸置疑正在推动中国公益慈善事业的发展。2015年，公众通过中国四大在线捐助平台所捐赠的善款高达9.66亿人民币。

腾讯公益基金会几年前发起的"9·9公益日"取得了巨大的成功。这证明当人们拥有便捷的途径参与公益、回馈社会时，他们往往都会付诸行动。去年，在三天时间里，600万公众募集了高达3.05亿元人民币的善款，为3600余个项目提供了支持。这只是公益慈善事业在中国蓬勃发展的一个例子。

马云、马化腾、陈一丹、牛根生等一批成功的企业家已经令中国个人财富总值跃居世界第二，他们正积极采取各种行动参与公益、回馈社会。

中国去年生效的《慈善法》为个人参与公益慈善活动开辟了更多途径。人们积极参加各类重大公益慈善活动，比如去年秋季在北大校园举办的第6届全球社会化媒体与公益峰会，就吸引了众多年轻人的参与。

你们中的有些人可能会决定加入公益慈善组织，帮助弱势群体改善生活。不过即使不全职从事这样的工作，或者没有很多钱可以捐赠，你们依然可以通过其他方式贡献自己的力量。你们可以花时间去了解一个新的议题、为某个问题奔走呼吁，或者参与志愿服务，这些都很有意义。

大家想想，如果你坚信自己能让世界变得更美好，这该是多么令人心潮澎湃、备受鼓舞的事情。而眼下正是大家施展才华的最好时机。

当今，随着地缘政治风向的变化，中国有机会推动世界在最为紧迫的挑战上实现突破。中国的领导人正在抓住这一机遇，而传承这一事业则需要依靠中国的年轻人。

在过去的几十年间，成千上万的中国人获得了事业和财务上的成功。今天在座的许多人将来也会取得同样的成功。这是一件很棒的事。对我来说，在微软工作的每一刻都弥足珍贵，如果让我重新选择，我一定会选择再来一次。

后来，在从事慈善工作的过程中，我又遇到许多以其他方式挥洒激情、奉献才华的人。他们和我一样，都是乐天行动派——一群坚信现实能够改变并愿意为此付诸行动的人。

他们是大无畏的医生们，不顾自己的生命危险奋力拯救埃博拉患者的生命；他们是富有创造力的企业家们，通过无人机向偏远村庄运送救命药品；他们是来自社会各界的志愿者们，心甘情愿地帮助那些无家可归的穷人或面临生存风险的儿童。

你或许希望每一个在贫穷环境下成长的孩子都能获得足够的营养，以便在学校取得最好的成绩；你或许希望研发一种能够保护孩子免受疟疾威胁的疫苗；你或许希望设计一款电池，在夜晚照亮孩子的书桌，或者研发一项移动技术，有朝一日能帮助孩子开办自己的公司。

如果这正是你们想要做的，就放手去做吧。没有比现在更好的时机，也没有比现在更好的环境了。

问题1：请分析讨论中国的人力资源管理要如何开展进步才能跟上中国企业未来的变化。

创业的八大能力
——俞敏洪在多伦多大学创业论坛的视频讲话

各位多伦多大学的同学们，大家下午好。非常高兴来给大家讲话，也非常抱歉，由于工作原因没法亲临现场跟大家进行交流。这次给我的主题是有关大学生创业的问题，我想关于大学生创业，主要体现在以下八个能力上，在这八个能力上大家能够注重培养，就有可能取得成功。

第一个能力就是目标能力。首先，大家都想创业，谁不想当自己的老板呢？可是你还得问自己一个问题：为什么要创业？你有什么样的目标？想把它做成什么样的状态？我们不是为了创业而创业，而是为了做好一件事情，做大一件事情，并且前提是你在进行自我评估后发现这有可能实现的，这个时候你才能够开始创业。如果说你都没有目标，只是一时的冲动，只是觉得你应该去干点什么，并且对所干的事情又没有太多的热爱，那创业就只不过成为一种风气，而不是现实，你也不一定能做成大的事情。就我个人而言，我当初做新东方的时候，有一个非常明确的目标，那个时候从北京大学把大学老师的工作辞退后出来做培训机构，我希望自己能做成一个真正有意义的培训机构，也正是有这个目标，新东方的培训事业才蒸蒸日上、不断前进。随着培训的开展，新东方的目标也在不断改变，从最初的做一个学校变成想在全中国各地开设新东方学校，到现在我们已经做成了美国上市公司。总而言之，你的目标是上升的，但基础是不会变的，比如说我最初做新东方的基础就是想做成一个有品牌、有品位、为学生的前途负责、让学生喜欢的培训学校，从本质上来说，新东方到今天依然是这样的。所以我觉得目标能力对创业来说非常重要，而且你全心全意热爱这个目标的能力也非常重要。除此之外，你需要注意的一个问题是：你的这个目标一定是能够做大的，而不仅仅是为了自娱自乐。比如说你喜欢书法，就一下子去创立一个书法公司，这不太容易。

第二个我觉得非常重要的能力是专业能力。如果你对一个专业不懂就去创业，失败的可能性也很大。就像你开了一个饭店，假如你自己不是厨师，又没有太雄厚的资金一下子请很多大厨师，就很难把控你这个饭店的质量，而且很容易被大厨师炒鱿鱼。比如你请了一个大厨师，他做的饭很好，招来很多顾客，这时候他一看自己的地位很重要，就反过来跟你要价，说不给更多的钱就不干，你一生气把他开了，这样一来你饭店的菜也做不好了，最后面临倒闭了。十几年前我开始做新东方的时候，周围的很多培训机构都是被优秀老师炒鱿鱼给炒倒了。也是因为他们课上得很好，学生很满意，老师就开始向老板要价，老板自己又不懂教学又咽不下这口气，最后老师都跑到别的培训机构去了，老板就只能把学校关掉了。新东方当初能做下来很重要的一个原因是我自己就是个大厨师，也就是说新东方当时开设的很多课程，我自己都能教，因此我的老师在拿到他们觉得比较满意的工资时，就不会跟我提出非分的要求，他们知道，一旦提出过分要求，我自己能把他们的课给上了，同时又不会对新东方造成太大伤害。所以当你白手起家、身无分文，或者资金有限的时候，有一个重要前提：你必须是你创业的这个领域中的专家，是一个能控制住专业局面的人。比如你开一个软件设计公司，自己都不懂软件，你首先是把控不了质量，其次你把控不了人才，会很麻烦。这是第二点，就是原则上你必须在想创业的这个领域具备相当的专业知识、达到专业水平、才能有对专业的把控能力。

第三个能力是营销能力。一旦开始创业后，你该怎么做？比如说你的公司开了，产品也造出来了，下一步怎么办呢？如果产品造出来没人买的话，那公司白开了，有无数的公司都是开起来了最后却关门了，其根本之一就是他们不懂如何推销自己的产品，推销自己的公司品牌。因此我们要做的是把公司"卖"出去，一个是卖公司的产品；另一个更重要的是随着产品的销售，卖出公司的品牌，就是说让大众认可你的公司品牌，让大家都知道这个产品是从你公司卖出来的。这就涉及到营销，营销分两部分：

实的营销和虚的营销。所谓实的营销，比如我做新东方，营销的是新东方的课程，告诉学生为什么要来上这个课，上完能有什么收获。但是无数的培训机构一直以来也在营销课程，却始终只是小机构，而新东方能做大，这是什么原因呢？很简单，因为我们营销了品牌。就是说，新东方开始不断有内涵，到最后人们不是因为听到新东方有什么课程来上课，而仅仅只是听到新东方三个字就来上课，这个时候品牌营销就算是成功了，这就是虚的营销。在中国做企业，品牌营销往往还跟个人营销结合在一起，就是说你个人的形象有时候能够代表企业形象，所以往往要把个人的道德、行为和企业的道德、行为结合起来。比如大家讲到新东方的时候会说，新东方就是俞敏洪，俞敏洪就是新东方，讲到联想公司的时候会说，联想就是柳传志，柳传志就是联想。因此在中国，个人品牌的成长很大程度上就是企业品牌的成长，而企业品牌的成长倒过来也带动个人品牌的成长，这两个加起来形成你的公司强有力的虚的营销。加上你的产品本身也能被老百姓所接受，这样产品才会有价值。举个例子，一个生产鞋的公司，没有任何名气，尽管鞋的质量跟著名品牌鞋的质量不相上下，但品牌鞋卖一千，他这个也许只能卖一百，这中间差的九百块钱是怎么来的呢？是品牌营销，你没品牌所以价格提不高。所以一个公司要成功，品牌营销有时候甚至比产品营销还要重要，品牌营销的价值是无限的。这就是为什么我们中国造的包只能卖一千人民币，同样材质的包印上 LV 的标志之后就能卖十万人民币，背后都是品牌价值在起作用。所以，利用营销能力把产品推销出去，把品牌推销出去，把你自己推销出去，变成了企业发展的一个重要手段，也是创业者必须具备的能力。

第四种能力叫转化能力。第一种转化是把科学技术转化成生产力，这是我们常说的一句话。你拥有了技术，拥有了能力，但没法转化成产品卖出去，这是不行的。像比尔盖茨要是一辈子待在实验室的话，我估计他就是个穷光蛋了，他把自己的研究成果转化成了微软产品，推销到全世界，他就成了全世界的首富。所以把科学技术转化成生产力、转化成产品能力是非常重要的。第二种是转化你个人的能力，一般情况下，知识分子创业都有一个前提条件，就是能把在大学里学的专业知识转化为社会能力、管理能力。比如我从北大出来，完全不知道社会是什么样子，如果说抱着书生意气，抱着在学校里的那种单纯思想和行为方式去干事情，难度会比较大，即使在西方社会也是这样，更不用说在中国这样一个复杂的综合体里面。因此如果你不能把大学里的专业能力转化为社会能力、管理能力，就会很麻烦，你管自己一个人的时候也许管得很好，但管一帮人并不一定，那么你就需要学会从管自己一个人转换成管一帮人，也就是说把专业能力转换成综合能力，把专业才能转化成领导才能。而这种转化是要经历很痛苦的过程的，我个人从北大出来，到最后觉得自己当了新东方的领导，管着一百多人的团体管得比较得心应手，至少花了五年的时间。能力是能够成长的，现在我在新东方手下管着近一万人的教师和员工，依然没出现什么大的差错，表明了新东方管理能力的增加。所以人的能力是在不断转化的，关键是你自己要努力去转化，比如有很多大学生性格很内向，不愿意跟社会人士打交道，那你要想创业的话，这个交道是不能不打的，不打的话你就封闭了自己，同时把可能成功的机会也封闭了。

第五个能力是社交能力。进入社会，首先你要理解社会，要理解别人为什么要这么做。比如我刚开始出来的时候，社会上那些风气啊三教九流啊，我完全不懂，跟他们打交道的时候觉得特别吃力，新东方的发展也处处受制于人，一会儿居委会的老太太来把我骂一顿，一会儿城管的人来了又把我罚一通，最后弄得没办法。我慢慢慢慢学会了把自己放得心态平和，去理解这些社会上的人，最后当你开始混迹于这个社会，并且思想和境界又超越这个社会的时候，你大概就能干出点事情来了。你不能显示出不愿意跟社会打交道的样子，但你看事情的眼光又是超越社会的，"大隐隐于市，小隐隐于山"就是这个概念，小的隐士、没有什么出息的隐士才跑到山里去隐居起来，不愿意跟社会打交道，那些大的圣人、智者都是在社会中跟人打交道而思想境界又超于社会的人。做企业也是这样，一个企业家，如果不能和社会同存却又不超越于社会，就会很麻烦，所以我觉得社交能力对一个企业家或创业者来说，十分重要。

第六个能力是用人的能力。仅仅一个人做事情不能叫创业，那叫个体户，所以想创业的话你就得找一帮人，你的合作伙伴，你的同事，你的下属，这些人，从一开始你就得用对了，挑了没有能力的人最后做不出事情来，挑了过于有能力的人最后跟你造反、老是跟你过不去，你也做不出事情来，把人招进来了就得让人服你，因此就得展示你的个人魅力，还得展示你的判断能力、设计能力，让大家觉得跟着你走是有前途的，哪怕在最艰难的时候大家也愿意跟着你。阿里巴巴的马云之所以能成功，很大程度归因于他的个人魅力，他有能力把一帮人聚在一起，给他们不高的工资，给他们承诺未来，这个未来到最后不知道能不能实现，但大家会有一个期盼。所以用人能力是有巨大力量的，它是领导能力的一个典型体现。当刘邦打下天下，手下问他为什么能做到的时候，他说了这样一番话：其实我自己一点本领都没有，但我能够用萧何、韩信、张良等这样的人才，是他们帮助我打天下；项羽身边有一个范增，他都没有能力好好用上，最后一定被我抓起来。这就体现了领导能力的重要作用，一个孤军奋战的人也许能成为英雄，但他却不能成就事业。刘邦，不管他有没有打过仗，他都是我们心目中的英雄，还是领袖，因为他创建了一个几百年的帝国朝代，容纳了那么多的有识之士。所以，用人能力对我们来说是非常重要的，假如新东方没有相当一批人才，是做不到今天的，新东方有一句话叫做：一只土鳖带着一群海龟在这儿干，这只土鳖就是我，而海龟呢就是围绕在我身边的新东方几十个高层管理者，他们大部分都是海外留学归来的。大家都知道，海归本身眼界是比较高的，很多人眼睛都是长在额头上的，是很容易看不起土鳖的，所以我就必须抱着为他们服务的心态，同时我自己的学习能力必须超强，在很多方面必须接近甚至超越他们，他们才会服你，才会跟着你干，当然，当你想做出一番大事业的时候，会发现身边的人越来越多，各种各样个性、想法的人越来越多，你要能把他们统一在一起，既要运用利益的杠杆，又要动用感情的杠杆、事业的杠杆把他们完美地结合在一起，是一件挺不容易的事情。

第七个能力就是把控能力。包括几个方面，首先是对企业的把控，企业的发展速度是什么？发展节奏是什么？什么时候该增加投入？什么时候应该对产品进行研发？等等。其次是对人的把控，当一个人走进你的公司之后，他会根据自己的能力和贡献每天衡量自己到底应该得到什么，人与人之间永远会寻找一种平衡关系；人与人之间还有另外一种关系，就是每天都在衡量我在对方心中的分量到底有多重，当对方觉得你的分量重、他没有分量的时候，他是不会来跟你计较的，等到对方觉得他的才能、他的技术或者他的领导力已经达到能和你较劲的时候，对方不提出来，那他就是傻瓜。所以，人与人永远都是在一种平衡中间，而这种平衡需要你对人性进行很深刻的了解，并且随时把握每个人的动向，满足他们的需求，同时还能压制住他们不合理的要求和欲望，能够让他们跟你一条心、不断往前走。其实对人的把控能力、对环境的把控能力、对企业发展步骤的把控能力，构成了你创业是否成功的重要条件。

最后一个能力就是革新能力。所谓革新能力就是 reform，renovation 等等这样的能力，也就是需要你不断把旧的东西去掉，把新的东西引进来，进行体制上的革新、制度上的革新、技术上的革新以及思想上的革新。从我自己做事情的过程来看，一个人或者一个企业家成长的过程，就是不断否定自己的过去，承认自己的现在，追求自己的未来的过程。一旦你觉得现在这样就已经挺好，做成这样已经不错，就不会有更大发展的空间。我在新东方，经历了无数次的否定，你看新东方从个体户发展到家族店，然后变成哥们合伙制，接着变成国内股份制有限公司，然后发展成国际股份制有限公司，最后变成美国上市公司，每一个步骤都是脱了一层皮的，因为每一次改变都意味着要进行大量的利益改革和结构改造，大量的人事改革和改造，如果你改不过来，企业就有可能面临崩溃。当初跟我一个时期做外语培训班的人，很多到现在依然是夫妻店，这是我十五年以前的状态，但新东方迅速把夫妻店改变成了现代化的企业，每年培训一百五十万学生。每一次的改革伴随着阵痛，但也伴随着发展，而改革还得把握好步骤，如果改得不好、改得太猛了，企业也有可能崩溃掉；但如果停滞不走，也会崩溃掉，这就像中国的社会政治经济改革，如果想一步到位，一下子把所有东西都变成现代化，那会有危险，但中国若不改，就会陈旧落后，也很危险。因此，每走一步都要小心，又不能不走。对创业的改革也非常重要，比如说在技术方面，你不更新的话，最后就会失去市场，也会失去机会，在这一点上我个人非常佩服 Steven Jobs—苹果公司的老总，他刚开始在苹果，后来被苹果公司弄出去之后他又做动画片，电影也做得很好，后来又开始研究 i-pod，i-pod 还在热销的时候他却又开始研究 i-phone，现在 i-phone 也在全世界热销了，所以每走一步，他的思想都是超前的，尽管 Steven Jobs 得了病，身体很不好，但他依然不失为一位创新、革新的英雄和时代的弄潮儿，我们要做企业就得向这样的人学习。

总而言之，以上提到的八种能力，是我觉得在创业中最重要的八种能力，也是人们能成就大事业的八种能力。讲这些话，希望跟同学们共勉，也希望大家在多伦多大学这样的世界名牌大学毕业后能回到中国创业，有事情还可以来找我。

祝大家成功，谢谢大家！

问题 1：运用领导理论分析本案？

问题 2：分析创业型企业家必须具备的素质？

奥巴马在父亲节讲话 [①]

"在我们建立我们生活所依附的岩石中，今天我们要记起来的是，最重要的岩石是家庭。我们须要认识到并予以肯定的是，每位父亲对这个基础能起多么关键的作用。父亲是教师和教练，他们是导师和生活角色的模范，是成功的榜样，亦是老推动我们走向成功的人。

"但如果我们坦诚的话，我们应该承认有太多的父亲不在其位——不在太多人的生活里，不在太多的家里。他们置他们的责任于不顾，表现得像小男孩而不是男子汉。我们许许多多家庭的基础也因此而变得更加薄弱了。

"你我都知道这种情况在非洲裔美国人的社会里多么真实。我们知道一半以上的黑人小孩住在单亲家庭里，这个数字比我们童年时代高出一倍。统计资料告诉我们：生活里没有父亲的孩子比较容易落入贫困或犯罪的可能性高出五倍；他们比较容易弃学的可能性高出九倍；比较容易关进监狱的可能性高出二十倍。他们比较可能出现行为问题，比较可能离家出走，比较可能成为青春发育年龄期父母。由于父亲的缺席，我们社会的基础变得更加薄弱。

……

"但我们也需要家庭来抚育我们的子女。我们需要父亲们能认识到做父亲的责任并不终止于导致怀孕。我们需要他们认识到，不是有生孩子的能力，而是有抚养孩子的勇气才配称男子汉。

"我们需要帮助那些正在靠自己抚养孩子的母亲。她们送孩子上学，去

---

① 来源：http://www.360doc.com/content/11/0625/12/6817089_129453457.shtml.

上班，下午接孩子回家，再上一次班，做饭和准备午餐饭盒，付帐单，打点家务，以及种种需要双亲干的工作。许许多多的妇女正干着这些英勇伟大的工作，但她们需要支持啊。她们需要另一个家长。她们的孩子也需要另一个家长。唯有如此他们才有牢靠的基础，我们的国家也才有牢靠的基础。

"我知道身边没有一个父亲的苦处，当然我的处境没有像今天许多年轻人的处境那么不幸。虽然我的父亲在我两岁时就离开了我们，而我只从他所写的信和我家庭讲到他的故事中了解到他，但我比大多数无父的小孩都幸运。我在夏威夷长大，我有两个来自堪萨斯州的外祖父母，他们尽他们的一切帮我母亲抚养我和我妹妹，也帮她教导我们对人要有爱心、尊重和有责任感。我做错过许多不应做错的事，但我获得了许多改过自新的机会。虽然我们没有很多钱，但奖学金让我有机会上我们国家一些最好的学校。今天很多小孩未能获得这些机会。他们的生活中不容他们有犯错误而改过自新的机会。所以在这一点上我个人的故事与他们是不同的。

"尽管如此，我了解我母亲作为一个单亲所要付出的艰辛：有时候她吃力挣扎着清还账单；挣扎着给我们那些别的孩子有的东西；挣扎着扮演应该由双亲扮演的角色。我也知道因此我所要付出的艰辛。所以我多年前已下定决心要打破这个恶性循环——我下定决心，如果我一生中有何成就的话，我要作为我女儿的好父亲；如果我能给予她们任何东西的话，我要给她们那个她们能建立她们生活的岩石——那个基础。那将是我所能给予她们的最贵重的礼物。

"我在讲这些话时，我心里明白我是一个缺点多多的父亲——我知道我犯过错误并且将仍不断地犯更多错误；我希望我能比现在有更多时间在家陪伴我女儿和太太，可是又做不到。我心里明白这一切，因为纵然我们缺点多多，纵然我们困难重重，有某些教训是我们为父的应该尽可能地去亲历和总结的——不管我们是黑人或白人；富人或穷人；来自"南边"区（芝加哥南部较穷的住宅区）或来自富裕的郊区。

"第一个教训是给我们的子女做出一个绝佳的榜样，因为如果我们对他们抱有很高的期望，我们对自己也应该抱有同样高的期望。你有一个职业是件好事；有一个大学文凭更好一些。结了婚而又能跟孩子住在一起是再好不过了，但却不能只坐在家里而整个周末看电视的"体育中心"节目。许多孩子就是因为有这样的父亲而在电视机前成长起来的。作为父亲和家长，我们应该花更多时间在他们身上，帮他们完成作业，时不时让他们抛开电脑游戏或遥控器而捧上一本书。这就是我们要建立那个基础所应做的事。

"我们明白学校教育是孩子未来的关键。我们明白他们不再是只跟印地安那州的孩子竞争获取未来的好职业，而是跟印度、跟中国、跟世界各地的孩子竞争。我们明白为此所需的努力、学习和教育水平。

"你知道吗，有时候我去参加八年级（初中）毕业典礼，那里张灯结彩、花团锦簇、学生一个个礼服盛装。我在想，那只不过初中毕业呗。要想真正参与竞争，他们必须高中毕业，然后必须大学毕业，也许还得拿一张研究生文凭呢。在今天，只完成初中教育是竞争不过人的。让我们握一握他们的手，叫他们把屁股移到图书馆的座椅上吧！

"如果我们要把这种追求卓越的精神输进我们孩子脑里的话，就得靠作为父亲和家长的我们了。要靠我们告诉我们的女孩，别让你的自身价值被电视上的形象所操纵影响，因为我要你能做你最大的梦，去为之而奋斗。要靠我们告诉我们的男孩，收音机里的歌曲有美化暴力的可能，但在我家里我们的生活是为了美化成就、美化自尊、美化辛勤的劳动。让他们知道我们对他们抱有这些期望就全靠我们。这也就是说，我们自己也得达到这些期望的水平，我们在生活中也要做个追求卓越的榜样。

"第二个教训是，我们为父所应做的是传给我们孩子对人应有同感empathy 的人生价值。不是同情，而是同感——即能设身处地地为人着想，将心比心；能透过别人的眼观世界。有时候我们是那么容易地执著于"我们"，而忘了我们相互之间所应承担的义务。我们的社会有这么一种文化（流行的看法），认为牢记我们相互之间所应承担的义务是一种软弱的表现，因此我们不应该对人表示关爱。

"但我们年轻的男孩女孩都会观察到这一切。他们会观察到你不理会或虐待你的妻子；会观察到你在家不为别人着想的表现；会观察到你的冷漠无情；会观察到你只为一己之私着想。所以，我们在学校或在街上会看到这些同样的行为表现是不足为奇的。这就是为什么我们必须以身作则来把同感和关爱这些人生价值传给我们的孩子。我们须要给他们做出这样的榜样——强者不是把别人击倒而是把别人扶起来，这才是强者。这就是我们为父的所应负起的责任。"

……

接下去奥巴马谈到政府应如何帮助尽责的父亲和所应采取的措施。然后他接着说道：

"我们应该采取这一切措施来为我们的孩子建立一个坚实的基础。但我们也必须明白，即使我们做到这一切，既使我们做父亲和家长的尽了我们的义务，即使华盛顿政府履其职责，我们在生活中仍然会碰到许多艰难的挑战。人将仍会有挣扎与痛苦的日子。风仍会在吹，雨仍会在打。

"因此最后我们为父的应总结的教训，也是我们可以传给我们孩子最贵重的礼物，就是希望这个礼物。

"我讲的希望不是空谈的希望——那种类似盲目的乐观主义或对问题不加考虑的盲干。我讲的希望是那种寄托于我们内心的精神——即坚信在逆境中我们只要愿意为之努力而奋斗，就会有更好的事在等待着我们。只要我们有这个信念啊。

"前一天我在威斯康星州的一个市政厅座谈会上回答问题。有一个年轻人举起手，我猜想他想问的是有关大学学费、能源问题或者也许有关伊拉克战争。但他不问这些，却很严肃地瞪着我问道：'生活对你有何意义？'

"欸，我必须承认我对这个问题毫无准备。我当时开始回答得有点结巴，然后我停下来，想了一会儿就说道：

"我年轻的时候，我想到的生活就是关于我——我如何为自己在世界闯出一条路来，我如何取得成功，以及我如何获得我所要的东西。

"但现在，我的生活围绕着我的两个小女儿。我想到的是我要留给她们一个什么样的世界。她们应该生活在一个只有一小拨人富有而一大拨人为了生存而必须每天挣扎的国家吗？她们应该生活在一个依旧有种族歧视的国家吗？生活在一个由于她们是女孩而不能享有与男孩同样多机会的国家吗？她们应该生活在一个由于我们不能与其他国家有效地合作而被世人所讨厌的国家吗？她们应该生活在一个由于我们对气候所造成的不良影响而出现严重危机的世界吗？

　　"我所深刻认识到的是，你如果不愿意为我们的孩子——所有我们的孩子，作出一丁点贡献而留下一个更美好世界的话，生活就没有多大价值。哪怕这很困难，哪怕所要做的工作有多艰巨，哪怕在我们一生中所能做到的还远离目标甚远。

　　"这就是我们做父亲和做家长的最重大的责任。我们尝试，我们希望，我们尽力把我们的房子建在一个最坚实的岩石上。风吹雨打时，让风雨吹打房屋吧，我们坚信我们的主会领导我们，看着我们，保护着我们，带领着祂的孩子穿过暴风雨的极度黑暗而走向更美好未来的光明。这就是今天父亲节我为我们大家做的祈祷，也是我对我们国家将来所抱有的希望。原上帝保佑您和您们的孩子。谢谢大家。"

问题 1：请从工作分析的角度结合文章探讨一位父亲的工作内容。

GE——六西格玛招聘 [①]

公司背景

世界上最伟大的发明家之一——托马斯·爱迪生先生于 1878 年创立爱迪生电灯公司，这个公司如同他本人，后来亦成为世界上最伟大的公司之一。该公司在 1892 年与汤姆森·休斯顿电气公司合并，成立通用电气公司（General Electric Company），也即是今天大名鼎鼎的 GE。

GE 是一家多元化的科技、媒体和金融服务公司，产品和服务涉及飞机发动机、发电设备、水处理、安防技术、医疗成像、商务、消费者融资、媒体以及高新材料等多个领域。目前拥有 30 多万名员工，客户遍及全球 100 多个国家。早在 1906 年 GE 已开始在中国开展贸易，1908 年在沈阳建立第一家灯泡厂，1991 年在北京成立第一家合资企业 GE 航卫医疗系统有限公司。至今，GE 在中国建立了 40 个经营实体，拥有员工 1.1 万多名。2005 年，GE 在中国的销售收入已高达 50 亿美元。

道琼斯工业指数 1896 年自设立以来，GE 是唯一至今仍在指数榜上的公司。世界著名财经日报英国《金融时报》连续数年将 GE 评为"世界上最受尊敬的公司"；世界著名财经杂志美国《财富》2006 年 7 月公布的世界 500 强公司排行榜中，GE 凭借 1571.5 亿美元的年营业收入位居第 11 名。

---

① 来源：http://www.docin.com/p-662887590.html.

企业文化

GE 价值观

好奇求知　积极热忱

善用资源　勇于负责

团队协作　恪守承诺

开放大度　激励奋发

想象——我们将想象化为实际行动，为客户、大众和社区工作。

解决——我们协助解决一些世界上最棘手的问题。

营造——我们推崇业绩文化，拓展市场、培养人才、为股东创造价值。

领先——我们唯才是用，以学习进取、兼容并蓄、求新求变的精神保持企业领先。

六西格玛招聘

处于危机之中的摩托罗拉于 1987 年开创了六西格玛管理，实施三年后取得空前成功，产品不合格率急速下降，且此过程节约成本 20 亿美元之多。然而，真正把这一管理理念变成一种企业文化的是 GE，也正是 GE 的成功实施让六西格玛风靡世界。

西格玛（σ）是一个西腊字母，作为统计学术语，代表标准差。σ 描述数据的分散程度，度量对目标值的偏离程度。GE 采取分布中心上下漂移 1.5σ 来设定西格玛标准，3σ 水平对应的不合格率为 66807ppm（百万分之缺陷率），4σ 水平为 6210ppm，5σ 水平为 233ppm，6σ 水平为 3.4ppm。GE 的 6σ 水平为 3.4ppm，即每一百万个机会中只有 3.4 个错误或故障，这个水平已成为六西格玛管理的默认标准。管理中的六西格玛指：通过设计、监督每一道生产工序和业务流程，以最少的投入和损耗赢得最大的客户满意度，从而提高企业的利润，其目标是一百万次机会中出现的错误或故障低于 3.4 个。

GE 实施六西格玛经历了两个阶段：第一个阶段从 1996 年到 2001 年间，Jack Welch 出任 CEO，不惜血本开展六西格玛培训，绿带培训时间长达五个星期，最有前途和潜质的人都去争做绿带（半专职的六西格玛项目组成员）和黑带（专门从事六西格玛项目的骨干成员）；第二个阶段从 2001 年开始，Jeff Immelt 接任 CEO，因商业环境变化，绿带培训改为一周左右的面授 + 网上自学 + 网上考试，绿带和黑带的认证流程更加规范，六西格玛不再高高在上，而是 GE 普通培训中的一种。

GE 已成功地将六西格玛从一种质量管理方法演变为一个高度有效的企业流程设计、改造和优化管理方法，并在生产、研发、营销、人力资源管理等领域普遍运用。六西格玛已成为 GE 的 DNA。

招聘是控制人员流入 GE 的关键环节，新员工能否达到 GE 要求，招聘负有重要责任。为把好关口，GE 开创并实行六西格玛招聘。

首先是设立评价招聘工作的标准，GE 从招聘周期、招聘费用和招聘质量三个方面衡量。招聘周期越短越好，如果没有按期招到适岗人员，就要分析原因，是劳动力市场人才紧缺，还是招聘活动出了问题。招聘费用越低越好，招聘费用主要由招聘方式决定，每种招聘方式都会有相应的费用标准，这个标准根据实际情况制定。招聘质量越高越好，公司希望招到能合格上岗、融入 GE 文化的员工。通用电气（中国）有限公司人力资源部总监王晓军表示，GE 主要从三个方面考察应聘者：专业素质和专业标准是否符合岗位基本要求；道德品质是否与 GE 价值观匹配；是否有发展潜力。根据这些标准，GE 严格定义了人力资源管理工作中的"次品"，如招聘周期过长、招聘费用过高、招聘的人员质量达不到原定要求……招聘的三个指标在一定程度上有冲突，特别是周期与质量、费用与质量，常难以同时提高，因此综合考虑更为重要。GE 已建立了一套衡量体系，用来评价每一次招聘活动。

实际操作，用六西格玛 DMADV 方式管理招聘工作。Define（定义），首先是发现存在的问题，知道问题出在哪，并有针对性地设立目标，确定由谁负责组建团队来实施这一项目。Measure（测量），衡量现在所做工作的具体情况，衡量的内容包括现有的案例和数据，还有被招聘者的意见，了解被招聘者希望招聘工作达到的标准，以及找到影响招聘效果的因素。Analyze（分析），分析每个步骤出现的问题，分析新的职位数据，与现有的数据和案例比较，找出招聘流程中存在的问题。Design（设计），设计出更优的招聘方案和程序，避免问题再次出现。Verify（检验），在工作中试运行招聘方案和程序，检验其是否可以有效地提高招聘效果。DMADV 是 GE 的招聘程序，将整个招聘活动监控在六西格玛管理这下。通过持续执行 DMADV 程序，使招聘工作得到不断完善和提高。持续更新，是适应新形势的基础，也是实现领先的前提。

　　六西格玛是用严谨的科学方法实现管理，GE 正逐步建立自己的招聘案例数据库，这是建立科学衡量体系的基础。将源于质量管理的六西格玛管理引入变数颇大的招聘，具有挑战性，GE 的成功不但证明了其可行、科学，更重要的是给人力资源领域带来了一些重要的启示。

问题 1：请按六西格玛的方法，设计一套招聘方案
问题 2：GE 的六西格玛招聘给我们带来哪些启示？

西门子招聘
摘自《高效人力资源管理案例——MBA 提升捷径》

西门子人事部经理的重要日常工作之一，是访问高校，为企业寻找"企业家类型的人物"。西门子需要的不是只会打工的人，他们更青睐于那些有企业家气质的人才。他们要的"企业家"要有良好的考试成绩和实习成绩，要有丰富的语言知识，除此外，还要有广泛的兴趣、改进工作的愿望，以及有好奇心、沉着冷静、坚毅顽强等个性。

虽然知识很重要，但西门子坚持把知识、经验、能力三者结合起来考虑，而且更看重对后者的考核。能力考核占40分钟，经验考核占30分钟，而知识考核仅仅只用5分钟！对此，西门子有自己独特的解释：能力提高是缓慢的，公司期望录用的人才本身就具备较强的能力；知识改变是迅速的，知识量在两三年中就可发生巨大改变，经验也会随之而变。因此，知识虽然重要，但不是决定因素。一个能力强，而又有学习意愿的人，才能在西门子找到适宜发展的空间。

问题1：对于企业而言，招聘"企业家类型的人物"会带来什么样的风险？在什么条件下会青睐这类应聘者？

问题2：挑选应聘者，西门子为何希望他们有好奇、沉着冷静、坚毅顽强的性格？

京东刘强东：我管 75000 人，就靠这 4 张表格

刘强东

我最讨厌讲心灵鸡汤，所以今天不会跟大家讲任何心灵鸡汤，特别是创业鼓励的话。

如果创业者的激情需要别人的鼓励，我认为是很可怕的。激情永远是来源于自己，不需要别人的鼓励。

我今天跟大家分享一下，京东是怎么管理人的。不管是治理国家还是治理企业，甚至小到家庭的治理，有两件事最重要：一个是人事权，另一个是财权——这也就是通常说的管人和管钱。

我们 2004 年做电商的时候，公司总共有 36 个人，截至昨天（3 月 30 日）晚上，已经有 75000 多人，而且年底还可能新增近 4 万名员工，此外还有十万多名村民代表。

我们这一课就讲讲如何"管人"。

第一张表　能力价值观考核

给大家分享一下京东公司内部的几张表格，第一张表格叫能力价值观体系，这是京东第一张管人的表格，也是最重要的表格。我们选人、留人包括辞退，用的其实都是这张表格。

照这张表格，如果把一个人用量化标准评分，对所有员工进行分类，在公司里分成这样几类：废铁、铁、钢、金子和铁锈。

如前所说，做这个分类依据的标准是能力和价值观。能力就是业绩和绩效；价值观则没有得分高低之分，而是看匹配度，即员工与企业文化的

核心部分是否匹配。

京东用人的原则是价值观第一，能力第二。一个人如果价值观不匹配的话，我们从来不用。

公司要对每个员工进行一个价值观匹配度的考核，比如通过问卷调查等等，或者是在3个月试用期之内，对他日常工作的言行进行观察，基本上可以判断出这个人的价值观和公司的价值观是否匹配。如果说价值观得分很低，这在公司眼中是第一类人，我们内部称之为废铁。这样的员工在招聘的时候一般就不会要，即使他通过面试，也会通过后续的观察而放弃。

第二类员工的价值观跟公司非常匹配，但能力绩效就是不能达标。我们把这类能力一般、价值观匹配度很高的人称之为铁。对待这类员工我们一般会给予至少一次转岗机会。比如说你做采销的，能力、业绩老是上不去。怎么办？你是否有别的喜好和才能，比如说去别的部门，总之我们至少给一次机会，或者是培训的机会，或者是转岗的机会。但是当一次转岗或者培训之后，绩效仍然达不到要求，公司要请他走。

第三类是员工中的大部分，80%的员工能力价值观都在90分之间，我们称之为钢。这是公司员工的核心和主体，一般来讲比较稳定的结构是占80%。

第四类员工非常强，价值观和公司匹配度非常高，能力也非常高，这类人我们称之为金子。他们在公司当中一般占20%，有可能是技术人员，不一定是管理人员。

最后一类是能力非常强，业绩非常好，但是他的价值观跟公司不匹配，这类人我们称之为铁锈，他们往往最难对付，也是第一时间就需要被干掉的一类，因为他们比废铁还要糟糕。为什么？因为铁锈有腐蚀性——他们能力强，口才又好，会有机会成为群体领导。某一天他对公司可能造成很大的破坏和杀伤。因此即便失去这类人可能给公司业绩带来很大的损失，也不能让铁锈待在那里，宁愿职位空着。不过领导者要注意的是，这种人能力强，隐藏性也很强，通常你并不容易发现他的价值观跟公司有什么重大的不同。

以上是我们公司选人和用人第一个重要的表格，每年公司所有中高级管理人员，副总监以上都要做一次 360 度的考核。考核内容包括他的能力，一年连续 4 个季度的业绩得分；再有就是对他同级别的、上级和下属 360 度的访谈，以及无记名打分投票的方式，以此来考察他的价值观。

也许有人会问，为什么是金子 20%、钢 80% 的结构？实际上，金子太多或者太少，都不是最稳定的结构，可能会影响公司的发展。很多公司经过多年的打拼，公司能够上市，也取得巨大成功，但这样的公司金子太多，这时可能会有很多金子出去创业，或者纷纷被拉走。所以有的时候如果看到一家公司高管纷纷离职，也许恰恰说明这家公司的金子太多了，而公司的现金、奖金、各种股票等资源，一般来说也就只能支撑 20% 的金子。二八规则在世界上都是普遍存在的，人才结构如果是 80% 的钢和 20% 的金子，会是一个相对稳定的团队结构。

第二张表　避免给单一员工大权

把人选定了之后，人事权之后是授权。管人怎么管？谁管谁？怎么一个管法？我们把第二张表格叫 ABC 原则。放到 HR（人力资源）部门，就是我们公司的 HRABC。

什么叫 ABC？简单说就是按照级别划分，C 级汇报 B 级，B 级汇报 A 级。在人事权管理中，C 的加薪、辞退、奖金、股权等等，由 B 来决定。与之相应的，B 级由我来决定。比如说我只能管公司的副总裁，而招一个总监都不用经过我面试，对于升职、加薪、授权包括辞退等，我都不知道。但是我们公司设立 CEO，这个必须是我要知道的。

所以按照 ABC 来讲，我是 A，子公司下面的副总裁属于公司的 C。这样做是为了避免一个人说了算，同时旁边还跟着 HR。也就是说业务部门说某个人可以加薪，HR 为什么要在旁边？它并没有提名权，但它可以审核，它不可以跳过 A 或者 B 来决定给 C 升职，给 C 涨工资，HR 没有这个权力。

对 C 的提名应该通过 B 这一块，A 不可以跳过 B 给 C 加薪和升职。

HR 会监督你的决定是否符合公司价值观和普遍人事的政策。通过这种 ABC 的资源管理，就避免了给公司单一员工决定生杀的大权。

第三张表　优化公司管理质量

第三张表格就是公司的 8120 原则，这也是我们管人的一张表格。

这是什么意思呢？我们认为一个中高层的管理人员，最佳的管理数是 8 到 12 个人，这能让他有足够的时间去思考，去想战略，同时也并不清闲。我们看到由很多公司都是一个人管理两个人的结构，在京东不会允许这样的情况。

如果出现这种情况怎么办？那就对现有结构进行合并，让它变成一个团队。在京东，每个管理人员管理的下属不能低于 8 个人，低于的话底下的部门要合并；假如超过 12 个人了，那么管理者的业绩可能又会受到影响，当然 12 个人并不是一个死的上限，不过原则上不超过 12 个人的话，业务不允许被分开。

举例来说，我的一个副总裁可能管了 9 个总监，此时公司只会有一个副总裁，不可能有两个。但如果一个副总裁管到 13 个甚至 15 个总监，那么在超过 12 个之后，公司可以考虑设立第二个副总裁。

20 又是什么意思呢？对公司最低层的管理人员来说，我们要求每个主管管理的人员不低于 20 个。为什么呢？基层员工业务比较单一，我们要求不低于 20 人，我们有的时候管了 50 人到 80 人的情况都有。这样就能避免公司人浮于事，官太多，人太少。

第四张表　杜绝帮派与业务依赖

最后还有一个原则——2N 原则——有两件事情在公司是不可以做的。

第一个不可以，是所有加入集团公司的管理者，过去有很多工作经历，每个人最多只能允许在原单位带一个人过来，如果带人多了怎么办？也欢迎，那就去别的部门。在你的部门最多只允许带一个人，公司原则上是鼓励你一个人不要带过来。很多公司是一个部门来了一个头儿，带了很多原部门的人。等到这个头儿走的时候，发现底下这些人都走了。这样是非常可怕的，给公司的损失会很大，因此我们不允许。

第二个不可以是，所有管理人员给你一年的时间，找到指定公司认可的人员，如果找不到的话，第二年新的业务也不会给你，加薪也不会给你。如果两年之内还是找不到，公司会请你走，必须离职。

第一个原则是为了避免公司内产生帮派情绪，第二个原则是确保公司必须有人员备份，不会因为一个高管人员的离职使业务瘫痪。

上述这4张表格决定了公司选人、用人、留人的基本原则。当然，每个公司都不一样，所有行业也不一样，以上仅仅是针对京东过去十几年来所采用的管理模式。比如纯技术公司，当然可以适当加以改造。

创业公司管人是最难也是最重要的事情。如果说一家公司失败了，多数不是因为钱的问题，而是团队出了问题。

公司成功和失败，首要因素永远是团队。如果说哪块业务出了问题，我们基本不考虑竞争因素、政策因素、市场因素，我们就找人的原因——业绩不行多半就是团队出了问题。

问题1：结合所学知识评价刘强东的管人策略。

宏基人力资源案例
宋联可

　　宏基面对个人电脑销售业务停滞、公司股票严重下滑两大困境，2003年底，台湾最大的电脑厂商 Acer 公司决定进行公司重组。此次重组将五个运筹部合为一个，精简人员，业务重点从硬件转为软件和电子商务。公司的业务整合及结构重组，最重要的是人的重组，人力资源部成为此次任务最重的部门。人力资源部具有战略伙伴的地位，在企业转型中扮演重要角色，为了配合重组，人力资源部毫不犹豫地烧了"四把火"。

　　第一把"火"是减员增效。宏基第一次大规模裁员是在 1990 年，这次高达 900 人的裁员是有历以来的第二次大规模裁员，此次剧烈阵痛必须经受住各方的考验。裁员是必然，不仅是要给员工危机感，更是为企业压缩成本，这是战略第一步。第二把"火"是实行短期措施。短期措施要达到的目标是在 3-6 个月内见效，"简易总动员"是短期措施的主要内容。成立一个"五人小组"，专门负责收集各类提案。针对公司原有的不合理制度和流程，员工可以随意将提案交给"五人小组"，由他们处理并做最终决策。这种方法让宏基在短时间内提高了工作效率和服务质量。第三把"火"是制定长期目标。绩效考评和塑造文化是两大长期任务。在绩效考评上，年初制订绩效指标，年终根据考核结果分红。事先公开各类制度和规则，主管有三次机会，员工有两次机会，如果不符合要求，将被淘汰出局。在塑造文化上，进行了调整，更加注重绩效导向、赏罚分明以及顾客导向。第四把"火"是先拿"主管"开刀。设计了五个考核主管能力的指标：是否能合理制定目标；是否可以适当授权；是否可以做沟通辅导；是否能做到赏罚公平；是否可以领导变革，帮助公司改变现状。每项指标都具体化、量化。从总经理到基层主管都要上两天的课程，来了解这些指标。所有员工给自己的主管打分，第一次打分只给主管本人看，用来了解自己什么地方需要改进；第二次打分在四个月后进行，打分结果会占到全年绩效考核总分的20%，这次打分中平均分低于3.5分（每一项指标满分为5分）的主管将面临职位不保的可能。

人力资源部不仅是企业制度的执行者，更是决策者，要从战略层分析问题、解决问题。人力资源管理必须配合企业战略，设计与之匹配的人力资源战略与规划。

问题1：为了配合公司重组，人力资源部烧了"四把火"，请分析这四方面工作对配合公司战略分别起到了什么作用？

问题2：为什么绝大多数企业进行变革时，裁员往往作为一项重要的战略计划？

人才工程管理——清华紫光 [1]

通过一定的方式完成的一项重大任务叫做工程，清华紫光把与人才有关的工作也作为一项重要的工程，而且是清华紫光的首要工程。这是张正本在1991年提出的，如今已颇有成效，事实证明，人才工程的成功，是清华紫光成功的根本保证。

人是技术载体，人才是科技竞争中胜负的首要决定因素。正因为清华紫光依托清华大学，在人才资源上占有特殊的优势，它为清华紫光的三大板块输送着源源不断的专业人才，是人才的源泉。

清华紫光人才工程的基本战略是宏观选拔、微观培育。

清华紫光留住人才和使用人才所采取的方针是提供适合其创造发展的舞台，创造良好的工作条件和环境，提供少后顾之忧直到无后顾之忧的后勤服务。

在用人上，还讲求用人不疑、疑人不用的原则。

清华紫光把人才分为帅才、将才、兵才和闲才四类。帅才是只要提供舞台和基本条件就能为企业带来丰厚利润的人；将才是提出主攻方向并提供基本条件能完成任务的人；兵才是在指导下能完成具体工作的人；闲才则是什么都干不好的人。企业中四类人都有，如何安排好四类人的结构是企业人力资源配置的关键。帅才是目前企业中最缺少的人才，但太多也会让企业不稳定；闲才要尽量地减少，他们会影响企业活力，所以清华紫光提倡合理地配置前三类人才。人才在层次上不同，即使在同一层面，也有

---

[1]　来源：http://www.docin.com/p-60748742.html?docfrom=rrela.

专长的不同，所以还要讲求"文理渗透，合理搭配"。人才工程不是对个别人才的挑选和提拔，而是对帅将兵三才的合理配备和发展。

利用人才要做到"适时适才适所"，就是在适合的时候，把适合的人才安排到适合的位置上。企业在前进中变化，人才也要跟上企业变化的需要，不能满足工作需要的人，会被踢下这个位置；工作能力强的人，则会往更高的位置走，任何人在企业的位置都不是一成不变的。

为了激励人才，清华紫光实施了股权与期权激励。员工持股计划是一场始于美国的静悄悄的革命，它的基本管理哲学思想是"企业财富是员工创造的，企业利润首先要回报员工"，持股对员工的激励作用是因为实现了利益分享，同时改变了员工在企业中的位置，更为主动地为企业发展而效力。对于中高层管理人员和核心技术人员，企业采取股票期权激励，将企业与个人的长期利益捆绑在一起。股权与期权制度，是现在时尚流行的激励方法，因为它改变了员工与企业的关系，将两者的利益紧紧地联在一起。清华紫光作为高新技术企业，一直走在社会的前列，2000年就得到了清华大学领导的批准，于2001年将清华大学所有权益20%对应的分红权授予清华紫光集团的全体员工。同年对母公司进行改制，使员工在母公司持股，并争取进入试点单位行列。

在薪酬体系方面，2001年清华紫光又推出"工资＋期权工资"的人力资源薪酬决策，就是在原有的工资基础上，增加一个工资额度，这部分工资会在3到4年内发到员工手中，所以称为"期权工资"，公司又戏称之为"以观后效工资"。

员工养老金计划，也是清华紫光的一种重要激励办法。因为目前中国股市尚不成熟、期权的作用还不能很好地体现出来，而养老金计划更适合中国现在的国情，更能稳住员工的心。员工每年从自己的工资中按比例抽出一部分作为养老金，企业在此数额的一定倍数上增加金额，将这些资金一同存起来，等到员工退休时取用。在清华紫光工作不超过10年就离开的员工不享受养老金待遇，退回他个人工资的部分，不发放企业增发部分；相反，在企业工作越久得到的养老金就越多。员工养老金计划不受股市变化的影响，比较稳定，这很适合中国人比较求安稳的心理，所以受到员工的欢迎，能很好的发挥激励作用。

清华紫光还非常重视对人才的信任，这是对人才精神方面的激励。"疑人不用、用人不疑"、"不打双打"、"不信任第三方"，给员工任务，就对他信任，放手让他做，不和下属的工作冲突，不相信其他人对员工本人不利的话。

问题1：清华紫光把人才分为帅才、将才、兵才和闲才四类，这是不是雇佣歧视？为什么？

问题2：为什么不选用最优秀的人才，而是对帅将兵三才进行合理配置。请简要说明你的观点。

人力资源管理是一个动态系统——三星 [①]

人力资源管理是一个动态系统，不断通过人员流入和流出保持平衡。一个长期没有人员流动的企业，必定如同一潭死水，毫无生气。

拥有众多雇员的三星集团非常重视人员流动，通过"双向流动"管理实现了良性循环。"双向流动"管理包括两个方面：一方面通过竞争用工制度，让不称职的人员流出；另一方面通过"资源向人才倾斜"的用人政策，吸引优秀的人才流入。一出一进，三星持续整合人力资源，实现了劣者汰、优者入、强者胜的动态平衡。

为了顺通流出渠道，三星制定了一系列的淘汰方案和细则。以"要用的人一个都不能少，不要用的人一个都嫌多"为指导思想，从本职工作、责任心、廉政建设和基本技能四个方面设计考核标准，实现量化考评。考核结果是实施优胜劣汰循环的依据，不符合三星最低要求的人员，将通过下岗分流、优化组合、降职、劝退等方式进行流动。实施竞争用工制度之后，增强了员工的危机感和忧患意识，许多员工主动钻研技术、参加培训以提高自身能力，从而保持竞争力、适应企业发展。甚至一些五十多岁的老工人也下工夫学习电脑操作，不甘落后。

为了拓宽流入渠道，三星为人才创造了一系列工作和生活上的优越条件，提供自由发挥的空间、设定激励工作的目标，营造崇尚知识、尊重人才、务实高效的企业氛围，建立起了吸引人才、用好人才、留住人才、激励人才的良好机制。如对于技术、管理、营销领域的高级专家，三星在引

[①] 来源：http://www.docin.com/p-1792674128.html。

入时不惜投入，不但提供高出同行许多的报酬，还在住房、用车、工作环境等方面优先给予满足，其丰厚的条件颇有吸引力。

双向流动管理借助流出和流入两条渠道，实现人员自由流动，持续更换新鲜血液，让企业不断焕发生机。

问题 1：在"双向流动"中，哪个方向的流动是重点？为什么？

问题 2：引进技术、管理、营销领域三类高级专家时，在提供优厚条件方面，应如何体现差异以增强吸引力？

江中培养之道
——江中集团快速成长下的人员培养模式 [①]

江中集团是中国 OTC 行业的领先企业，目前拥有两家上市公司（江中药业 600750，中江地产 600053）。市场竞争和企业自身的发展要求集团的主营业务必须保持 25% 以上的速度增长，并不断开展新的业务和市场"蓝海"。如何满足业务对人才的需求，现有人才又如何支撑企业未来的快速发展，是摆在我们面前的难题。这几年江中集团紧扣业务、因地因时制宜，不断创新完善人才培养体系，满足了业务快速发展的需求，兼顾了不同层次人才的培养，稳定和优化了江中的人才结构，激活了整个企业的用人机制。

江中集团自主培养人才的总体思路

随着集团业务的快速发展，人才短缺问题日益显现。解决的办法有两个，一是立足于企业，内部培养；二是从市场上直接猎取成熟人才。由于时间紧迫以及对职业经理人的良好预期，前几年江中集团曾大量引进市场人才，期望通过"空降"的方式拿来即用，快速并有效地解决人才短缺问题。但事实证明，使用的"空降兵"成功者不多，这有职业经理人的问题，也有企业本身的问题，而企业文化和机制又无法在短时期内改变。在现实面前，江中集团开始思考如何盘活现有人力资源存量以及如何实现人力资源增量。也就是说，人才来源主要靠企业自主培养，成熟或基本成熟的人才要用足用好；人才青苗或准人才则要推苗助长、快速成才。为此，江中

---

① 来源：https://wenku.baidu.com/view/7a2be2d784254b35eefd342e.html.

集团关于人才培养提出并坚持两个八字方针:"培养为主,引进为辅"、"培养为体,引进为用"。

既然确定了自主培养的人才方针,那么培养谁、如何培养等一系列问题就必须非常之明确。以下是江中对这些问题的回答:

培养的层次和对象。以极富可塑性的应届毕业生为集团人才培养的根基,分层分次,逐步把没有太多工作经验和人生历练的"校园新人"打造成"企业精英"。在毕业生的选拔上,主要强调认同企业的价值观,具有学习能力和适应能力。对毕业生的培养要明确三点:(1)选人要"准",以保证选录的人员基本为公司所需要的人;(2)培养体系要相对完善。以保证人才能快速复制;(3)企业文化要丰富和发展,加强包容性、延伸性,允许员工合而不同。

培养措施和方法。为了使人才培养更具有目的性,让员工的素质能力更好地符合业务发展的需要,结合业务发展的关键成功要素,通过对各业务线绩效优异者的访谈、跟踪、提炼等,江中集团构建了自己的关键素质库(成功素质模型)。同时,结合具体的岗位职责和要求,构建关键岗位素养卡。员工素养卡可以有效帮助员工进行自我诊断,有助于集团针对素养卡反映的情况有选择、有目的地激发员工的学习意愿,提高其胜任能力,使公司需求与员工需求趋于一致,使公司的培养措施与员工行为趋于一致。

在具体培养措施上,江中集团针对不同的群体分别采取不同的培养手段和方法。如,对新毕业生,主要是高强度的、全程跟进的"全方位锻造";对业务骨干和中层精英。主要是轮岗、项目参与、职业技能和管理素养强化培训等为主的"标杆化打造":对接班人计划继任者,主要是跟班学习、PDCA 管理循环、项目负责、高端课程培训为主的"领导力塑造"。围绕人才的岗位类别、发展层次及业务发展要求,有针对性地确定培育重点,选择有效的培育方法。

江中集团人才培养的具体实践

"传帮带"在江中集团不仅是一种责任,而且已成为一种文化。"学习和分享"也是江中集团的核心价值观之一。下面就以集团员工带教培养、江中课堂教学培养及优秀青年员工的"未来之星"培养为例，介绍江中集团人才培养工作的具体模式。

员工的带教培养。"带教"是集团"传帮带"文化的具体体现，带教主要针对的是员工的专业素养，也包括心智心态和行为规范的引导和言传身教，即教你如何更好地做事、如何更好地做人。在此，主要介绍新员工带教、老员工带教和营销岗位的"日化式"带教。

新员工带教。新员工入司的前几个月是非常关键的时期。在这段时间里，新员工会逐步形成对组织的期望，同时也会感受到组织对他们的要求，构成心理契约的内容。所以，新员工的带教关键是心理建设。因此，我们相应地拟定了新员工的带教内容，主要包括：对公司制度、政策的介绍；专业技术上的指导：基础素养课程的跟踪与辅导；心态辅导；定期沟通，了解新员工对新环境、新工作内容的适应情况及工作建议。带教导师的选择和评估也非常严格，公司人力资源部对新员工的带教全过程跟进。

营销岗位的"日化式"带教。商场如战场，营销人员必须具备快速应变能力、攻坚突围能力、团队协作能力，必须吃得苦、耐得劳、承得压、受得挫。为了培养营销新人的这些素养，我们把他们分成几个班组。分别放在不同的市场，由老的区域营销主管或经理进行高强度带教，采用半军事化的管理方式及日事日毕、日清日高的日目标管理制度。每天从清晨的列队晨跑，到夜间晚会的总结计划，每个时段的工作内容及超标准检验都非常具体、明确。白天跑市场客户，晚上总结讨论、学习培训，理论与实践紧密结合，做什么补什么，缺什么补什么。同时，每天进行龙虎榜挂榜式排名，激励营销"战士"抢先争优、勇往直前。几个月下来，无论是心智的成熟，还是技能的提升，所有营销新人都有脱胎换骨之感。随着营销新业务的不断扩展，在加强带教培养的同时，立足岗位、放手用人也是快速培养和复制实用型营销人才的有效途径，即"在实战中提升，从战争中学习战争"、"早压担子，早成才，在工作和挑战中培养人、发展人"。这一有效途径现已成为江中集团培养员工的一大法宝。

老员工带教。员工在企业呆了几年之后，容易产生倦怠心理，工作热情不高，业绩出现瓶颈，职位很难得到提升。对这部分员工的培养成了企业快速发展中的难点。老员工的带教导师主要是其直接上级或优秀的骨干员工，带教内容主要包括：带教员工的职业发展规划；帮助带教员工改进工作方法，提升工作绩效；为带教员工答疑解惑，帮助带教员工解决工作中的问题和困难；言传身教，带头示范，帮助带教员工树立良好的职业道德和行为规范；利用例会、学习讨论、部门培训、职业素养汇报、年度工作总结与职业发展计划帮助带教员工提升职业素养能力；带教员工每参加完一门素养课程培训之后，带教导师应结合本岗位实际工作，制定带教计划，通过案例分析及岗位操作等形式加深带教员工对课程的理解与掌握；参与对带教员工的考核与绩效反馈。

带教质量的高低取决于对下述难点的掌控：一是如何确保带教导师的热情；二是如何对新员工的素质提升进行监控。江中集团主要通过文化熏陶、价值牵引、考核推进的方式确保带教导师的热情。如前所述，江中非常强调学习和分享，任何成功的经验都将很快复制给其他员工，鼓励员工不断创新，形成一种责任文化。同时，在员工晋升时，我们也考虑带教导师对下属的培养成效，在价值分配时，考虑对人才培养做出的贡献。以这些方式从正面牵引，激发导师的带教热情。另外，还对带教导师实施考评，由新员工独立完成对带教导师的书面评议，并直接报人力资源部。评议结果从另一个侧面反映了带教导师的指导能力、领导风格等，且直接影响其日后的晋升。

江中课堂。这是企业内训的主要形式，也是企业"学习和分享"价值观的不断宏扬。内训的所有课程全部由企业内部的讲师开发和讲授。江中集团将课堂讲学内容分为两大块，一块是由职业内部讲师或兼职内部讲师讲授各种先进理念或职业化素养方面的课程，如：客户关系管理、时间管理等内容；另一块是请各条业务线上的绩效优秀者讲授他们的成功经验，通过实战案例以情景横拟的教学方式，培养员工素质，快速复制人才。江中集团要求所有的经理级员工都要有培训能力，所有总监级以上管理人员具有课程开发能力，并将这种能力和素质要求纳入考核。

优秀青年员工的"未来之星"培养。每两年，江中集团都会在全集团各条业务线上挑选 50 名左右极具潜力的优秀青年员工，作为企业"未来之星"予以重点培养。通过一年时间的强化培训，将他们一步步从人才"青苗"打造成未来的企业精英。这种精英培养就是要进一步使员工的各种素养上等级，并相应地开发管理上的技能。不仅能做好自己的事，还要能带领别人做好事。江中的"未来之星"已经成功开展了两届，顺利毕业的"星星们"在各条业务线上都成为佼佼者，也因此被喻为企业人才培养的"黄埔军校"。

人才培养是企业业务发展的需要．也是人力资源从业者义不容辞的责任。企业既要加快紧缺人才的培养，又要系统地构建人才梯队。江中的实践表明，企业人才的培养，必须立足于企业业务和发展实际，同时充分融合企业的人才文化，任何照搬和套用都可能行之无效，而且人才培养绝不完全是一套理论体系，而是生产和经营"人才产品"的具体实践和操作体系。

问题 1：试分析江中集团自主培养人才的科学性及实践意义？

丽嘉 - 卡尔顿——"倒数七日"培训 [①]

公司背景

　　1898 年，凯撒·丽嘉结束了瑞士牧羊人的生活，移居巴黎，在城里最高级的几所酒店、餐馆打工之后，最终创办了以自己名字命名的豪华酒店，实现了自己的夙愿。一年后，他又在伦敦创办了卡尔顿酒店，为最终创立丽嘉 - 卡尔顿酒店集团打下了基础。

　　丽嘉 - 卡尔顿酒店是全球著名的豪华酒店，它的经营理念是为最挑剔的顾客提供满意的优质私人服务，其主要发展策略是在全球范围内获得新的酒店或娱乐场所的管理合约。凭借这一著名的酒店经营理念，丽嘉 - 卡尔顿酒店迅速扩张。

　　在经历一次经济大萧条和两次世界大战后，许多豪华酒店纷纷倒闭。1983 年，总部在亚特兰大的强生公司买下了丽嘉 - 卡尔顿在北美地区的商标权，多亏一位富有的房产商慷慨相助，才使波士顿的一家酒店得以幸免。从 1983 到 1997 年，在强生公司旗下的丽嘉 - 卡尔顿在国内和海外市场都得以拓展。1997 年，万豪国际收购了丽嘉 - 卡尔顿，将其作为附属经营公司。到 2000 年底，丽嘉 - 卡尔顿已主要成为管理公司，经营着全球 38 家酒店和娱乐场所，并且拥有 10 处地产的少数股份和三家酒店的全部所有权。

　　豪华酒店的成功有两个重要条件：一个是酒店硬件，一个是酒店软件（即管理）。丽嘉 - 卡尔顿酒店集团在全面质量管理、人力资源管理等方面

有着很多优秀的理念和经验，特别是每家新酒店开业前，丽嘉－卡尔顿酒店集团会精心地挑选员工，并在正式开业前开展他们最具特色的"倒数七日"。正是独具特色的"酒店软件"让丽嘉－卡尔顿不断扩张，成为世界上著名豪华酒店。本文发表于博锐管理在线 |www.boraid.com|43

企业文化

黄金标准

黄金标准是丽嘉－卡尔顿酒店集团公司的基础。这些标准涵盖其在经营中所奉行的价值观，其中包括：信条、座右铭、优质服务三步骤、服务准则、丽嘉－卡尔顿承诺。

信条：

丽嘉－卡尔顿以客人得到真诚关怀和舒适款待为最高使命。我们承诺为宾客提供细致入微的个人服务和齐全完善的设施，营造温暖、舒适、优雅的环境。丽嘉－卡尔顿之行能使您愉悦身心、受益匪浅，我们甚至还能心照不宣地满足客人内心的愿望和需求。

座右铭：

我们以绅士淑女的态度为绅士淑女服务。

优质服务三步骤：

1. 热情真诚地问候客人。亲切地称呼客人的姓名。

2. 提前预期每位客人的需求并积极满足。

3. 亲切送别。亲切称呼客人姓名，热情地告别。

服务准则：

1. 建立良好的人际关系，长期为丽嘉－卡尔顿吸引客人。

2、敏锐察觉客人明示和内心的愿望及需求并迅速做出反应。

3. 能够为客人创造独特难忘的亲身体验。

4. 了解在实现成功关键因素和创造丽嘉－卡尔顿法宝过程中自己所起的作用。

5. 不断寻求机会创新与改进丽嘉－卡尔顿的服务。

6. 勇于面对并快速解决客人的问题。

7. 创造团队合作和边缘服务的工作环境，从而满足客人及同事之间的需求。

8. 有机会不断学习和成长。

9. 专心制订与自身相关的工作计划。

10. 对自己专业的仪表，语言和举止感到自豪。

11. 保护客人、同事的隐私和安全，并保护公司的机密信息和资产。

12. 负责使清洁程度保持最高标准，创造安全无忧的环境。

丽嘉－卡尔顿承诺：

在丽嘉－卡尔顿，我们的员工是我们向客人提供服务的最重要资源。我们以信任、诚实、尊重、正直和献身精神为准则，培养并最大限度地发挥员工的才能，从而实现每位员工和公司的共赢。丽嘉－卡尔顿致力于打造一个重视多元化、能够提高生活品质、实现个人抱负、稳固丽嘉－卡尔顿成功法宝的工作环境。

"倒数七日"培训

作为一家在全世界范围内不断扩张的豪华酒店，如何让每一家新酒店的"酒店软件"迅速达到豪华酒店的高标准，对于其它酒店而言或许是个难题，但丽嘉－卡尔顿有他自己的一套方法，那就是著名的"倒数七日"培训。

在上世纪80年代晚期和90年代初期，随着连锁新酒店的相继成立，"倒数七日"培训在丽嘉－卡尔顿逐步形成。在不继完善的过程中，这一程序也得到了进一步地巩固。标准化的管理模式不仅带来了更大的效益，也为酒店经营者们减轻了沉重的负担，让一切都开展得井然有序。

在新酒店开业前的"倒数七日"培训开始时，那些一个月前才收到录用通知的被录用者才第一次以员工的身份来到酒店。几百个员工要在短短的七天内被调教成丽嘉－卡尔顿的员工，要让第一天来入住的客人体验到真正的丽嘉－卡尔顿服务，这是一项富有挑战性的工作。

Leonardo Inghilleri 是一家丽嘉－卡尔顿酒店的人力资源副经理，他曾这样解释倒数机制后面的原理——我们通过一个非常缓慢的介绍过程将员工与公司的使命结合起来。实际情况是，作为一个成年人，只有当情感上产生重大变化时你才会改变自己的行为，否则你就不会改变。当你雇佣某人开始一份新工作时，给与他们一次重要的情感体验，他们才会注意和接受行动上的变化。

"倒数七日"培训的前两天全部用于让员工适应丽嘉－卡尔顿的酒店文化，后面的五天则用于专项技能训练和模拟服务。

第一天：向新员工介绍

第一天，新成员加入他们所属的部门，参加酒店门口所谓的"动员会"。每个小组举着标语喊着口号，竞相比着谁的声音响亮。炊事员向来最具优势，他们用锅碗瓢盆打着响亮的节奏，常常压过"打扫房间，打扫房间"的呼声。经理们从队伍的一头跑到另一头，制造热烈的气氛，甚至还有经理在铺了地毯的车道上打起侧手翻。

在几轮高呼"D-C-Ritz，D-C-Ritz"的高潮之后，员工们终于走进大楼。当他们走至一楼的舞厅时，响起了热烈的掌声，还夹杂着一声声"欢迎你们"、"你们能加入我们真感到荣幸"、"很高兴在这里见到你们"……，站在楼梯两侧的经理们正向他们表达着诚挚的欢迎。

人们集中在最大的舞厅里，与大屏幕相连的录像机同时播放整场实况。总经理首先引荐酒店的管理团队，然后介绍为倒数计日活动请来的培训专家。培训专家来自全世界几十个不同的国家，每个人都有帮助丽嘉－卡尔顿酒店开业的丰富经验，他们是丽嘉－卡尔顿在世界范围内的"强中之强"。在介绍完相关人群后，总经理向全体成员发表讲话，诠释了作为一个高水准服务公司的经营理念——我们是为淑女和绅士提供服务的淑女和绅士，并且传达了丽嘉－卡尔顿以高水平开业的重要性。最重要的是，让新员工第一次接触到了丽嘉－卡尔顿的黄金标准，并知道丽嘉－卡尔顿的二十条基本守则。

丽嘉－卡尔顿二十条基本守则

1.信条为公司的主要宗旨。所有人必须了解，掌握并贯彻。

2.我们的格言是："我们是为淑女和绅士提供服务的淑女和绅士。"作为专业服务人士，对待顾客及同事都应尊重有节。

3. 服务三部曲是丽嘉热诚的基础。这些步骤必须贯彻到每个工作细节中去，以保证顾客的满意度、吸引力及忠诚度。

4. 员工承诺是丽嘉－卡尔顿工作环境的基础。每个员工都应遵守。

5. 每个员工每年都应顺利通过年训，取得上岗资格。

6. 公司的宗旨已传达给每一位雇员。为这些宗旨服务是每个员工的责任。

7. 为创造工作场所自信愉快的气氛，所有员工都有权参与与他们相关的工作计划。

8. 每位员工应该坚持查找整个酒店工作中的缺陷。

9. 每位员工都有责任创造团队合作和互相帮助的工作氛围，以满足顾客和彼此间的需要。

10. 每位员工都有公司授权。例如，当一位顾客遇到困难或需要特殊服务时，你应当怎样停下常规工作，询问并解决这些问题。

11. 保持不折不扣高标准的清洁度是每位员工的职责。

12. 为向顾客提供最优质的个人服务，每位员工都应负责了解和记录客人的喜好。

13. 从不错过任何一位顾客。立即解决顾客矛盾是每位员工的责任。无论谁受到投诉都应对此负责，解决问题直到顾客满意为止，并留下纪录。

14. "微笑——我们正在演出。"始终保持主动的目光交流。与顾客或同事交流时应措辞恰当。（比如使用"早上好"、"当然"、"很高兴为您服务"以及"乐意为您效劳"）

15. 无论在酒店或是非工作场合，你就是酒店的形象使者。总是说好的一面。对合适的对象表示关心。

16. 尽量护送客人前往酒店的某个场所而不是仅仅指出方向。

17. 在电话中使用丽嘉－卡尔顿礼貌用语。在响铃三声内用友好的语气接听。如果可能，尽量称呼对方姓名。必要的时候询问对方"可以请您稍等一下吗？"不要漏接电话。尽量减少转接电话。坚持声音标准。

18. 注意仪表并保持自信。人人对传递职业形象负有责任，坚持遵守丽嘉－卡尔顿着装、仪容标准。

19. 优先考虑安全问题。每位员工都有责任为顾客和同事帮助创造安全、稳定、无事故的环境。了解所有火警及紧急安全措施的流程，如有任何安全隐患立即上报。

20. 所有人应负责保护丽嘉-卡尔顿的资产。节约能源，小心维护我们的酒店及环境。

最后，新员工观看录像。录像的前一段是一些领导讲述酒店的历史、理念及价值观，后一段记录了丽嘉-卡尔顿发展的里程碑，其中包括他们所获得过的奖项和他们新开的酒店。

第二天：部门展望会议

第二天，每个新员工被介绍到他所属的部门。总经理以询问他们"一年内想成为什么"作为每个部门展望会议的开始，回答总是不变的"想要最好"。经理们开始启发什么是"最好"，对于每个领域来说，"最好"的内涵不同。很多事情不一定需要来酒店才能完成，客人来这更多是为了寻找感受，每个员工的责任是帮助客人感觉良好，让每个客人离开时都感受良好。丽嘉-卡尔顿提供的不仅仅是房间和餐饮，而是服务，一种让客人感觉良好的服务。如何做到，除了重视细微工作之外，最重要的是要有这样的服务理念。

第三至第七天：技能训练

在接下来的五天，酒店的管理团队、培训专家和经理们会在早晨六点会面，回顾一天的培训活动，并解决出现的任何问题。员工每天早晨八点半来到经理面前时，会得到经理的"热烈欢迎"；每晚结束培训时，会得到丽嘉-卡尔顿传统的"祝你好运"的问候。每天的培训活动就在这样的氛围下，有条不紊地进行。

在第三和第四天，员工接受穿戴制服、仪表仪容方面的培训，还能接触每日的整顿队伍过程。所有员工有机会参加关于预期及处理顾客需要的会议，同时各部门继续阐释其工作理念及目标。员工对自己工作领域内的总体定位有了大致的概念，接受了安全知识，还要观看一些产品展示。

在第四天，所有员工学习"处理顾客难题"的标准程序。在训练中，他们学会怎样从常规工作中立即离开，帮助顾客解决问题，用他们的能力找到合适的处理方法，以及怎样与相关部门联系进一步解决问题。每个事件都由"顾客突发事件"记录在案，事件前后的"顾客情绪"，从"脸色惨白"到"平静"同样也有纪录，这些表格用于每日交流及改进。

倒数七日的最后三天进行部门技术训练。员工详细地学习丽嘉－卡尔顿标准，每位员工都要求掌握其所属部门的主要工作流程。员工轮流到位，穿上整套制服，模拟在顾客前工作。法人督导委员会监督从客房到餐厅每个模拟过程，按照丽嘉－卡尔顿严格的要求，在服务的每个环节寻找错误。检查结果会反馈给培训专家，再由培训专家进行额外的一对一专项训练。

第八天：动员会

在倒数七日与盛大开业之间的那天，员工们穿着便装，参加丽嘉－卡尔顿长达两小时的动员会。动员会总结七日来的培训，并对未来提出要求和希望，每个员工将满怀信心地等待投入新的工作。动员会代表着过渡期与正式营业的区分，第二天，丽嘉－卡尔顿酒店将正式开张。

问题1：在七天内将几百个新员工培训成达到丽嘉－卡尔顿标准的员工是件具有挑战性的工作，让员工认同酒店的理念重要，还是提高员工的技能更重要？

问题2：如果让您来设计"倒数七日"培训计划，您会如何设计？

跟巴菲特学习成功职场规划

博锐管理在线

在广州举行的一次营销精英颁奖会上，某著名房地产集团的营销总监陈晓是获奖者之一。在回顾个人职业发展经历中，陈晓说了这样一段话："我今天能够获奖，除了个人努力、机遇的垂青之外，明确的职业规划对我个人的发展，起了非常大的帮助。"

八年前，陈晓刚从内地来广州，在一家小企业做过推销、也干过保险、有一段时间甚至失业，茫然四顾。但就在八年时间中，陈晓不仅从一名身无分文的打工仔晋升到年薪五十万的营销总监，而且更重要的是明确找到自己的发展道路，沿着自己梦想之路飞速前进。

在广州这个生机勃勃的大都市中，许许多多像陈晓一样的人才，怀抱着梦想在这里努力拼搏，期望有朝一日出人头地。但是，对于一个普通的职场人来说，成功的密码是什么？如果只凭努力就可以成功，那么广州满大街都会是百万富翁了；机遇？社会发展一日千丈，每时每刻都有不同的机遇从我们身边溜过，但是真正能够抓住它的人却廖若晨星。或许就如陈晓所说，职业规划是引导个人走向成功之路的重要砝码。

职场如婚姻，要修成正果须苦心经营。与婚姻一样，职业生涯同样需要苦心经营方能修得正果。可以说，对职场人士来说，职业规划就是个人发展的一盏指路之灯，让我们清楚自己未来的路与方向。在竞争激烈的现代社会，一个人越清楚了解自身的资源与优势，明白如何根据个人核心优势去制定未来发展道路，他必然更容易实现成功的梦想。

世界头号投资大师巴菲特，小时候是一个内向而敏感的孩子，无论是读书成绩还是在生活中表现，巴菲特的表现与一般孩子毫无区别，甚至还不如。许多人都嘲笑巴菲特行动、思维缓慢，但巴菲特却将这一弱点转化为自己最大的优点——耐心；同时，他还发现自己对数字有天生的敏感，并对其充满了兴趣。

在 27 岁之前，巴菲特尝试过无数的工作，做销售、充当法律顾问、管理一家小厂，但最终他结合自己的优点——耐心、对数字敏感，将自己的职业发展转向成为一名投资家。在明确的职业规划引导下，巴菲特拒绝许多外来的诱惑，也忍受住许多压力，坚定不移地按着自己的职业发展道路前进，最终成就一番惊人成就。

职业规划最大好处就在于，帮助我们将个人梦想、价值观、人生目标与我们的行动策略协调一致，去除其他不相关的旁枝末节，整合个人最大的优势与资源，从而向着终极目标快速前时，而这正是我们取得成功的重要保证。

职场人士在职业规划时，必须考虑到行业的特性与个人的优缺点，这样才能制定合理、有指导意义的职业规划。职场人士职业规划的三点原则如下：

一、职业发展目标要契合自己的性格、特长与兴趣

职业生涯能够成功发展的核心，就在于所从事的工作要求正是自己所擅长的。如果一个人性格内向、不善于与人沟通，没有敏感的市场意识，那么他就很难在市场营销方面取得大的成就。了解自身优缺点是制定职业规划的前提。

从事一项自己擅长的工作，我们会工作得游刃有余；从事一项自己所喜欢的工作，我们会工作很愉快。如果所从事的工作，既是自己所擅长又是喜欢，那么我们必能够快速从中脱颖而出。而这正是成功的职业规划核心所在。

二、职业规划要考虑到实际情况，并具有可执行性

有些职场人士很有雄心壮志，一心想要在营销领域一鸣惊人。但是营

销工作虽然具有一定飞跃性，但是更多却多时候却是一种积累的过程——资历的积累、经验的积累、知识的积累，所以职业规划不能太过好高骛远，而要根据自己实际情况，一步一个脚印，层层晋升，最终方才能成就梦想。

三、职业规划发展目标必须有可持续发展性

职业发展规划不是一个阶段性的目标，而是一种可以贯穿自己整个职业发展生涯的远景展望，所以职业发展规划必须具有可持续发展性。如果职业发展目标太过短浅，这不仅会囿制个人奋斗的热情，而且不利于自己长远发展。

《火烧眉毛》由导演杰森·恩施勒制作，雷·罗马诺和凯文·詹姆斯所主演，于 2006 年推出的一部轻喜剧。讲述的是两个好朋友联手成立一家大宗冻肉的销售公司，他们自己做推销员并开始挨家挨户的推销他们公司的冻肉。可是由于市场持续的通货紧缩，他们的推销举步维艰，他们再清楚不过如果再不想想办法把这些该死的牛肉卖出去的话，他们将穷途末路，血本无归……最后两人重新制定目标规划，根据各自的优势进行分工，最终顺利地将产品销售出去，获得成功。

作为营销从业者，雷·罗马诺和凯文·詹姆斯的成长经历可以给我们许多启发：穷困潦倒并不紧、屡受失败也不要紧，因为过去不等于现在，更不等于将来。无论处于什么境况，最重要的一点是你必须明确地知道你未来的发展方向何在，并为此持续地进行努力。

问题 1：从巴菲特的职场规划谈谈你对职业生涯规划重要性的理解。

问题 2：职业生涯规划的三点原则对我们个人职业规划的指导意义是什么？

全球最"腐败"的 Google 吸引知识型员工有一套
尤红梅，中国经营报

近段时间，微软、Google、李开复这三个词语高度曝光，连接这三个词语的关键词是"官司"。其实早在微软与昔日爱将李开复对簿公堂之前，Google 就从微软成功挖掘了上百名技术人员，CEO 斯蒂夫。鲍尔默的情绪随之失控。一名离开微软前往 Google 的工程师甚至"揭发"说："鲍尔默用恶毒的语言对 Google 首席执行官艾里克。施密特进行了攻击，他说，'我要活埋了这个家伙，我将击毙 Google.'"也许，当微软、Google 这两家极富吸引力的公司发生如此显著的变化时，我们得以思考频繁跳槽背后的东西：对知识型员工而言，什么是企业吸引和留住他们的关键所在？

阻止不了的跳槽

Google、微软事件的一大关注点是：为什么他们都不再忠诚于微软了？是什么吸引了这些高智商的技术精英呢？

优厚的报酬？

Google 的市值让人"高山仰止"，300 美元上下浮动的股票价格，让外界广泛流传着 Google 员工发家致富的传说，Google 的新贵们源源不断在公司附近的加州阿瑟顿小城购房买地，实力强劲，令人瞩目。

被华尔街看好的职业前景？

华尔街的投资家和分析人士们乐观地看待 Google 的市场前景，甚至估计 Google 股票的涨幅可以达到每股 500 美元。

追求互联网精神的企业精神？

互联网的自由精神似乎在这里得到了最大限度的发挥，"一个想法有人支持就可以去做。"甚至这里还保存替办公大楼或会议室取些怪名称的习俗，比如无理数 "e" 2.71828 是第二大楼的名称；第三大楼则叫做圆周率 "π" 3.14；第四大楼则命名为黄金比率 "phi" 1.61803。"我们没有正式的公司文化，"一位公司代表说，"这样比较能激发创意。"

富有创造性的工作环境？

Google 员工可以在名为 GoogleEplex 的公司总部玩轮滑曲棍球；办公室里可以安置小狗的位子；若要往来于办公室之间，员工可骑乘 Segway 电动滑板车，或者 Green Machine 车（一种适合 11 岁儿童的玩具车）……

像高级托儿所一样的福利体制？

Google 内部甚至还享有。com 年代的奢华待遇，公司提供员工免费餐点，早中晚餐全包。甚至在前段时间，这家全球最"腐败"的 IT 公司又开出招聘启事，招聘两名"首席烹饪官"，为数千名员工提供更多美味。Google 创始人之一的布林说："这两名烹饪骨干将在管理员工伙食方面起到重要的作用。"

相比之下，微软体面而"正经"的员工着装、庞大而严密的组织架构确实有些"老态龙钟"。微软现在和以前的一些雇员抱怨说，微软充斥着 14 小时的战略会议和无休止的商务评估，专注于 PowerPoint 幻灯片、劳神的工作评估、成天数以百计的邮件和部门间的激烈冲突，这一切造成的结果是掣肘了产品的设计和延迟了它们产品的发布。很多情况下，微软的雇员不是去向顾客推广产品，而是泡在办公室中编写每月的产品评估报告。一份"评估"常常是包含 15 页 PowerPoint 幻灯片的进度报告。而且几乎每个行动都要得到律师的签字，甚至例行的签字也可能花费数周的时间。有些计划因为批复的不及时而最终夭折。一句话，这些在 20 世纪 80 年代困扰另外一个科技巨头 IBM 的众多行为正在微软上演。

精英之争的本质

一位 Google 员工的话，也许更能说明问题，这位来自中国山西、毕业于美国杜克大学的计算机博士说，很多人来 Google 工作，薪水都比以前低，但就是冲着 Google 富有创造性的工作环境和带来无限希望的股票。

企业战略研究专家孙树杰认为，微软员工的跳槽是必然的。许多企业在创业期，企业文化很开放，属于分权式发展方式，员工被鼓励要有更多的积极性和创造性，但企业到了成熟阶段，组织架构日渐成熟，流程也固定和稳定，企业文化日益强势，所以人的个性会有所束缚。

派力营销的毛圆媛认为，从组织建设的角度来说，这里有一个生命周期的问题，但是不能光凭此来解释这件事，可口可乐几百年的历史，也没有发现它的员工流失率有多高，而往往是很多创业期的企业员工流失率是很高的。

那么在众多的"利好"中，到底什么是最终的决定因素呢，什么是对手不能提供的呢？今天的 Google 像当年的微软，今天的微软是否一定是明天的 Google，一个企业在成熟后是否就一定要被新进入者挖角？

微软亚洲研究院的一位研究人员谈道，从事这么多年的研究，已经有一定的积累，所以不大可能跨度很大地选择非自己专业方向上的工作，报酬和薪水以及企业文化是一个诱因，但决定自己选择的还是业务方向。表面上看起来是两个公司两种制度对于精英的竞争，其实不是。

对比 Google 和微软的业务可以很清楚地看到，微软的业务是多元的，搜索引擎不过是微软众多业务之一，而在 Google 这却是核心。由此看来，表面上的人才竞争事实上是两家公司对各自业务战略的竞争，本质上是对未来技术判断的竞争，最终体现在了工作方式上。

当年微软的盖茨们不惮失败，不屑学位，不拘小节，着实颠覆了全球很大一部分人的精英意识。如今 Google 的极简运用和 Google 们的简洁风格，也在不断刷新我们的精英记忆。鲍尔默暴跳如雷的反应，和看起来是两家公司两种利益的竞争，其实是精英的本能反应。

　　能够引导并改变人们生活的前沿精英技术，应该具备化繁为简的能力；适合精英人才释放自己能量的组织结构，也应该具备化繁为简的效能；微软员工的跳槽体现了一个精英组织的吸引力，是一种精英式的集合，盖茨曾经留给哈佛的背影也是如此，只是现在盖茨自己也开始迷茫了，而Google是否代表了未来的精英趋势，也还没有定论，只是相比微软，Google的驾驭者似乎更加的笃定。

问题 1：运用激励理论分析 Google 公司管理员工的策略。

沟通体制——西门子 [1]

为了与员工加强沟通，西门子建立了一个 CPD（Comprehensive Personnel Development，简称 CPD）沟通体制。CPD 由两部分组成，一个是 CPD 圆桌会议，一个是 CPD 员工对话。

CPD 圆桌会议每年举行一次，参加人员是公司的管理人员，包括中高级经理和人力资源管理顾问。圆桌会议主要讨论五个方面的问题：第一，预测公司团队和重点员工的潜能；第二，回顾过去一年的业绩；第三，为与业绩挂钩的薪酬体系提出建议；第四，制订具体的管理本地化和全球化有效融合的措施；第五，在预测潜能的基础上，为员工设计培育计划（包括青年管理项目、技术培训、管理培训、工作轮调、项目任命、薪酬调整等）。

CPD 员工对话全年持续开展，直接在经理人与员工之间进行，并在年终时填写"CPD 员工对话表格"，这些表格是 CPD 圆桌会议的重要参考资料。员工对话主要关心以下内容：第一，员工的职能及责任范围；第二，回顾业绩，分析没有达到预期结果的原因；第三，潜能预测；第四，未来任务及设定目标；第五，完成当前工作的要求，以及承担未来任务的能力；第六，员工的职业生涯规划；第七，双方共同商定的发展措施和改进计划等。

CPD 圆桌会议在高层进行，讨论宏观层的战略问题，关系到整个公司的人力资源发展；CPD 员工对话在基层进行，关心微观层的个人问题，关

---

[1] 来源：http://mba.xdf.cn/201109/915138.html。

系到每个人的发展。两者结合，实现多层面、全方位的沟通，从而帮助员工成长、促进企业发展。

问题 1：CPD 圆桌会议对于西门子开展有效绩效管理的作用是如何体现的？

问题 2：CPD 圆桌会议与 CPD 员工对话的主要差别是什么？两者如何匹配可以提高绩效沟通的效果？

日事日毕、日清日高——海尔

中华考试网

　　张瑞敏借鉴国外先进企业的管理方法，提出了具有海尔特色的 OEC 管理模式，即海尔模式。OEC 管理，是 Overall、Every、Control and Clear 的缩写，即 O—Overall（全方位），E—Everyone（每人）、Everything（每件事）、Everyday（每天）和 C—Control（控制）、Clear（清理）。OEC 管理也可表示为：每天的工作每天完成，每天工作要清理并要每天有所提高，即"日事日毕、日清日高"。

　　OEC 管理由三个基本框架构成，即目标体系、日清控制体系和有效激励机制。这三个体系形成了一个完整的管理过程：首先由目标体系确立目标，然后由日清体系来保证完成目标的基础工作，日清体系的结果与激励机制挂钩来激励全企业向目标努力。

　　目标体系将企业的目标层层分解，量化到每人、每天做的每件事，做到人人都管事，事事有人管。每个人都清楚每天要完成的每件工作，再小的事都有明确划分，甚至每一块玻璃、每一个地段，都标有责任者的名字。

　　"日事日毕、日清日高"体系包括两个方面，即"日事日毕"和"日清日高"。

　　"日事日毕"，即对当天所发生的种种问题在当天解决，防止问题积累。员工使用的 3E 工作记录卡，用来记录每人每天对每件事的日清过程和结果。每个车间都设有"日清栏"，从中可以一清二楚地看到每天的质量、纪律、工艺、文明生产、设备物耗等情况。质量状况在日清单上每二小时公布一次。

　　"日清日高"，即对工作中的薄弱环节不断改善，不断提高，每天寻找差距，以求第二天干得更好。在海尔车间里，可以看到在每个班组的工序那里都挂有一块牌子，牌子上写着班组每个员工的名字，名字底下分别贴着一些绿色或黄色或红色的圆标签，这些颜色代表该工位是否处在正常状态下。

当日的工作必须当日完成，同时还要找出差距、问题，提出改进措施。每一个班组都有一块日清日高栏，每天每人的工作数量、问题、表现情况等一目了然，而且与个人的工资收入直接挂钩。工人持有"三E卡"，每日奖罚数据都能反映出来，工人可以自计日薪。管理人员则每人都建立"日清"台帐。

激励机制是日清控制系统正常运转的保证条件。海尔的激励机制坚持两个原则：一是公开、公平、公正，通过3E卡可明确地计算出日收入状况，使员工心理有数；二是计算依据合理，如海尔实行的"点数工资"，就是从多方面对每个岗位进行半年多的测评，并且根据具体条件的变化而不断进行调整，又如"计点工资"，将一线职工工资100%的与奖金捆在一起，按点数分配，在此基础上对一、二、三线的每个岗位实行量化考核，从而使劳动与报酬直接挂钩。

在激励的方法上，海尔多采用即时激励的方式，这也体现了"日清"的精神。如在质量管理上利用质量责任价值券，员工人手一本质量价值券手册，手册针对每一个缺陷明确规定了自检、互检、专检三个环节应负的责任价值及每个缺陷应扣多少钱。发现缺陷后，当场撕价值券，由责任人签收。质量券分红、黄两种，红券用于奖励，黄券用于处罚。

实行"三工并存、动态转换"的激励政策，促进员工不断提高。三工即优秀员工、合格员工和试用员工（临时工），他们在收入和福利方面各有区别。"三工"之间可以动态转化，根据所做的贡献或所犯的错误，给员工分类，可上可下，这样能时刻激励员工提高能力和素质。

实行合格班组、信得过班组、免检班组、自主管理班组和SBU班组的"班组升级"制度。另外，海尔还设立海尔奖、海尔希望杯奖、职工合理化建议奖等多项奖，又采用职工姓名命名小改小革等形式，对职工进行精神激励，激发员工的工作热情。

问题 1：为了保证 OEC 管理成功，海尔采用了什么绩效评价方法来评定雇员的工作绩效？请说明这种绩效评价方法的实施步骤。

问题 2：海尔对人的严格管理虽然可以督促工作有条不紊、持续提高，但过于"精细"的管理会让人丧失主动性、创造性和积极性。请从绩效管理的角度说明 OEC 管理潜在的危害。

方太福利 ①

"方太，让家的感觉更好！"在中国，这句广告词已是家喻户晓。

方太是一家地地道道的家族企业，它的成功被业界和学术界称为"方太现象"。《让家的感觉更好》是方太的一首广告歌，这首歌的歌名浓缩了方太"家"文化的核心理念。这家家族企业有着培育"家"文化的天然土壤，从企业的角度重新诠释了"家"的概念。方太集团的前身是慈溪无线电九厂，该厂创立的第一年十分艰难，第二年寻找到了项目才渐渐好转。为了鼓舞职工，厂长茅理翔在春节前组织了一次文艺活动，以庆贺工厂好转。有一半以上的职工参加了演出，大伙有说有唱，其乐融融。这次活动给了茅理翔很大的启发：职工需要精神支柱。从此，每年春节前都要举办文艺大奖赛，方太厨具有限公司成立后，文艺演出正式命名为"方太杯"春节文艺大奖赛，并且主题明确，以"家"的概念为中心。这个活动成本低，但效果出奇好，加深了职工与企业的感情，也激发了职工的工作热情，职工们对此的评价很高，把文艺演出与中央电视台春节文艺晚会相提并论，誉之为自己的春节文艺晚会。

为了让职工"家"的感觉更好，方太积极地改善家的环境、培育家的氛围。家是洁净舒适的空间，方太不断改善工作环境，把厂区建设成一个花园式厂区，厂房均采用大面积、大棚式、大通风的建筑结构以降低噪音和增加空气流通，投资百余万元建成国家一级标准的污水处理站等等措施，为职工的身心健康做出了最大的努力。家是休闲释放的空间，方太积极地

---

① 来源：http://blog.sina.com.cn/s/blog_745c10fb0101b90n.html.

修建乒乓球室、录相室等娱乐设施，经常举办演讲赛、书法比赛、摄影比赛等活动。目前已形成了：以"方太杯"春节文艺大奖赛为核心、日常辅以纪念活动和联谊活动的职工业余文化生活体系。在方太的大家下，每个员工都敬岗爱业，把自己融入到方太集体。有一位供应部的诸部长，在妻子临产时还在生产第一线工作，家人责怪他太无情，但是诸部长却义正词严地说："方太事业需要的就是这种'舍小家、融大家'的精神。"方太的家不是以传统血缘为联系的家，它是以命运、事业、价值观为纽带的共同体。五湖四海的有用之才、自四面八方的社会精英，为生活目标和事业追求在方太共聚一堂，情感在这个"家"中找到了归宿，从而变企业的目标为个人的目标、变企业的事业为自己的事业。这是家的力量，没有什么可以比它更能牵动人们的心弦。

"我们必须尊重并且关心方太大家庭中的每一位成员""我们必须善于倾听下属的意见、建议和抱怨"，方太的真诚换来了员工的忠诚，员工也由衷地认为"只有方太事业的成功才是实现自身价值的理想途径"。

问题 1： 什么是福利？福利主要可以分为哪几类？

问题 2： "方太杯"春节文艺大奖赛是不是福利？如果是福利，又属于哪一类福利？您认为这项活动有什么样的作用？

人才工程管理——清华紫光 [①]

通过一定的方式完成的一项重大任务叫作工程，清华紫光把与人才有关的工作也作为一项重要的工程，而且是清华紫光的首要工程。这是张正本在 1991 年提出的，如今已颇有成效，事实证明，人才工程的成功，是清华紫光成功的根本保证。

人是技术载体，人才是科技竞争中胜负的首要决定因素。正因为清华紫光依托清华大学，在人才资源上占有特殊的优势，它为清华紫光的三大板块输送着源源不断的专业人才，是人才的源泉。

清华紫光人才工程的基本战略是宏观选拔、微观培育。

清华紫光留住人才和使用人才所采取的方针是提供适合其创造发展的舞台，创造良好的工作条件和环境，提供少后顾之忧直到无后顾之忧的后勤服务。

在用人上，还讲求用人不疑、疑人不用的原则。

清华紫光把人才分为帅才、将才、兵才和闲才四类。帅才是只要提供舞台和基本条件就能为企业带来丰厚利润的人；将才是提出主攻方向并提供基本条件能完成任务的人；兵才是在指导下能完成具体工作的人；闲才则是什么都干不好的人。企业中四类人都有，如何安排好四类人的结构是企业人力资源配置的关键。帅才是目前企业中最缺少的人才，但太多也会让企业不稳定；闲才要尽量地减少，他们会影响企业活力，所以清华紫光提倡合理地配置前三类人才。人才在层次上不同，即使在同一层面，也有

---

① 来源：http://www.doc88.com/p-7824234861784.html.

专长的不同，所以还要讲求"文理渗透，合理搭配"。人才工程不是对个别人才的挑选和提拔，而是对帅将兵三才的合理配备和发展。

利用人才要做到"适时适才适所"，就是在适合的时候，把适合的人才安排到适合的位置上。企业在前进中变化，人才也要跟上企业变化的需要，不能满足工作需要的人，会被踢下这个位置；工作能力强的人，则会往更高的位置走，任何人在企业的位置都不是一成不变的。

为了激励人才，清华紫光实施了股权与期权激励。员工持股计划是一场始于美国的静悄悄的革命，它的基本管理哲学思想是"企业财富是员工创造的，企业利润首先要回报员工"，持股对员工的激励作用是因为实现了利益分享，同时改变了员工在企业中的位置，更为主动地为企业发展而效力。对于中高层管理人员和核心技术人员，企业采取股票期权激励，将企业与个人的长期利益捆绑在一起。股权与期权制度，是现在时尚流行的激励方法，因为它改变了员工与企业的关系，将两者的利益紧紧地联在一起。清华紫光作为高新技术企业，一直走在社会的前列，2000年就得到了清华大学领导的批准，于2001年将清华大学所有权益20%对应的分红权授予清华紫光集团的全体员工。同年对母公司进行改制，使员工在母公司持股，并争取进入试点单位行列。

在薪酬体系方面，2001年清华紫光又推出"工资 + 期权工资"的人力资源薪酬决策，就是在原有的工资基础上，增加一个工资额度，这部分工资会在3到4年内发到员工手中，所以称为"期权工资"，公司又戏称之为"以观后效工资"。

员工养老金计划，也是清华紫光的一种重要激励办法。因为目前中国股市尚不成熟、期权的作用还不能很好地体现出来，而养老金计划更适合中国现在的国情，更能稳住员工的心。员工每年从自己的工资中按比例抽出一部分作为养老金，企业在此数额的一定倍数上增加金额，将这些资金一同存起来，等到员工退休时取用。在清华紫光工作不超过10年就离开的员工不享受养老金待遇，退回他个人工资的部分，不发放企业增发部分；相反，在企业工作越久得到的养老金就越多。员工养老金计划不受股市变化的影响，比较稳定，这很适合中国人比较求安稳的心理，所以受到员工的欢迎，能很好的发挥激励作用。

清华紫光还非常重视对人才的信任，这是对人才精神方面的激励。"疑人不用、用人不疑"、"不打双打"、"不信任第三方"，给员工任务，就对他信任，放手让他做，不和下属的工作冲突，不相信其他人对员工本人不利的话。

问题 1：什么是股票期权？什么是员工持股计划？你认为清华紫光在运用股票期权和员工持股计划上有哪些可取之处？

问题 2：养老金计划有哪些类型？请简要说明。你对清华紫光"工作不超过10年离开的员工不享受养老金待遇"有何看法？

为什么北京、上海的保姆价格迅速超过了香港 [①]

摘要：

对于中国，大城市缺的不是大学生，缺的是初中以下的人。所以，高素质人才很可能因为生活所需的服务成本太高，离开上海、北京这样的城市，转而去香港或者新加坡这样的城市。这不利于上海、北京等城市竞争力的提升。

为什么北京、上海的保姆价格迅速超过了香港？

我有一个花三十几万学费读 MBA 的学生，但雇不起保姆。这是因为在北京、上海这样的大城市，保姆的工资达到了 8000 元左右，是香港保姆价格的两倍，甚至远远超过了部分大学本科生甚至硕士生的待遇。

而个中原因也很简单，因为我们有需求没有供给。现在中国大城市里的人口结构其实是不合理的，缺少大量从事低端服务业的人。

在美国大城市的人口结构里，高端劳动力和低端劳动力的比重基本上是一比一的，而且，一个高端人才（比如高科技人才、律师和医生等）来到城市，一般会创造三个就业岗位（超市收银员、家政服务员和餐馆服务员）。

但对于中国，大城市缺的不是大学生，缺的是初中以下的人。所以，高素质人才很可能因为生活所需的服务成本太高，离开上海、北京这样的城市，转而去香港或者新加坡这样的城市。这不利于上海、北京等城市竞争力的提升。

---

① 来源：http://mp.weixin.qq.com/s/qf8H5ugZVn2zUyjs6L5sWQ。

中美两国城市人口结构对比。实线代表美国的大城市，虚线代表中小城市，横轴可以理解为人的教育水平，纵轴是分布。可见，基本上在两端大城市分布会突出来。而在中国（右图），中国的大城市（实线）的人口技能结构基本上往右偏，左边没有多出来。

为什么上海人均收入只有香港的 1/3，但一碗面的价格和香港差不多？

其实这个道理和保姆是一样的。因为你吃的面那个成本不是面的价格，是服务的价格。在我们今天实际上是在提高这个成本。当我们这个成本提高了，你的收入在什么水平上？以中国最发达的地方上海为例，现在人均收入也无非就是香港的 1/3，你怎么去竞争所谓人才呢？

从乡村社会、熟人社会到一个陌生人社会、城市社会，人们的生活会有什么样的改变？

从个人角度来讲，最大的变化就是你的生活、你的社会资本，会从你在乡村社会里互动范围仅仅是村民，基本上是基于习俗的，（转变为）基于一些非正式制度。比如（人处在乡村社会），今天你欠了我点钱，我也不好意思让你还了，也许明天我要向你借钱了。但是人处在陌生的社会，你今天欠我钱，不好意思，你必须要还我。

最近网上一个帖子，"为什么要逃回北上广？"相对来说大城市的制度比较规范。道理就在这，大城市的制度是建立在陌生人基础上的。（比如）大城市 AA 制，吃完饭下次就不再见了。

从农村角度讲，对于进入到大城市的农村居民来讲，城市化的过程当中有这样一部分人，年轻可能在农村生活和出生，长大以后在城市。最大的转变就是要学会尊重制度。包括最近山东出现的在高速公路上暴走，你就会发现这就是一个非常典型的例子，我们的社会必须要求通过法治来规定高速公路上是不能走人的，但是我们的行为模式还是停留在一个农村社会里，我行我素，而且我还可以穿着反光服在高速公路上走，不尊重制度的方式，我们没有学会尊重城市里的新规则。

从城市角度来讲，必须要看到在城市化进程当中对于整个社会经济发展的一个巨大的推动力和必然性，包容性特别重要，不管你的经济发展、社会发展还是公共政策制定，一定要消除掉身份的概念。恰恰是在农业社会，身份是重要的，因为我们每个人都是按照我的习俗来进行治理的，所以一个人如果干了坏事，我就把这个东西作为判断他的一个标准，年轻人干过坏事，估计以后也会干坏事。现代社会最重要的就是这些都不重要了，我今天如果干坏事了，我可以重新来过，没有人认识我，这就是现代社会的东西。

我们今天城市居民的思维方式和公共政策的思维方式又在这个问题上出问题了，我们总给人贴标签，比如农民、农民工，现在一出现什么事情，电视上的报道就是某某安徽籍、江西籍的农民工怎么怎么了，你报道事就报道事，你管他是农民工还是城市人，难道城市人的犯罪率就比农民低吗？

商业和科技会给我们的城市生活带来什么样的改变？

不要相信技术会减少面对面的机会。

很多人都认为信息技术的改善会让城市扁平化，密度变得不重要了。原来很多需要面对面开展的活动，现在都可以借助科技来实现了。比如说我们讨论一个问题，原来我们需要见面，现在需要打电话，微信，甚至可以直播，都可以实现了。

这个存不存在？存在。但是是一种局部的思维，你只看到信息科技的发展，带来了对于人类某一些活动的取代，但是你没有注意到它很可能跟面对面的交流之间互补性大于互替性。

信息科技不仅会使得密度变得不重要，而且会使得密度变得更重要，你看人类活动，越是当信息技术变得发达，以信息、知识、科技为核心竞争力的那些产业，在整个人的经济活动当中所占的比重就越来高度，而这些活动需要在哪里开展，就需要在面对面最方便的人口密度高的那些城市开展。

现在信息科技进步这么快，人口没有离开大城市，反而在往大城市集中。人都是重新回到市中心。他们难道不知道市中心的房价更贵吗？他还要回去。说明什么？说明他从面对面交流当中所获得的收益是高于他所付出的更高的房租成本的。背后的原因是什么，就是互补性大于互替性。

中国大城市里，外地人真的太多了吗？

纽约和伦敦提供了城市人口结构的一个参照：全世界范围之内普遍存

在大城市越来越大，而且人还在不断向大城市集中这样一种现象。

我把全球城市称为移民的城市，纽约截止到 2008 年，36% 的纽约人是在美国之外出生的，其中有 48% 的纽约人在家里是不讲英语的。伦敦在 2011 年人口普查数据里，出生在英国以外的居民是 37%，这个数据跟纽约的数据非常接近。再看外籍的情况，纽约的居民目前的常住人口当中，外籍的居民 24%，请注意这个外籍的籍是国籍，不是户籍。

我们现在中国非本地户籍的常住人口，在北京和上海达到 40%，我们一直在说外地人太多了。如果按照这个逻辑，我们应该在纽约和伦敦去说外国人太多了。可是它没有这样说。我们再来看肤色，白种的英国人的比例已经从 2000 年超过 50%，现在下降到 50% 以下了。也就是伦敦已经成为一个非白色人种的居民占到主导的这么一个人口结构。"

中国的实证数据表明：中国人口客观上是在向沿海地区、大城市包括中西部的省会城市附近集中。这是经济力量使然。

可惜的是，我们在做公共政策的时候，没有注意到这个城市人口的大型化是有客观规律在背后驱使的。

那一个国家里城市人口到底多少是合适的呢？一个国家的城市人口有多少，跟这个国家的人口规模多少是有关系的。

通过对 142 个国家的总人口和最大城市总人口的数据分析后，我们得

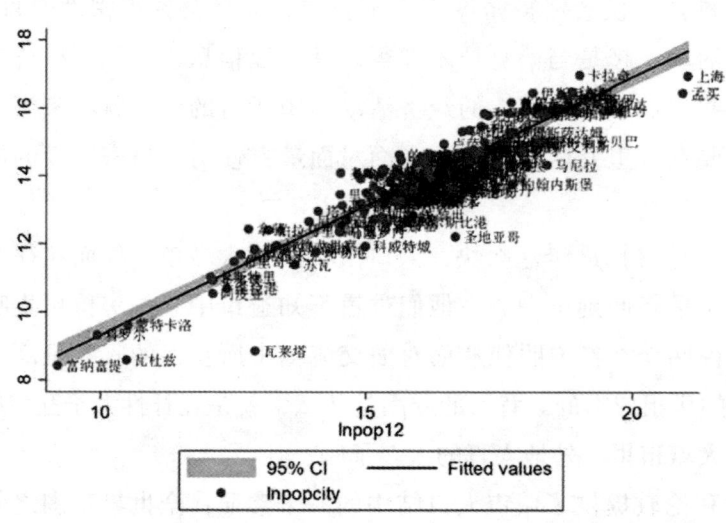

出结论：中国的上海，不是人口太多，而是人口太少。

这是一个非常简单的基本的事实，如果我们真的想让上海、北京，包括深圳、广州这样的城市，真正能够引领中国，成为代表这个国家跟世界上其他的全球城市一起同台竞争，具有世界级的竞争力，你首先要吸引的就是来自于国内外的最顶尖的人才，这首先就会体现在你的人口结构上。从这个角度来讲，我们今天全球城市的建设跟这个目标实在太远了。

这是陆铭和陈钊收集的全球142个国家的数据，每一个点代表一个国家，横轴代表这个国家的总人口，纵轴代表这个国家最大城市的人口。两者高度相关，拟合程度用R平方来看，如果是单变量回归，达到85%，而且没有什么内生性的问题。可见，上海偏离黑线太远，说明上海人口不是太多，而是太少。

而且，更重要的是，我们现在发展里总是讲这些人来了以后给城市造成多少问题，拥堵、污染。

首先，城市这些问题真的是因为人多导致的吗？如果真的是因为人多导致的，为什么在西方的发达国家的发达的城市，会看到在人口增加几倍的同时现在也不拥堵也不污染，你应该看到拥堵污染成倍增加等比例增加才对。

其次，如果大家真的觉得这些问题是由于人多导致的，你把年收入100万以上的人都赶走，年收入100万以上的人他要开车，要住大房子，他在公共资源里占的是比较好的公共资源，你把年收入100万以上的人赶走，保证城市不拥堵了。你先把低端的人口，卖油条、卖菜的这些人赶走了，这些人在住大房子吗？这些人开车吗，他甚至连地铁都不乘，你把这些人赶走了能减少多少城市病？从逻辑上想想，都觉得现在很多的问题其实是有问题的。

在去全球化的世界，今天好像全世界要退潮，中国恰恰是要发挥大国人口的优势，来利用这个城市的规模经济，要把人口当做资源。有效的市场和有效的政府相结合，应该是让供给更加适应需求，同时公共服务从人类发展的未来和全社会的普遍经验来讲，要讲究公正性、公平性，不能把公共服务作为特权给予具有特殊身份的，比如本地户籍人口，那个不是公正的市场经济。

城市如何才能吸引高端人才？

如果一个城市想要提高竞争力，又该怎么做呢？

现在市场经济了，你希望吸引人才的话，这个人才都是用脚投票的，他都在选择我在哪一个城市居住和工作。如果你从尊重人的自由选择的角度来讲，一个人在一个城市离开还是留下，就看两个变量，第一个变量是我的收入（包括环境美好等因素），我在这个城市能挣多少钱，第二个变量是我的支出（包括通勤时间等），如果我的收入超过支出越大，这个城市对我的吸引力会越来越高。

在支出这一端，有两个支出是最重要的会影响到我们在一个城市生活的成本的，其中一个支出是住房，还有一个支出是服务价格，这两个支出的成本其实都跟我们这个城市的土地政策和人口政策是有关系的。

在我们国家的情况是，人口流入是收紧土地供应的，随之房价就上去了。在人口流入的地方，我们限制人口，限制的又恰恰是从事生活性服务业或者叫消费性服务业。我们在生活里，你收入越高，你是不是越要到餐馆吃饭，你要雇保姆，这样的工作谁在做，就是被你称之为歧视性意义的这些人。

问题 1：请从薪酬管理的角度分析为什么北京，上海的保姆价格超过了香港？

美的董事局主席何享健：坚决不搞家族企业 [①]

低调的何享健是一个"可怕"的顺德人。他和23位居民们集资5000元，创办了"北街办塑料生产组"，在此基础上发展壮大的"美的"今年预计的销售额将突破900亿元。

宁愿走慢一两步，也不能走错半步

低调的何享健是一个"可怕"的顺德人。他和23位居民们集资5000元，创办了"北街办塑料生产组"，在此基础上发展壮大的"美的"今年预计的销售额将突破900亿元。

数字并不能说明一切。但何享健的"可怕"就在于，当大多数中国人还不知道"民营企业"为何物时，他已经意识到企业要进行产权改革。这使美的成为第一家上市的乡镇企业，并由此走上了一条现代企业之路。

何享健的"可怕"还在于，在九成民营企业都为家族性企业的中国，美的集团的决策层里并没有他的亲属。"一个都没有。"何享健强调，美的集团最后的CEO都会是职业经理人，家族只是一个股东。

何享健的"可怕"更在于，一部三十年中国企业史中，多少企业起起落落，他却"岿然不动"，带着美的稳健地走到今天。他说："宁愿走慢一步两步，也绝不能走错半步。"

---

① 来源：http://tech.qq.com/a/20080927/000050_1.htm.

顺势起步：为钻石牌风扇加工零配件

广州日报：在中国民营企业的发展中，顺德模式曾经名动一时。我们注意到，顺德很多企业都是从家电起步的，包括美的，从生产药用玻璃瓶和塑料盖，到电机小配件、电扇，再到"白家电"巨头。不约而同选择家电，为什么？

何享健：主要原因是顺德与港澳交往比较早，港澳同胞回家乡所带的东西就是家电。我觉得家电必然会成为实实在在的大市场。另外，改革开放后，外商来中国来顺德搞投资，搞合资的大部分也选择家电行业。我们自己一开始给国有企业广州钻石牌风扇加工零配件，从家电起步，也符合当时的工业基础。

我记得在 1982 年我们从澳门买回来一台"鸿运扇"。这种学名为塑料转页扇的风扇当年国内还没有，几年后，鸿运扇就红遍了全国，并且美的转页扇开始出口香港。1984 年，我在日本考察时发现我们的生产设备工艺比较落后，就引进了高速冲床，这是中国第一台高速冲床。其后我们不断地引进设备，买产品回来进行仿造。

薪酬改革：保卫科长工资高过公安局长

广州日报：美的是当年广东省政府确定的全省首批 8 个内部股份制改造企业试点单位之一，而当时一些比美的规模大、名头响的企业都观望，为什么美的会主动提出产权改革？

何享健：当时我本人有一个很清晰的概念：产权不清晰，企业很难按照市场行为、企业的方式去进行管理和发展。所以当时有一个愿望和目标，就是要使企业按市场的思维模式去管理经营，自己要把握企业的命运。股份制改造是个手段，可以通过这个手段来解决这个问题。其次，股份制改造后企业可以按照市场化的手段调动团队和员工的积极性。其实，当时我理解也不深，但明确有一条，产权改革是向企业发展的正确的方向。

当时企业投资要通过审批，管理人员的薪酬标准要批准。我记得当时有一些关系到干部员工利益、个人调动的问题，动不动就有人写信告状，政府什么都加个意见，派人调查。一个员工工作调动，不满意，写信给镇政府；工资不满意，又写信给镇政府。我们北滘当时有个外资企业，该企业也是公有的，镇政府也就什么都加意见，什么都派人调查。

广州日报：当时美的的薪酬状况是怎样的？

何享健：当时美的的薪酬并不足以很好地调动员工的积极性，更谈不上留住人才。因此，在 1992 年、1993 年的时候我就计划大幅度调整管理人员的工资，比原来提高 50% 到 1 倍。我去跟镇党委书记商量，递了个方案给他。他很坦率说：不同意。理由是：这镇里机关的拿多少钱，教书的拿多少钱，你一个保卫科科长工资比我公安局局长的还高？绝对不可能！

我能理解他，但我也和他讲道理。企业竞争需要留住人才，需要调动员工的积极性，需要有市场化的激励机制，薪酬上调势在必行。谈话的结果当然是最后没有结果，但我最后还是实施了。大概过了一年后，镇党委书记对我说，"还是你正确"。

2004 年：规定"一年都不谈新项目"

广州日报：30 年来，当年很多与美的一同起步的企业，在改革和发展中都遇到了一些问题，美的一直保持稳健的发展，到底有什么秘诀？

何享健：首先是必须按照管理、经营企业的思维、思路去处理企业发展的问题。第二，企业的发展战略要把握好，定位之后不要三心二意。第三，企业应该敏感的关注外部环境的变化，根据每一个不同时期的外部环境变化调整企业内部组织体系，通过不断的创新和改造令企业内部组织体系适应外部环境的变化，达到企业新的成长。第四，在每一个时期都要拥有最优秀的团队，这个团队本身也不断要提高，不断学习、不断调整。还有一点，就是利益机制要处理好。搞平均主义肯定不行，进行差异化分配是大势所趋，但差异化分配处理不好也容易导致矛盾和内讧。在这一点上我不说自己有一百分，但我非常重视，并且处理得还可以。

另外，要处理好集权与分权，这也是非常复杂微妙的。最后从战略上，要警惕产业多元化，产品多元化都不容易，产业多元化就更加难了。

广州日报：很多中国企业都掉入了多元化陷阱之中，当时美的也受到过诱惑吧？

何享健：2004年我们经营状况比较好，往往经营状况好管理层包括自己就会有一些飘飘然。幸运的是我们很快就冷静下来，预感到要出问题，所以在谈的十个八个项目最后全部都取消，并在企业内部提出："一年都不准谈新项目。"宁愿走慢一两步，不能走错半步。

当时资金不足、资源不足、管理能力不行，影响到家电主营产业，这就要出问题了。所以当时要求不管前期投入多少都要全部停下来。我们要实实在在把家电产业做好。冷静地发展、潇洒地发展。（笑）

广州日报：最近海尔进入房地产业，这一举措被一些专家称为"不专心"，美的也有房地产业吧？

何享健：我们前几年才进入房地产业，一年也就七八个亿，在本地顺德收购的。我们并没有把房地产作为主营，不是作为重点发展，只是充分调动自己的资源优势。原则是从资源投入等方面都不能影响家电主业。在这个前提下，房地产业能做多少就做多少。这是十多年前就定下的战略。

国际化：拳头产品要稳居世界前五

广州日报：根据美的2008—2010年战略规划，美的的目标是实现不含税销售收入1200亿元、主导产品居于全球领先地位、全球前五位的具有国际竞争力的世界级白电类电器制造企业集团，冲击世界500强。对于"500强"，您怎么看？

何享健：只有更多大企业进入世界500强，才能体现出在世界经济中的地位。大企业是一个国家国力的表现。美国如果没有这么多大企业，哪有这么威水。中国应该有更多的企业进入世界500强，但我们需要有更多竞争性的产业，非垄断的企业更多进入世界500强。仅仅有垄断企业和国有企业，不能全面代表中国市场经济发展的亮点。

美的国际化战略可以说是发展到一定阶段的必由之路，企业要寻找全球一体化的市场空间，市场全球化、产品全球化、生产制造也要全球化、品牌要全球化，人才也要全球化。我们是按照美的发展的实际，一步步国际化、全球化。2006年，美的第一个境外投资建厂项目在越南平阳省新加坡工业园奠基，现在我们将继续投入第三期建设。美的会继续加大在成本较低的发展中国家的投资，尝试建立生产基地，不排除考虑在海外收购符合我们条件的、风险不大的当地企业。

"三权分立"：管理层没有一个是我的亲属

在家里，何享健不准家人谈公司的事，他的儿子没在公司任职，而太太作为当年 23 个创业者之一，1993 年被他劝退时还只是一个仓库管理员。他多次强调，美的集团最后的 CEO 都会是职业经理人，家族只是一个股东。

广州日报：中国的民营企业九成都是家族企业，所以美的"三权分立"的企业管理模式真的很让人惊异，您是怎么考虑的？

何享健：美的坚决不搞家族企业，通过所有权、经营权和监督权三权分立来实现规范治理。我的家人现在全部没进美的管理层，在管理层里面是看不到我的亲属的。美的是通过制度来保证这家公司的发展，不是靠个人，而是靠团队。

我最关注的是企业战略和业务结构，企业战略是一个企业的生命所在。我也关注企业的团队状态和团队能力，保证每一个时期都拥有最优秀的团队，企业才能持续发展。资产质量，财务指标，包括毛利率、净利润、股东回报都是我每时每刻关注的事情。每天早上 10 时，我第一时间就看报表，现金流、应收账款、库存、未收账款，是不是有超支，为什么？哪一个单位是超支的等等。

我喜欢出国，喜欢多听多看多想。十天二十天，我不带手机也可以。企业运作靠团队，我现在没有什么不放心的。因为"美的"一直以来不是靠个人的权威命令，而是靠制度流程和团队，他们不用等我命令去干事。"美的"也不存在谁接班的问题，谁有能力谁坐这个位置。

问题 1：何享健成功将美的做大做强的原因有哪些？体现了怎样的领导特质？

问题 2：我们每个人应该如何培养领导者气质？

安·摩尔：男人堆里的"女霸主"①

安·摩尔与纽约时报公司总裁兼CEO詹妮特·罗宾逊（Janet Robinson）和赫斯特杂志出版公司总裁兼CEO凯瑟琳·布莱克（Cathleen Black）共同被称为纽约出版界的"巾帼三杰"，并多次入选《财富》杂志评出的"美国商界最有影响力的女性50强"。她将自己的半生奉献给了时代集团（Time Inc），是1922年时代集团成立至今唯一的女性董事长兼CEO，是她让"时代"的杂志不再专属于男人。

英国有句谚语："人生60岁才开始。"爱尔兰作家萧伯纳也曾经说过："60岁才是真正的人生。"安·摩尔（Ann Moore），就是这样一位刚刚开始精彩人生的职业女性。安是一位举止优雅、拥有无穷活力与迷人笑容的女性，从面容上丝毫找不到60岁的痕迹。

她将自己的半生奉献给了时代集团（Time Inc），是1922年时代集团成立至今唯一的女性董事长兼CEO，是她让"时代"的杂志不再专属于男人。

每两个美国人就有一个是时代集团旗下杂志的读者，每十个美国人中就有一个是时代集团旗下网站的用户。时代出版集团在世界各地拥有150种杂志，超过3.5亿读者，《时代》周刊（TIME Magazine）、《人物》周刊（People）、《财富》（Fortune）、《体育画报》（Sport Illustrated）都是时代出版集团的旗舰刊物。作为美国也是全球媒体行业最具实力的女性职业经理人，安获得了众多的殊荣。她与纽约时报公司总裁兼CEO詹妮特·罗宾逊（Janet Robinson）和赫斯特杂志出版公司总裁兼CEO凯瑟琳·布莱克

① 来源：http://31.toocle.com/detail--5200148.html.

（Cathleen Black）共同被称为纽约出版界的"巾帼三杰"，并多次入选《财富》杂志评出的"美国商界最有影响力的女性 50 强"。不过，她在家里只有 2 个头衔，妻子和母亲。

因喜爱成就事业本文发表于博锐管理在线 |www.boraid.com|40

用巾帼不让须眉来形容安最合适不过，她一直在男人的世界中打拼，因"喜欢"成就了今日令很多男人都无法比拟的事业。

1971 年，安从范德比尔特大学（Vanderbilt University）毕业获取了政治学学士学位。之后，她选择进入了哈佛商学院攻读工商管理学硕士学位（Master of Business Administration 即 MBA）。

上个世纪七十年代，哈佛商学院作为开创 MBA 课程的鼻祖，其 MBA 课程早已成为权力与金钱的象征，美国很多企业家和政治家都出自于这里。但当时很少有女性报考 MBA，安成了极少数女生中的一位。

1978 年，安作为班上仅有的女生以优异的成绩毕业，并代表班级在毕业典礼上致词。毕业后，安的大部分同学去了华尔街工作。安虽也应聘了些华尔街的公司，可她最终选择了时代出版集团（Time Inc）。在纸媒繁荣的年代，安的选择看似正确，可薪水却是她收到的 13 个工作邀请中最少的一个。而安选择纸媒的理由只有两个字：喜欢。

办杂志从小就是安的梦想，到了大学时代，她更坚定了这个抱负并为实现梦想一直努力着。安回忆道："我真的很喜欢办杂志，这是非常神奇的职业，是智力上的享受。别人都把我当成疯子，认为我放弃华尔街的高薪工作是愚蠢的行为。可我成功地将兴趣和现实工作融合在一起，有多少人能像我这样幸运呢？时代有非常优秀的产品，我的工作伙伴也是一群聪明的人，和他们一起工作是件幸福的事。"

加入时代集团最初的 10 年里，安是在《体育画报》（Sport Illustrated）杂志度过的。《体育画报》是一本创办于 1954 年的综合性体育新闻周刊，也是美国第一本综合性体育新闻周刊。同在哈佛商学院情况相似的，安刚进入《体育画报》时几乎没有女性同事。不过这并不影响安的工作热情，因为她从父亲那里继承了对体育的热情，而且从小就是《体育画报》的忠实读者。

安从媒体经理做起,到发行总监,最后成为杂志副发行人,《体育画报》两次入选美国国家杂志卓越奖就是她辛勤耕耘的结果。安还利用现有的客户关系,使用预售的方式增加了《体育画报》的广告收入;完善了编辑部、销售部、发行部的部门架构,并改进工作程序,增强了部门间合作;同时,安还为孩子们专门设计推出《体育画报儿童版》(Sports Illustrated for Kids),不仅受到了小朋友的欢迎,也7次获得美国家长评审杂志奖金奖。

在时代集团的第二个10年,安转战到了《人物》杂志,从1991年起她先后担任《人物》杂志的出品人和总裁。那时,由于内部人员调整,正是《人物》杂志最困难的时期。

安认为,如果不增加儿童和女性方面的内容,公司的发展将会有很大的麻烦。在美国,女性购买家里的一切,而男性几乎没有消费的习惯。

安对《人物》杂志进行了改版,增加时尚和美容单元以吸引更多的女性读者;增加广告页面的比例以引导人们的消费;改变该杂志的发行日为星期一至星期五,以配合能在周末外出购物。

事实证明安的想法是正确的,改变读者定位的结果是,《人物》杂志成了这个星球上最赚钱的杂志。在她任职期间,《人物》的发行量和收入呈几何速度增长,最终成为美国乃至全球都具有强大影响力的娱乐周刊。杂志在美国的年销售额接近2亿美元,并从单一的周刊变成繁荣发展的杂志家族。安也迎来了在时代集团的事业巅峰,"谁能想到《人物》的困难时期其实是个惊人的机会,运营《人物》杂志让我度过了非常美好的10年,这10年也是我职业生涯中最重要的阶段,我有机会向人们证明我的商业判断。"

2002年,安被提名为时代集团董事会主席兼首席执行官。次年,她获得了时代公司首度颁发的"年度时代华纳公民领导奖",此奖旨在认可和表彰公司里最具有贡献精神和合作意识的高级行政主管。

安认为,不论是男性还是女性要成为领导者,所应具备的基本因素都一样,最终能够坐在总裁办公室里的那些人都是对自己有完全清楚的认识的人。"自我评估可能是你唯一能做到的最伟大的一件事。你看重什么?你擅长什么？你想要什么？你需要对自己有个合理的职业定位，然后朝这个方向努力。同时要掌握所有能够帮助你在办公室内生存及发展的技能。"

随后，安开始推进公司的多元化发展，同时创办了以女性为受众的一系列刊物，《Instyle》、《Real simple》、《TeenPeople》、《People en Espaol's》等，"我们应该感激产品多元化的战略。女性读者定位是公司历史性的时刻。"安创办的《Instyle》杂志，是美国市场上最与众不同的时尚刊物。安发现，即使在时代大楼里工作的女性，都已不再阅读任何传统女性刊物，因为那些内容与现实生活脱节，里面展示的衣服无法在日常工作中穿着，而且从来不告诉读者哪里可以买到。而《Instyle》从来不登买不到的东西，它会告诉读者所有刊登的商品购买的地点和方法。安说："我们的主角不是时装模特、名人，而是那些普通人。《Instyle》就像新闻杂志一样，我们做调查、说实话。"

权力自然会集聚到做出成果的人手中，用利润说话是个不争的事实。安说："我得到了总裁办公室的钥匙，是因为这些年来我设法完成了时代集团50%以上的利润。我所创办的杂志数量比时代集团的创始人亨利·卢斯（Henry Luce）所创办的还要多。"

因平衡享受生活

当人们好奇安能够满腔热忱地把工作和家庭都经营得如此成功的秘密时，她告诉年轻的职业女性们："找到你自己的平衡点，并保持快乐。

结婚30多年，安有一个幸福的家庭。她很好地保持着工作与生活的平衡，"我们一家人每周六的晚上都在一起晚餐，我为丈夫、儿子及朋友们做晚餐。亲手做的晚餐对我来说是最有意义的晚餐，比任何餐厅的都好。"

在安看来工作上的成绩并不意味着一切。女人和男人虽存在生理上的差异，但女人和男人一样也可以获得成功，只不过他们对成功的定义不同。对于男人来说，成功意味着金钱和权力；对女人来说，成功意味着幸福和满足。安认为权力背后是令人难以置信的奉献和牺牲，意味着需要在工作、配偶和家庭之间始终不断地权衡。安说，"我真的为工作、为获取权利付出了很多，我不知道如今还有多少女人愿意这样做。"

也许在男人的世界里"混"得太久，也"混"得太成功了。当1984年安成为一个喜欢坐小推车、活泼可爱的小男孩的母亲时，才清楚地认识到男人和女人是有本质差异的。"这是天生的，并非由环境造成。"安请了一位女管家来采购家中所需的重要用品，她和丈夫制订购物清单。"我丈夫和我的清单从来没有任何重叠，一件也没有。"她的清单包括尿布、鸡蛋、牛奶、手纸等生活必需品；她丈夫的清单只包括碎果仁和韦奇牌葡萄汁。安说："我们必须接受事实。两人之间有差异，这很正常。"

安唯一的儿子于2007年夏天从哈佛商学院毕业。尽管身家不菲，安的儿子在就读哈佛期间，仍坚持自己打工筹集学费。毕业后，他不愿依赖母亲的权力，主动提出要自己去找工作，因为他对自己的能力充满了自信，安对此感到非常骄傲。她说："我有120多份刊物，就像是我的120个孩子。父母所做的工作之一就是引导孩子，培养孩子们的价值体系，所有你想教给孩子的东西，首先是你在工作中必须所具备的品质：要有礼貌，永远说'请'，做好作业，认真倾听，大声并清晰地说话，要记得'感谢'这些都是工作中最重要的东西。作为母亲，养育子女所获得的知识大概比我在哈佛商学院里学到的还要多。如何管理复杂的组织结构，如何保持平静，如何让人们做一些他们可能不愿意去做的事情，如何影响其他人，如何领导人们并指引他们走向正确的方向这些都是从做母亲的过程中学到的。"

安特别强调，女性领导要懂得照顾好自己，无论是身体上还是精神上的，必须要让自己精力充沛，要舒缓自己的压力，因为员工要依靠你。对于安而言，她的秘诀在于每天早上的调整时间，喝两杯咖啡，读两份报纸。她说，如果没有每天早上20分钟的调整，自己恐怕很难应对一天10小时高强度的工作。周末也是安调整的时间，她会到海边的房子里过周末，什么也不做，就是阅读，享受宁静。

安在事业上成就非凡，同时也兼顾到家庭，这在现代女性是件不容易的事。花甲之年是人生一个新的开端，安现在并没有萌生退意，她还在继续努力，让更多的女性加入成功的行列。

问题 1：你认为安成功的最重要因素是什么？对安成功有何深远的影响？

问题 2：女性领导在现代社会中是一件很不容易的事情，安是如何平衡家庭与工作之间的矛盾的？